AF274122

# ••• **Títulos relacionados**

**ADGD0108 GESTIÓN CONTABLE Y GESTIÓN ADMINISTRATIVA PARA AUDITORÍA**

**[DISPONIBLE CERTIFICADO COMPLETO]**

**Solicítalos en:**
- Librería
- www.paraninfo.es
- Solicitudes nacionales +34 914 463 350
- Solicitudes fuera de España +34 913 308 907, +34 913 308 919

# Implantación y control de un sistema contable informatizado

José Antonio González Menéndez

© 2024 Ediciones Paraninfo, S. A.
© 2024 José Antonio González Menéndez

**Edición y maquetación:** Ediciones Nobel, S. A.
**Impresión:** Liberdigital (Casarrubuelos, Madrid)
**ISBN:** 978-84-283-4513-2
**Depósito legal:** M-2310-2024

Impreso en España

**José Antonio González Menéndez** es diplomado en Ciencias Empresariales por la Universidad de Oviedo, en la especialidad de Contabilidad y Auditoría.

Desempeña su profesión en el ámbito de la gestión y administración de pequeñas y medianas empresas, desarrollando su actividad en los campos de administración de fincas, gestión de pymes e impartición de cursos de formación para el empleo y certificados de profesionalidad en diversos centros de formación.

# Índice

# Introducción normativa

La Ley Orgánica 3/2022, de 31 de marzo, de ordenación e integración de la Formación Profesional, contiene una disposición derogatoria única que afecta a la regulación de los certificados de profesionalidad, ahora denominados **Certificados Profesionales**. La referida normativa deroga la Ley Orgánica 5/2002, de 19 de junio, de las Cualificaciones y de la Formación Profesional, y abre un escenario de cambios que se irán implementando progresivamente.

La Ley Orgánica 3/2022, de 31 de marzo, de ordenación e integración de la Formación Profesional implica que toda la formación es acumulable. La oferta formativa se estructura de forma escalonada, siendo los Certificados Profesionales un nivel intermedio (Grado C) de una escala que va desde el Grado A hasta el E.

En los artículos 35 a 38 de la Ley 3/2022 se describe en qué consisten estos Certificados Profesionales: su oferta, formación asociada, estructura, duración, acceso, titulación y validez. Posteriormente, esta normativa se completa con lo dispuesto en el Real Decreto 659/2023, de 18 de julio, que desarrolla la ordenación del sistema de Formación Profesional. Concretamente en los artículos 67 a 81 es donde se hace referencia a la oferta formativa de Grado C, correspondiente a los Certificados Profesionales.

Están agrupados en 26 familias profesionales con características comunes del sector. En la actualidad hay más de medio millar de Certificados Profesionales incluidos en el Repertorio Nacional. Esta cifra no deja de crecer. Además, cada certificado está específicamente regulado por un real decreto.

Un Certificado Profesional corresponde al Grado C de la oferta del Sistema de Formación Profesional. Es un documento oficial, con validez en todo el territorio nacional y debe constar en el Catálogo Nacional de Ofertas de Formación Profesional, que certifica la capacitación para el desarrollo de una actividad profesional.

Debe detallar los módulos profesionales superados y los estándares de competencia profesional asociados a él e incluidos en el **Catálogo Nacional de Estándares de Competencias Profesionales**, así como su correspondencia con el Marco Español de Cualificaciones.

Despliegan su validez en un doble ámbito, laboral y académico:

- En el contexto laboral tienen validez profesional, porque acreditan las competencias en una determinada profesión. Para poder trabajar en algunas profesiones, se exigen determinadas cualificaciones, y los certificados sirven para acreditarlas.

- Asimismo, tienen validez académica, puesto que permiten continuar un itinerario formativo siempre que se cumplan los requisitos de acceso para cursar la titulación deseada. De tal modo que, los Certificados Profesionales que sean parte de un Grado D permitirán la matrícula modular para completar los módulos establecidos en el currículo y obtener el correspondiente título de técnico básico, técnico o técnico superior con validez en todo el territorio nacional.

Para obtener un Certificado Profesional (Grado C) es preciso cumplir con los requisitos de acceso para realizar la formación.

## Estructura de los Certificados Profesionales

I. Identificación: denominación, familia y área profesional a la que pertenecen; nivel de cualificación profesional (1, 2 o 3); cualificación profesional de referencia; entorno profesional y módulos formativos que esté previsto cursar junto con la duración de cada uno de ellos.

II. Perfil profesional: incluye las competencias profesionales requeridas en el mercado laboral. En todas ellas se concretan las realizaciones profesionales y los criterios de realización.

III. Formación: describe los módulos formativos que esté previsto cursar para adquirir las competencias requeridas. En cada uno de ellos se indican las capacidades que se pretende alcanzar y la duración del módulo de prácticas no laborales —PNL—, para el que cabe solicitar exención si se cumplen determinados requisitos.

IV. Prescripciones de las personas formadoras.

V. Requisitos mínimos de espacios, instalaciones y equipamiento.

Los Certificados Profesionales se identifican con una denominación concreta y un código alfanumérico propio, y sirven para acreditar una determinada cualificación profesional. Cada certificado está asociado a una relación de unidades de competencia que, a su vez, se vinculan con una serie de módulos formativos específicos. Algunos módulos están integrados por unidades formativas y tanto unos como otras son, en ocasiones, transversales, lo que significa que se trata de contenidos incluidos en más de un Certificado Profesional.

Los Certificados Profesionales se articulan en tres niveles de competencia profesional (1, 2 y 3) conforme a lo dispuesto en el que será el Catálogo Nacional de Estándares de Competencias Profesionales, anteriormente Catálogo Nacional de Cualificaciones Profesionales (CNCP), según los criterios establecidos de conocimientos, iniciativa, autonomía y complejidad de las tareas, en cada una de las ofertas de Formación Profesional.

La oferta formativa dirigida a la obtención de los Certificados Profesionales tiene carácter modular para favorecer la acreditación parcial acumulable de la formación recibida y posibilitar así el avance en el itinerario de Formación Profesional para cualquiera que sea la situación laboral de cada persona en cada momento.

En definitiva, el Grado C constituye la oferta, parcial y acumulable, del sistema de Formación Profesional, de varios módulos profesionales del catálogo modular de Formación Profesional por razón de su significado en el mercado laboral y conducente a la obtención de un Certificado Profesional.

Las ofertas de Grado C de Formación Profesional tendrán por objeto módulos profesionales incluidos previamente en el catálogo modular de formación profesional y asociados al Catálogo Nacional de Estándares de Competencias Profesionales.

## Finalidad de los Certificados Profesionales

- Contribuir a la ordenación de un Sistema de Formación Profesional al servicio de un régimen de formación y acompañamiento profesionales que sea capaz de responder con flexibilidad a los intereses, expectativas y aspiraciones de cualificación profesional de las personas a lo largo de su vida.

- Combinar escuela y empresa situando a la persona en el centro del sistema.

- Facilitar el aprendizaje permanente de toda la ciudadanía mediante una formación abierta, flexible y accesible, estructurada de forma modular, a través de la oferta formativa asociada al certificado.

- Acreditar las cualificaciones profesionales o las unidades de competencia recogidas en estas, independientemente de su vía de adquisición, bien sea través de la vía formativa, o mediante la experiencia laboral o vías no formales de formación.

- Favorecer, tanto a nivel nacional como europeo, la transparencia del mercado de trabajo.

- Contribuir a la calidad de la oferta de Formación Profesional.

# Este libro

El presente libro desarrolla la Unidad Formativa denominada *Implantación y Control de un Sistema Contable Informatizado,* UF0316.

Dicha unidad formativa está asociada a la Unidad de Competencia UC0231_3, y forma parte del Módulo Formativo MF0231_3: *Contabilidad y Fiscalidad,* perteneciente a la Cualificación Profesional de referencia ADG082_3, de nivel 3, incluida en el Certificado de Profesionalidad denominado ADGD0108 *Gestión contable y gestión administrativa para auditoría,* dentro de la familia profesional *Administración y Gestión.*

Según el Real Decreto 1210/2009, de 17 de julio, modificado por el RD 645/2011, de 9 de mayo, los contenidos que en esta obra se recogen se corresponden con una duración de 60 horas.

Tanto la estructura como el desarrollo del libro se ajustan al citado Real Decreto y más concretamente a los contenidos de la Unidad Formativa que le da título *Implantación y Control de un Sistema Contable Informatizado.*

# Contenidos

1. **Aplicaciones informáticas de gestión comercial integrada**
   - Gestión comercial y existencias:
     - Tratamiento de clientes.
     - *Mailings.*
     - Catálogos.
     - Tarifas.
     - Productos.
     - Almacenamiento.
     - Logística.
     - Distribución.
   - Facturación:
     - Conceptos facturables.
     - IVA y retenciones a profesionales.
     - Informes resumen.
2. **Aplicaciones informáticas de gestión financiero-contable**
   - Utilización de una aplicación financiero-contable:
     - El cuadro de cuentas.

- Los asientos.
- Utilidades.
- Estados contables:
  - Preparación y presentación.
- Aplicaciones financieras de la hoja de cálculo:
  - Hoja de cálculo de análisis porcentual.
  - Hoja de cálculo de análisis con ratios.
  - Hojas de cálculo resumen.

3. **Aplicaciones informáticas de gestión tributaria**
   - IRPF:
     - Programa Padre.
   - IVA:
     - Programa de Gestión de la Administración Tributaria.
   - IS:
     - Programa de Gestión de la Administración Tributaria.

## ■ Nota del Editor

En Ediciones Paraninfo estamos comprometidos con la calidad de la formación e intentamos que nuestros materiales respondan fielmente y con rigor a las necesidades de todos cuantos confían en nuestro sello editorial.

Tratamos de dar respuesta a los currículos de las unidades formativas y de los módulos que integran los distintos Certificados Profesionales, equilibrando la parte teórica con la práctica para que los procesos de aprendizaje se conviertan en experiencias gratificantes, tanto para docentes como para las personas inmersas en los procesos formativos.

Nuestros objetivos son contribuir de forma decisiva a afianzar aprendizajes, ayudar a adquirir destrezas que tengan significado para el empleo y conseguir potenciar el desarrollo personal.

Para lograrlo contamos con excelentes autores, expertos en las materias que abordan, en la mayoría de los casos docentes de dichas especialidades con dilatada experiencia tanto profesional como académica, porque buscamos perfiles familiarizados con los contextos laborales concretos a los que se refieren nuestros manuales.

Confiamos en poder serte de ayuda y esperamos tus impresiones acerca de nuestro trabajo. Sean positivas o negativas, serán muy bien recibidas y, sin duda, nos ayudarán a seguir mejorando y trabajando con ilusión para continuar siendo un referente en formación para el empleo.

Agradecemos tu confianza en nuestros manuales. Todo nuestro equipo queda a tu total disposición. Puedes contactar con nosotros en esta dirección de correo electrónico:

info@paraninfo.es

# 1. Aplicaciones informáticas de gestión integrada

# Contenido

## 1.1. Introducción

La gran importancia que tiene la implantación de un sistema informático de gestión en la empresa es indiscutible.

Las empresas se benefician de la implantación de sistemas informáticos, que les permiten la gestión y el control de toda la actividad económica que desarrollan.

En un principio los sistemas informáticos de gestión se desarrollaban para departamentos o áreas específicas de la empresa; se desarrollaron programas de contabilidad, de facturación, de nóminas y de control de procesos productivos, entre otros. El problema que se encontraba era que los departamentos estaban informatizados, pero no se podía compartir información de unos departamentos a otros de forma automática. Con la aparición de los sistemas integrados de gestión, se solucionan estos problemas y los sistemas de gestión de los departamentos tienen conexión entre ellos automáticamente.

Los sistemas informáticos de gestión integrados (ERP es la abreviatura de *Enterprise Resource Planning*, término que se utiliza para referirse a las aplicaciones informáticas integradas de gestión empresarial) facilitan la integración de las aplicaciones informáticas de gestión, permiten que estén relacionadas todas entre sí y mejoran la productividad y la eficiencia en la gestión.

En el mercado actual existen multitud de programas ERP, con precios, complejidad y capacidades muy dispares. Entre otros, tenemos los siguientes:

- **SAP:** es una empresa que cuenta con más de 40 años de experiencia, más de 50.000 clientes en todo el mundo y 25 tipos de negocio diferentes. Su *software* ERP es líder en el mercado. Entre sus aplicaciones destacan: ERP Financiero, ERP Recursos Humanos, ERP Ventas y Servicios, ERP y finanzas, CRM y experiencia de cliente, Gestión de red y gastos, Cadena de suministro digital, RR. HH. y compromiso de las personas, Plataforma digital, Analíticas y Tecnologías inteligentes.

- **Microsoft Dynamics ERP:** es un *software* de Microsoft para la planificación de los recursos de las pequeñas, medianas o grandes empresas. Cuenta con herramientas para administrar toda la empresa: finanzas, recursos humanos, fabricación y cadena de suministro, entre otros.

- **SAGE:** es una empresa que nació hace treinta años en el Reino Unido y que ofrece una amplia gama de soluciones informáticas de gestión para las pymes y las grandes empresas, como pueden ser, programas ERP (sistema informático de gestión integrado) a medida de las empresas y programas específicos de nóminas, facturación, pagos, tesorería, laboral, contabilidad, y otros programas de gestión.

- **a3.Wolterskluwer:** es la compañía especializada en el desarrollo de soluciones integrales para empresas y despachos profesionales, que lleva en el mercado más de 30 años. Entre sus aplicaciones informáticas de gestión caben destacar: a3 EQUIPO (solución integral de gestión para recursos humanos), a3ERP (solución integral de gestión para pymes) y a3ASESOR (solución integral para despachos profesionales).

- **Neogia:** es una aplicación ERP de código abierto para gestión de negocios. Posee: gestión del área financiera de la empresa, incluyendo la contabilidad y la facturación, control de *stock* y distribución de los productos, recepción y envío, administración de la producción del negocio, módulo eCommerce para gestionar las ventas *online* del negocio, administración de contactos y datos de clientes, cubriendo las tareas propias de una solución CRM, planificación de tareas, asignación de diferentes responsables, seguimiento de la actividad y *reporting* sobre la evolución de los datos y la situación del negocio.

- **Adempire:** es un *software* libre orientado a la comunidad que es compatible con equipos dotados de pantallas táctiles y entre sus aplicaciones cuenta con: puntos de venta minoristas (POS), comercio electrónico, gestión de almacenes y ventas, gestión de producción, entre otros.

Dentro de estos programas ERP podemos encontrarlos de varios tipos:

- *Software* bajo licencia: los programas se usarán de acuerdo con un contrato que será la licencia en sí. La licencia puede condicionar múltiples cuestiones a la hora de usar el *software* como pueden ser la responsabilidad por fallos del programa, número de usuarios, la cesión de uso y de derechos, ámbito geográfico de validez de la licencia, número de copias, entre otras cuestiones. Estas licencias no son gratuitas, suelen tener coste y también pueden ser distribuidas gratuitamente (DEMO) con la venta de *hardware* y promociones.

- *Software* libre: este *software* no quiere decir que se distribuya gratuitamente, sino que no está limitado o condicionado por una licencia, es decir, se pueden hacer copias, distribuirlas, desarrollar y modificar el *software* y distribuirlo posteriormente y no estaría limitado por las condiciones de una licencia.

- *Software* gratuito: este *software* se distribuye de forma gratuita, pero no quiere decir que se pueda modificar (el fabricante no cede el código fuente que permite hacer cambios en el *software*).

Estos son a grandes rasgos los grupos de *software* ERP y los tipos de licencias que se pueden encontrar, aunque en la actualidad se han producido combinaciones entre ellos y han dado lugar a nuevos tipos de *software* como pueden ser: *software* con licencia GPL, *software* libre con/sin *copyleft,* hay *software* gratuito que puede ampliar su capacidad bajo pago, *software* gratuito con publicidad incrustada en la aplicación, etc.

Para desarrollar el contenido de la Unidad Formativa, se va a utilizar la aplicación **Sage 50,** concretamente los módulos de **Contabilidad, Compras y Ventas.**

Ahora, con Sage 50, se puede elegir cómo se quiere, Sage 50cloud, en la nube para acceder desde cualquier dispositivo y desde cualquier lugar, o en local, modalidad clásica de escritorio. Esta última modalidad será la que se utilice.

## 1.2. Instalación de la aplicación

Para obtener el archivo de instalación e instalar la aplicación, se seguirán los siguientes pasos:

1.º Se irá a la siguiente dirección:
https://www.sage.com/es-es/cp/contaplus-estudiantes/.

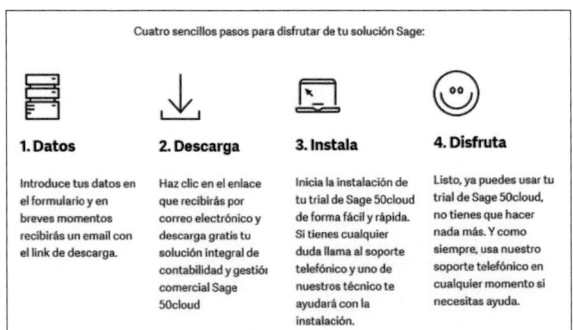

Cuatro sencillos pasos para disfrutar de tu solución Sage:

**1. Datos**

Introduce tus datos en el formulario y en breves momentos recibirás un email con el link de descarga.

**2. Descarga**

Haz clic en el enlace que recibirás por correo electrónico y descarga gratis tu solución integral de contabilidad y gestión comercial Sage 50cloud

**3. Instala**

Inicia la instalación de tu trial de Sage 50cloud de forma fácil y rápida. Si tienes cualquier duda llama al soporte telefónico y uno de nuestros técnico te ayudará con la instalación.

**4. Disfruta**

Listo, ya puedes usar tu trial de Sage 50cloud, no tienes que hacer nada más. Y como siempre, usa nuestro soporte telefónico en cualquier momento si necesitas ayuda.

Figura 1.1.

2.º Se rellenará el formulario de solicitud del programa (versión demo).

**Rellena este formulario y descarga gratis la versión de prueba de Sage 50**

Nombre

Apellidos

Empresa

Email

Teléfono

☐ Soy Estudiante

○ Sí, deseo recibir comunicados de marketing ocasionales de Sage por correo electrónico y entiendo que mis datos personales se tratarán de conformidad con la Declaración de privacidad de Sage.

○ No, muchas gracias.

Probar gratis

Figura 1.2.

3.º Una vez que ya se ha recibido el programa por correo electrónico, se descargará.

4.º Se procederá a realizar la instalación.

La instalación del programa se iniciará y se ejecutará a través de un asistente que guiará los pasos que hay que seguir durante el proceso de instalación.

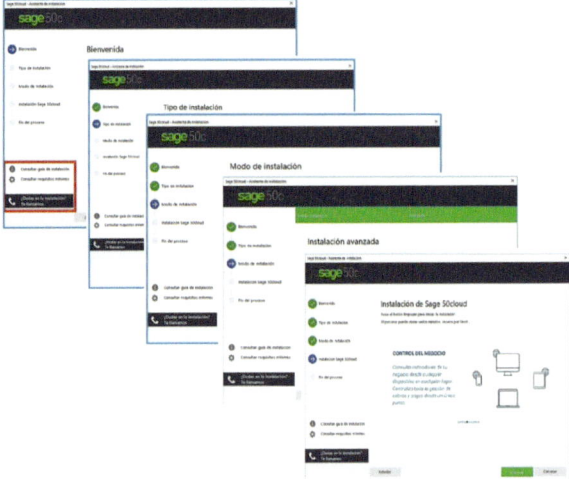

Figura 1.3.

Desde cualquiera de los pasos del asistente, estarán siempre accesibles las siguientes opciones (en parte inferior izquierda de la ventana activa):

- **Consultar guía de instalación.**

- **Consultar los requisitos mínimos.**

- **¿Dudas en la instalación?** Te llamamos: acceso al servicio Call-me de Sage 50. Una vez que se han cubierto las consultas y/o dudas, se envían y Sage 50 se pondrá en contacto para resolver las consultas/dudas.

## Asistente de instalación

Los pasos del **Asistente de instalación** son:

- **Bienvenida:** se leerán, detenidamente, el acuerdo de licencia del *software* y la garantía para comprender las restricciones legales respecto a la reproducción indebida e instalación, y posteriormente se marcará "**He leído y acepto las condiciones**", para continuar se hace clic el botón "**Siguiente**".

- **Tipo de instalación:** en este paso, se indicará el tipo de instalación que se desea realizar, en este caso se seleccionará: "**Quiero instalar el programa**". En esta opción se instalarán todos los componentes que son necesarios para poder comenzar a trabajar con Sage 50. Al finalizar este proceso de instalación, se tiene que introducir la **Ruta de acceso al programa** Sage 50, es decir, donde se alojarán todos los programas y las carpetas de datos de la aplicación Sage 50. También se tienen las opciones de instalar un "**Puesto de trabajo adicional**" (si se va a trabajar con dos equipos simultáneamente, esta instalación permite hasta dos puestos de trabajo) y una "**Instalación avanzada**", en la que se pueden ir instalando los componentes de forma selectiva.

- **Modo de instalación:** indica el modo en que se realizará la instalación: "**Instalar la aplicación a partir del número de licencia de registro suministrado por Sage para este producto**", se indicará el número de licencia facilitado para la instalación y la aplicación quedará registrada, o "**Instalar la aplicación en formato demostración sin necesidad de especificar un número de licencia**", seleccionando esta opción se instalará una versión demostrativa *(trial)* del producto que se indique.

  La primera opción es de pago y dependerá del plan de precios que se contrate; al contratarlo, se facilitará un número de licencia que se usará en la primera opción de esta ventana.

  Si se opta por la versión demo (versión de prueba), esta es gratuita y limitada, quiere decir que no cuesta dinero y se puede utilizar, pero con limitaciones de funciones y de tiempo. Es ideal para la formación, comenzar a dar los primeros pasos con la aplicación y para adaptarse al programa.

- **Instalación avanzada:** una vez que se ha configurado el tipo y modo de instalación, se selecciona "**Empezar**" para que comience el proceso de instalación. Durante el tiempo que dura la instalación, se mostrarán las principales características de Sage 50 y mediante la barra de progreso se estará informado del proceso en el que se encuentra la instalación.

- **Fin del proceso:** una vez que se ha concluido el proceso de instalación, se creará un acceso directo a la aplicación dentro de nuestro escritorio.

## 1.3. Acceso a la aplicación

Una vez que ya se ha instalado Sage 50, ya se puede empezar a trabajar con la aplicación y lo primero que hay, una vez que se entra en la aplicación, es el **escritorio Sage 50**. El escritorio muestra una imagen similar a la siguiente:

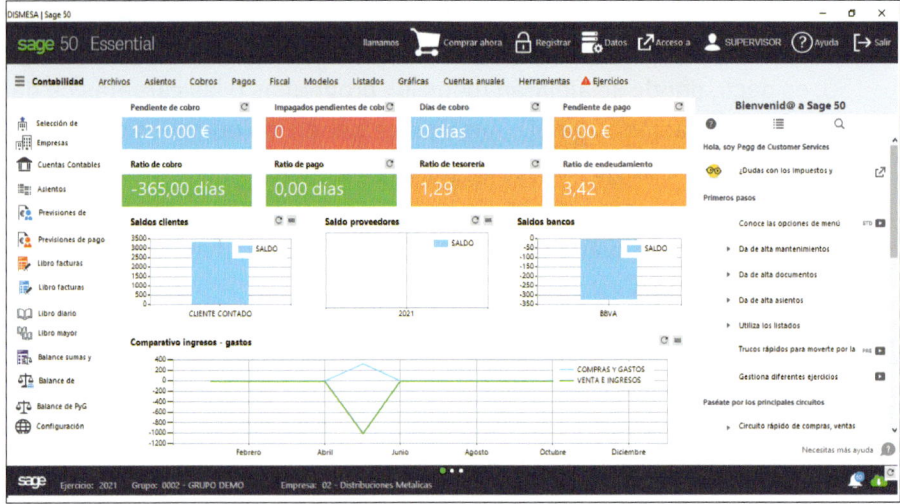

Figura 1.4.

El escritorio de Sage 50 es un ventana personalizable y dinámica que facilita su uso, acceso y obtención de información de forma rápida y sencilla.

Dentro del entorno de trabajo caben destacar los siguientes elementos:

Escritorio Sage 50 ofrece, por defecto, dos modelos de escritorio ya configurado y no modificable:

• Diseño base contabilidad

• Diseño base gestión comercial

Cada uno dispone de sus correspondientes menús y *widgets,* además de un elemento común, el Panel de Bienvenid@ a Sage 50. Aunque no pueden modificarse, sí se podrá hacer uso de ellos como plantilla para crear un escritorio personalizado de trabajo. Se dispone para ello de la opción usuario (SUPERVISOR) > Escritorio, ubicada en la barra de opciones superior.

> En informática, un *widget,* o **artilugio,** es una pequeña aplicación o programa, usualmente presentado en archivos o ficheros pequeños que son ejecutados por un motor de *widgets* o *widget engine*. Entre sus objetivos, tienen muy fácil acceso y facilitan el acceso a funciones frecuentemente usadas y proveen de información visual. (Fuente: Wikipedia).

La disposición de los elementos en el **escritorio** es:

• **Barra de opciones superior**: está situada en la parte superior del escritorio, estará siempre presente en la aplicación y está reservada para acciones específicas de Sage 50.

- Inmediatamente debajo, está el **menú superior,** que en la parte izquierda tiene un desplegable con los módulos del programa y a su derecha los menús correspondientes a cada módulo del desplegable.

- Inmediatamente debajo del menú superior, se encuentra un tablero dividido en tres partes:

  → En la parte izquierda está el **menú lateral,** que contiene una serie de accesos directos a opciones que pueden resultar de gran utilidad.

  → En la parte central, unos paneles con los *add-ons que* se hayan definido, se puede desplazar entre ellos con los puntos de navegación que aparecen en la parte inferior de las imágenes.

  → A la derecha, **Panel de Bienvenida a Sage 50,** comentarios, ayudas, etc.

  → Y por último, en la parte inferior, está la **barra de opciones inferior,** que contiene información como puede ser: el ejercicio activo, el código y el nombre de la empresa seleccionada y, a la derecha, la fecha, un icono de aviso de las notificaciones pendientes de leer, recibidas de Sage, y un enlace para descargar las actualizaciones que están pendientes de descargar e instalar (no está activo para todas las versiones).

Estas opciones pueden no estar disponibles en alguna versión de Sage 50.

## 1.4. Empresas

Una vez haya terminado la instalación de la ampliación Sage 50, se tendrá que crear una nueva **Empresa.**

Al finalizar la instalación, se iniciará un **Asistente para la creación/modificación de empresas.** También se puede acceder a este asistente desde:

Menú Archivos > Empresas>Opciones >Asistente de empresas

o

Menú Herramientas > Configuración > Asistente de empresas

Los pasos que se deberán seguir en el Asistente de empresas son:

- **Crear/modificar empresa:** en este apartado hay tres opciones:

  → **Modifica la configuración** de la empresa que esté activa.

  → **Crear una nueva empresa en el grupo activo.** La nueva empresa que se crea se añade al grupo de empresas con el que se está trabajando y compartirá los archivos maestros (datos de clientes, proveedores, artículos y cuentas contables) con el resto de empresas del grupo. Esta opción se selecciona si se tiene un grupo con varias empresas que comparten entre ellas proveedores, clientes, artículos, etc., evitando, de esta forma, tener que crear el mismo artículo, cliente, proveedor, etc., en cada empresa.

→ **Crear una nueva empresa en un grupo distinto al de trabajo**. Si se selecciona esta opción, se crea un **nuevo grupo de empresas** y, dentro de este, una **nueva empresa**.

Un grupo de empresas es una opción que ofrece Sage 50 para agrupar empresas que entre ellas tienen algo en común, como puede ser pertenecer al mismo grupo empresarial, pertenecer a un sector en concreto, etc.

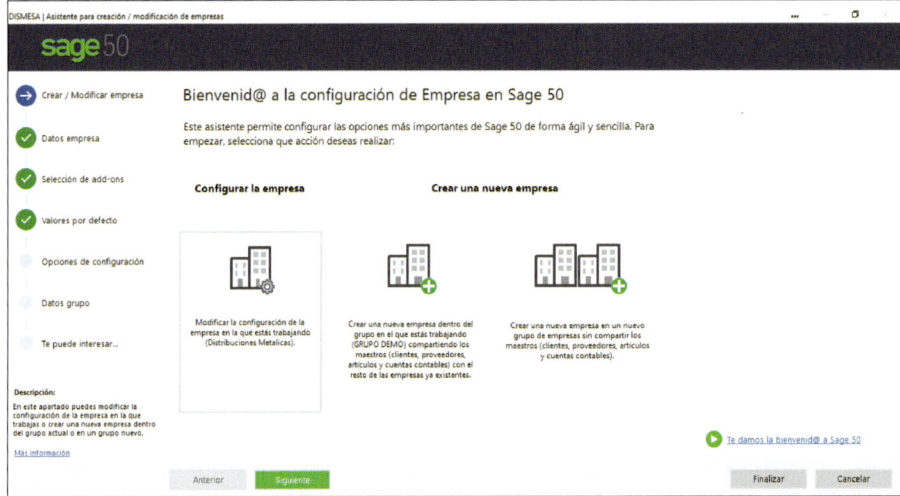

Figura 1.5.

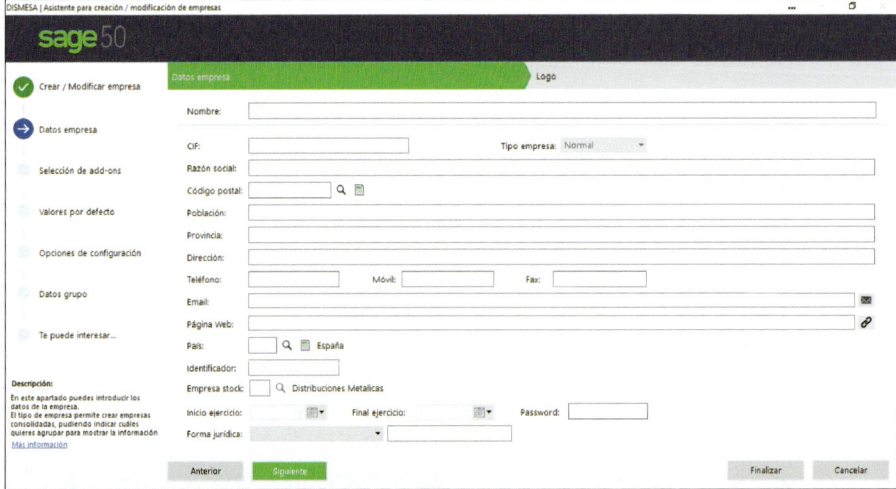

Figura 1.6.

- **Datos empresa:** en esta opción hay dos pestañas: Datos empresa y Logo:
  - → **Datos empresa:** contiene los principales datos identificativos de la empresa. Se comenzará introduciendo el **código** y el **nombre** de la empresa y a continuación se introducirán los siguientes datos:
    - — CIF, razón social, código postal, población, provincia, dirección, teléfono, móvil, fax, *e-mail,* página web, país.
    - — **Tipo de empresa.** Solo estará habilitado si en el paso anterior se seleccionó la opción "**Crear una nueva empresa en el grupo activo**". Indica si se trata de una empresa "**normal**" o "**consolidada**". En empresa "**normal**", es posible trabajar de forma operativa con todas las funcionalidades de la aplicación y es la opción ofrecida por defecto. Las empresas de modalidad "**consolidada**" únicamente son de consulta y permiten agrupar la información de diferentes empresas del mismo grupo de empresas con el objetivo de ver los resultados consolidados.

      Se seleccionará la opción "**normal**".
    - — **Identificador.** Se definirá un texto con el que identificar a la empresa. Al acceder a cualquier opción de la aplicación, dicho texto se mostrará en la parte superior izquierda de la pantalla, delante de Sage 50. Esto permitirá saber en todo momento con qué empresa se está trabajando.
    - — **Empresa** *stock*. En caso de que la empresa deba compartir *stock* con otra empresa, deben tener el mismo código de "**empresa** *stock*", siendo obligatorio definirlo antes de crear la empresa. Por defecto, la aplicación asigna a cada empresa un código de "**empresa** *stock*" diferente.
    - — Los campos **inicio y final de ejercicio** aparecen deshabilitados y cumplimentados por defecto con las fechas inicio y fin de ejercicio indicadas al crear el grupo de empresas al que pertenece la empresa.
    - — *Password.* Clave alfanumérica (números y letras) que se establece de forma adicional a la contraseña habitual de acceso a la aplicación. Esta clave adicional hace que la empresa no sea invisible al resto de los usuarios.

      Pulsar **Siguiente** para acceder a la pestaña de Logo.
  - → **Logo:** desde esta pestaña, se tiene la posibilidad de asociar el logo de la empresa. Si se pulsa en el icono de los tres puntos, se puede

seleccionar la imagen que se utilizará como logo. Con el icono de la papelera, se puede eliminar el logo.

- **Selección de _add-ons_:** un _add-on_ es un programa o módulo adicional que complementa a los navegadores, a los programas de correo y a las aplicaciones de _software_ y les añade funciones que el sistema básico no tiene. Por ejemplo, **gráficos**, que indican la evolución de un dato concreto, como pueden ser las ventas o las compras, cuadros de texto con el saldo de una cuenta contable o _stock_ de un determinado artículo, etc.

  Desde este paso, se pueden activar todos los _add-ons_ que ofrece Sage 50, con lo que se aumentará la funcionalidad de la aplicación.

  Los _add-ons_ no incluidos o los no contratados se muestran en el botón **Instalar** en color rojo; el botón **Ver más** da acceso a más información del _add-on._

  Se puede comprobar cómo al pulsar **Instalar,** toma color verde el fondo del _add-on,_ identificándolo como seleccionado. Se seleccionarán todos los que se quieren instalar y se pulsará **Siguiente** para avanzar y, por último, se seleccionará **Finalizar** para avanzar.

- **Valores por defecto**: aquí están las principales opciones de configuración de la empresa, aparecen agrupadas en bloques funcionales: **Generales, Gestión comercial** (Ventas y Compras) y **Contabilidad:**

  → **General:** dentro de la pestaña General, hay dos bloques de datos:

    — **Valores por defecto:** aquí se introducirá el tipo de IVA por defecto.

    — **Opciones:** aquí aparecerán tres casillas de verificación donde se le indica a la aplicación qué tipo de: **medidas/unidades** se usarán, como pueden ser: **peso, cajas** y **obras.**

  → **Gestión comercial:** en esta pestaña hay tres bloques que son:

    — **Ventas:** donde se introducirán los siguientes valores que la aplicación utilizará por defecto: **vendedor, serie** y **serie de albaranes automáticos.**

    — _Stock:_ hay que indicarle a la aplicación:

      ✓ **Valores por defecto:** cuál es el almacén por defecto para el _stock._

      ✓ **Ventas:** se seleccionará en esta casilla de verificación "**No dejar vender en caso de no tener _stock_**", de esta manera se puede dar salida, mediante la venta, a artículos que no tendrían stock (*stock* = 0 o negativo). Esto hay que hacerlo siempre que la aplicación se utilice únicamente para realizar ventas y no se realicen compras, ya que en este caso el *stock* nunca recibirá entradas y su saldo sería negativo o cero y la aplicación no permitiría realizar las ventas.

→ **Contabilidad:** se introducirán los valores por defecto para trabajar con contabilidad. Hay tres bloques de datos:

— **Valores por defecto:** hay que introducir la **cuenta contable del banco** que se utilizará por defecto y también se pide el **tipo de IVA**, que se utilizará por defecto, para los gastos de devolución de recibos.

— **Opciones:** hay una casilla de verificación que se marcará si se va a "**Trabajar con planes analíticos**" (contabilidad de costes).

— **Opciones SII:** la Agencia Tributaria implanta un nuevo sistema de gestión del IVA basado en el Suministro Inmediato de Información (SII). Los contribuyentes obligados al **SII** (y aquellos que voluntariamente decidan utilizarlo) deberán:

✓ **Enviar** el detalle de los registros de facturación en un plazo de cuatro días a través de la Sede Electrónica de la Agencia Tributaria.

✓ Podrán **presentar e ingresar** sus autoliquidaciones periódicas del IVA, diez días más tarde de lo que viene siendo habitual.

✓ Los contribuyentes podrán **contrastar la información** de sus libros de registros con la información suministrada por sus clientes y proveedores siempre que estén también incluidos en el sistema.

✓ **Dejarán de tener la obligación** de presentar los modelos **347** (operaciones con terceras personas), **340** (libros registro) y **390** (resumen anual del IVA). (AEAT. IVA basado en el Suministro Inmediato de Información).

✓ **Efectuar la presentación** a través del **obligado** tributario, un **apoderado** suyo para este trámite o un **colaborador social**, que deben disponer de un **certificado electrónico reconocido**. Por tanto, el uso de los servicios requiere tener instalado un certificado electrónico, admitido por la Agencia Tributaria, en el ordenador desde el que se produzca el envío de la información.

Dentro de este bloque, hay una casilla de verificación donde se deberá indicar si la "**Empresa está acogida al SII**". Si estuviese acogida, también se deberá indicar el **certificado personal para la presentación** (certificado digital electrónico admitido) y el territorio en el que radica la empresa (el contribuyente).

- **Opciones de configuración:** primero hay un campo de búsqueda para **filtrar/buscar.** Una vez que se ha encontrado la **Opción** deseada, al pinchar sobre ella, en el cuadro inferior **Descripción**, se muestra una breve explicación de la opción seleccionada.

  → Las **Opciones generales** pueden ser:

  — Trabajar con ejercicio partido

  — Trabajar con series de facturas

  — Trabajar con listas previas en mantenimientos

  — Trabajar con listas previas en documentos

  — Opciones de venta

  — Presentar direcciones de envío en los documentos de venta

  — Trabajar con punto verde a nivel operativo

  — Trabajar con punto verde a nivel informativo

  — Calcular comisiones de venta a partir del beneficio

  — Presentar impuesto por artículo resumido en punto verde

  — Trabajar con operarios

  — Enviar un solo *e-mail* por cliente en impresión masiva de documentos

  — Opciones de compra

  — Enviar un solo *e-mail* por proveedor en impresión masiva de documentos

  — Opciones de contabilidad

  — Trabajar con el Impuesto General Indirecto Canario (IGIC)

  — Asentar pagarés a través de cuentas de efectos a cobrar

  — Utilizar fecha del asiento anterior

  — Utilizar asiento puente de efectos a pagar en pagarés

  — Asentar remesas cobro por vencimientos mediante cuenta de efectos

— Asentar remesas pago por vencimientos mediante cuenta de efectos

— Copiar número de asiento en el campo referencia

— Empresa acogida al régimen especial de criterio de caja

— Mandatos SEPA por empresa

Se irá marcando o desmarcando según sea la opción deseada.

- **Datos grupo:** en este punto hay tres pestañas:

  → **Cuenta Microsoft 365.** Si se tiene una cuenta Microsoft 365 Business Standard se puede activar **Cloud Backup**, que permitirá realizar copias de seguridad de los datos de Sage 50 en la nube de Microsoft. También se puede activar la integración de datos de clientes, proveedores y contactos con Outlook para la consulta de información financiera, del propio contacto y de las comunicaciones gracias a **Sage Contacts**. También se puede disponer de **Sage Capture** como método de escaneo de documentos con un dispositivo móvil y asociación a registros de Sage 50.

    En cualquier momento se podría liberar la cuenta pulsando Liberar cuenta. Por último, permite crear nuevas cuentas Microsoft 365 a más miembros de la organización y poder utilizar **Sage Apps** y acceder a **Sage Business Center**.

  → **Copias de seguridad:** se selecciona en la pestaña general el tipo de copia que se desea realizar: **Local** o **Local+Cloud**, también se indicará la ruta local, donde se guardarán los archivos de la copia, seleccionando el/los ejercicios de los que se quiere hacer la copia, y se marcan los documentos que se van a adjuntar a la copia de seguridad, *reports,* imágenes...

    Se pueden automatizar las tareas que se realizan para llevar a cabo las copias de seguridad, accediendo a la pestaña **Avanzadas** e indicando el número de copias que se desean, la hora y días de la semana. Además, se puede indicar una dirección de correo electrónico de notificación para recibir información de la ejecución de la copia.

  → **Calendario** *online:* al marcar Activar calendario compartido, Sage 50 puede crear un calendario denominado **Calendario Sage 50** asociado a una cuenta de Outlook. Este calendario puede ser compartido con los usuarios que se desee y ofrecer así un espacio de colaboración y/o agenda común. Si se selecciona **Asociar cuenta**, se define la cuenta que creará el calendario compartido y desde la cual se compartirá. Para cambiar de cuenta o eliminar esta asociación, en Sage 50 se seleccionará **Liberar cuenta**.

- **Te puede interesar**: aquí se encuentra la información sobre otras opciones y funcionalidades que pueden ser de utilidad en el manejo de la aplicación.

  Se puede seleccionar la ⓘ para acceder a más información y para acceder a las funcionalidades pulsaremos 📝.

Este **Asistente** para la creación de empresas se podría decir que es un tipo de instalación resumida; no se solicita toda la información requerida para la creación de una empresa, solamente se están introduciendo las características más importantes para poder comenzar a trabajar con la empresa creada. A medida que se trabaja con la ampliación, se deberán ir introduciendo esas características desde la opción **Mantenimiento de empresas** o editándola.

---

**Práctica: Alta de una empresa**

Dar de alta una empresa con los siguientes datos:

Código: 02
Nombre: Distribuciones Metálicas

**Datos generales**:

CIF/NIF: A 33.000.000,
Tipo de empresa normal
Razón social: Distribuciones Metálicas, S. A.
Dirección: C/Uría N.º 183, bajo, 33003 Oviedo, Asturias, España.
Teléfono, móvil y fax: 985010101 / 609001001 / 985010102.
*E-mail:* info@dismetalicas.es / www.dismetalicas@es.
Identificador: DISMESA.
Fechas ejercicio: Inicio 01/01/2021. Fin 31/12/2021.
*Password:* 1234.

**Opciones**:

Trabajar con listas previas en mantenimientos.
Trabajar con listas previas en documentos.
Activar gestión del punto de venta.
Agrupar facturas por mandato.
Enviar un solo *e-mail* por cliente en impresión masiva de documentos.
Enviar un solo *e-mail* por proveedor en impresión masiva de documentos.
Comprobar total factura en generador de ventas y compras.
Copiar número de asiento en el campo referencia.

## Contadores:

Los contadores de ventas los dejaremos todos a 0 excepto el de facturación de cuotas que lo establecemos en 2021000.

## Documentos:

Idioma: español.
Generales: el tipo de IVA por defecto será el 21 % (intracomunitario).
Se trabajará con las siguientes opciones: peso, cajas y obras.
*Stock*s:
La empresa de *Stock*s será la 02.

**Se pide:** Dar de alta una empresa nueva e introducir los datos anteriores.

## Solución:

Primero, para dar de alta la nueva empresa, habrá que dirigirse a:

- El **Menú Archivos** > **Empresas**, pulsando el botón **Opciones** > **Asistente de empresas**

- El **Menú Herramientas** > **Configuración** > **Asistente de empresas**

Aparecerá la siguiente imagen y se seleccionará "**Crear una empresa nueva dentro del grupo en el que estás trabajando (GRUPO DEMO)...**".

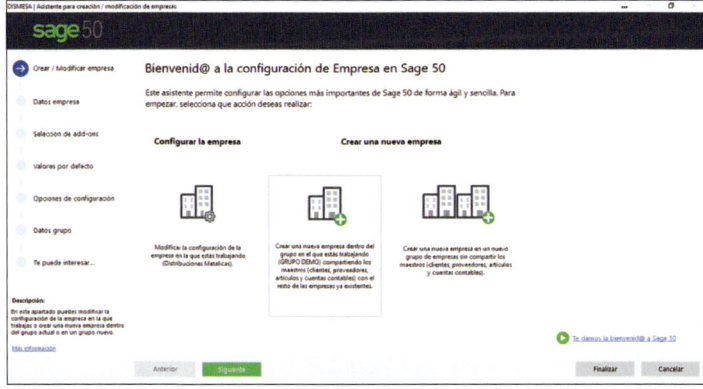

Figura 1.7.

A continuación, se introducen los "**Datos empresa**".

Seguidamente, se introducirán los datos por defecto que a su vez se dividen en: General, Gestión comercial y Contabilidad.

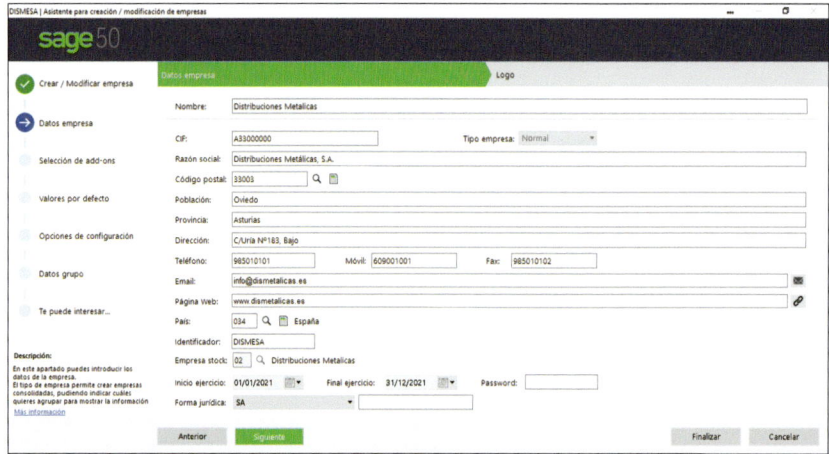

Figura 1.8.

En **General,** para introducir el tipo de IVA, se buscará con la lupa el tipo del 21 %. Una vez localizado, se hace doble clic sobre él y ya aparecerá introducido su valor. Seguidamente, se seleccionan las casillas de verificación del enunciado; en este caso, serán las tres que hay.

Ahora tocará **Gestión comercial.**

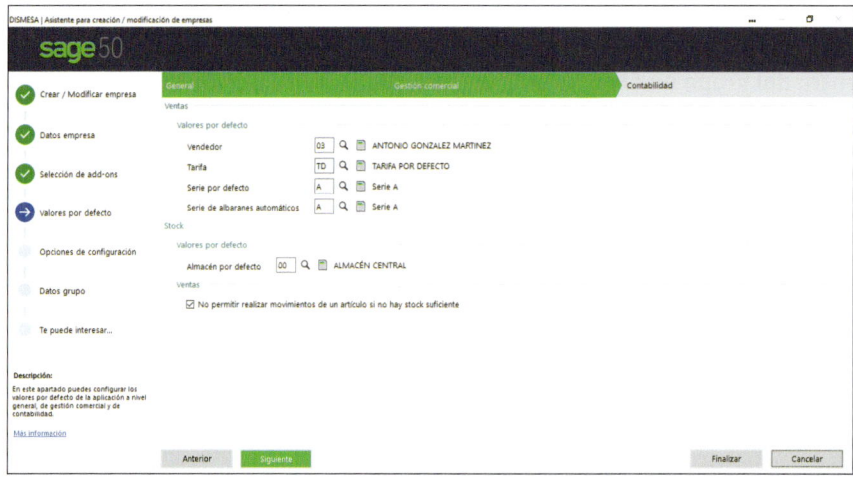

Figura 1.9.

Se buscará el vendedor que dice el enunciado y, como no aparece en la lista previa, habrá que crearlo. Para ello se selecciona la opción **Nuevo** y se introducen los datos del nuevo vendedor. Una vez introducidos, se comprueba que estén bien y se aceptan. Ahora ya se mostrará el vendedor en la lista, se hace doble clic sobre él y ya aparecerá su código asignado.

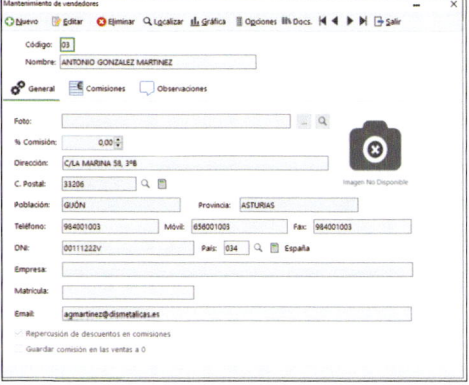

Figura 1.10.

La ventana resultante de introducir los datos del enunciado será:

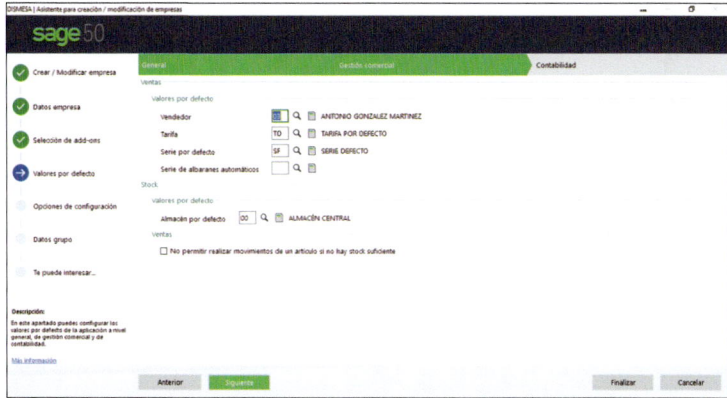

Figura 1.11.

En la ventana de **Contabilidad,** se introducirán los datos del enunciado. En las imágenes vemos cómo es la ventana sin datos y con los datos introducidos.

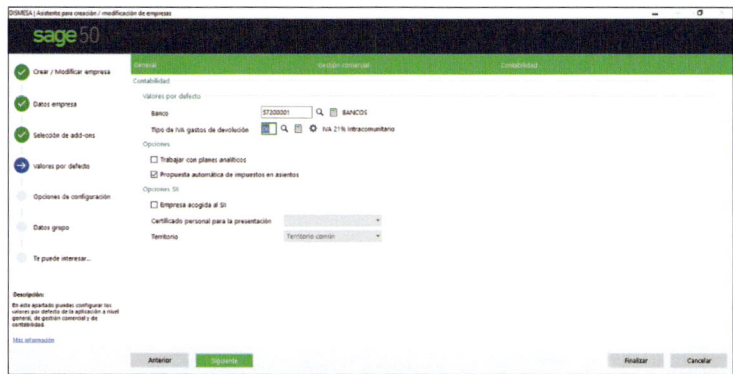

Figura 1.12.

Si se avanza en el Asistente, en Opciones de configuración, hay que buscar en la lista las opciones propuestas en el enunciado y marcarlas. La imagen muestra cómo debería quedar.

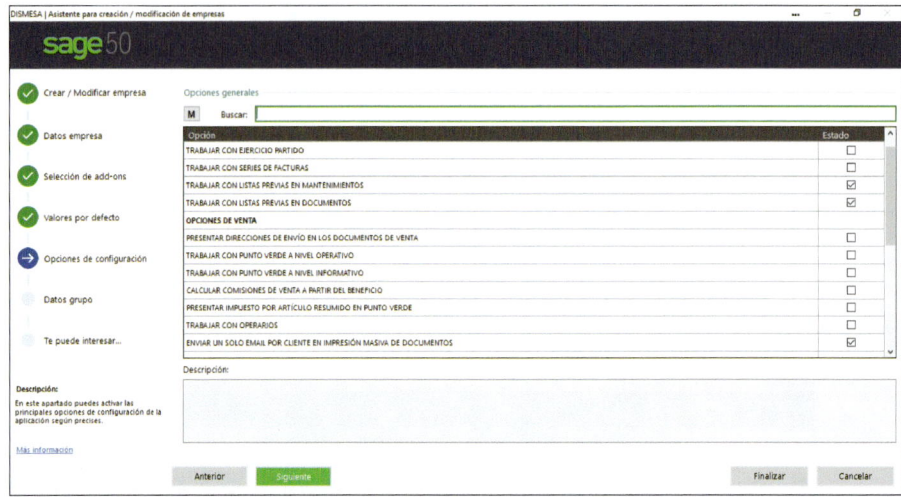

Figura 1.13.

En Datos grupo, se introducirá la ruta de destino donde la aplicación realizará las copias de seguridad.

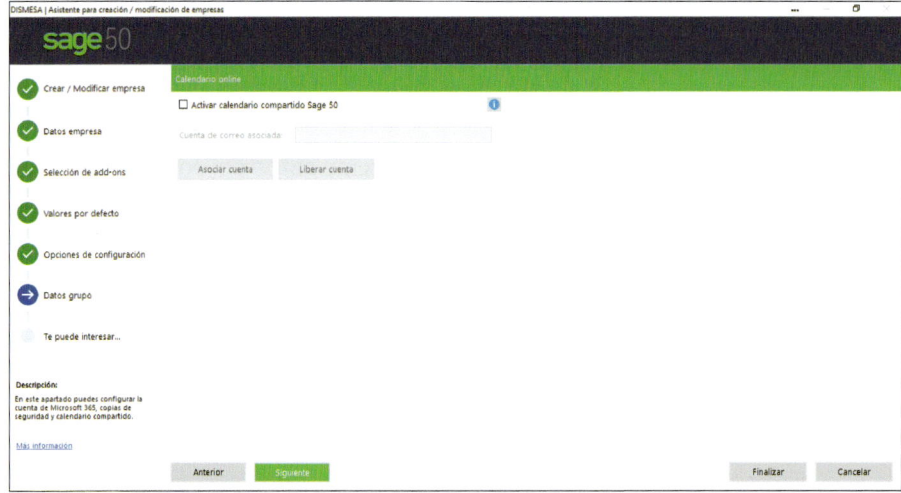

Figura 1.14.

Una vez llegado al final, se seleccionará la opción Finalizar.

**Práctica: Editar y añadir datos de la empresa**

Una vez dada de alta la empresa, el registro nos envía los datos registrales de la empresa que son los siguientes:

Datos registrales: Registro Mercantil y de Bienes Muebles de Asturias. Código del Registro 1, tomo 125, libro 6, sección 1.ª, folio 27, n.º hoja 2127, inscripción 2.ª.
Registro Mercantil: Asturias I Mercantil y Bienes Muebles.
La dirección/ruta de los datos de legalización de libros es: c:\Sage 50c\Sage 50Serv\libros\
Del Modelo 036 de la AEAT se han obtenido los siguientes datos:
Objeto social: Fabricación de estructuras metálicas y sus componentes.
CNAE 2511 - Fabricación de estructuras metálicas y sus componentes.

**Se pide:** Introducir estos nuevos datos en la ficha de la empresa DISMESA.

**Solución:**

Primero habrá que posicionarse en el panel izquierdo y seleccionar la opción de empresas. Se selecciona la empresa 02 DISMESA, se abrirá una lista previa de empresas, se hace doble clic sobre ella o se selecciona y en la cinta de opciones se hace clic sobre el icono editar. Se abre la ventana de Mantenimiento de empresa. Analizando los datos que se deben introducir, se observa que son Datos Fiscales y Datos mercantiles; se comprueba que esos datos no están introducidos en el programa.

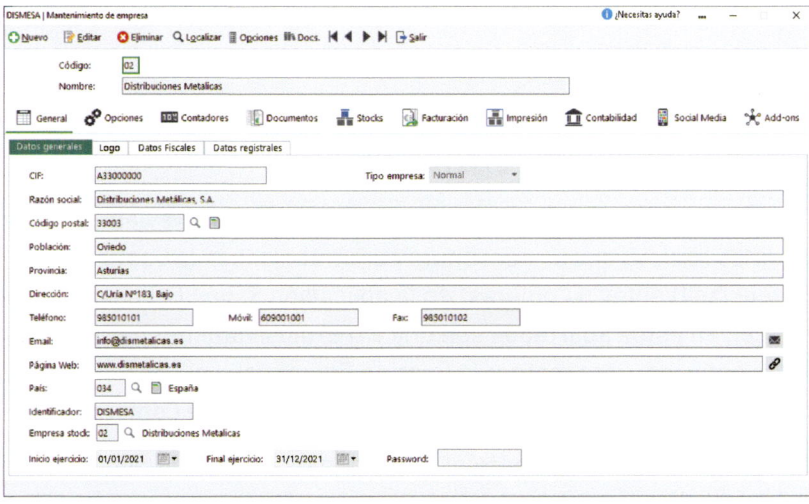

Figura 1.15.

Se observa que los datos no están en la aplicación; entonces, deberán ser introducidos. Para ello, se deberá ir dentro de la ventana de Mantenimiento de empresa a la pestaña General y seleccionar primero Datos Fiscales y posteriormente Datos registrales. Se introducen los datos y, una vez que se comprueba que están introducidos correctamente, se acepta y se sale.

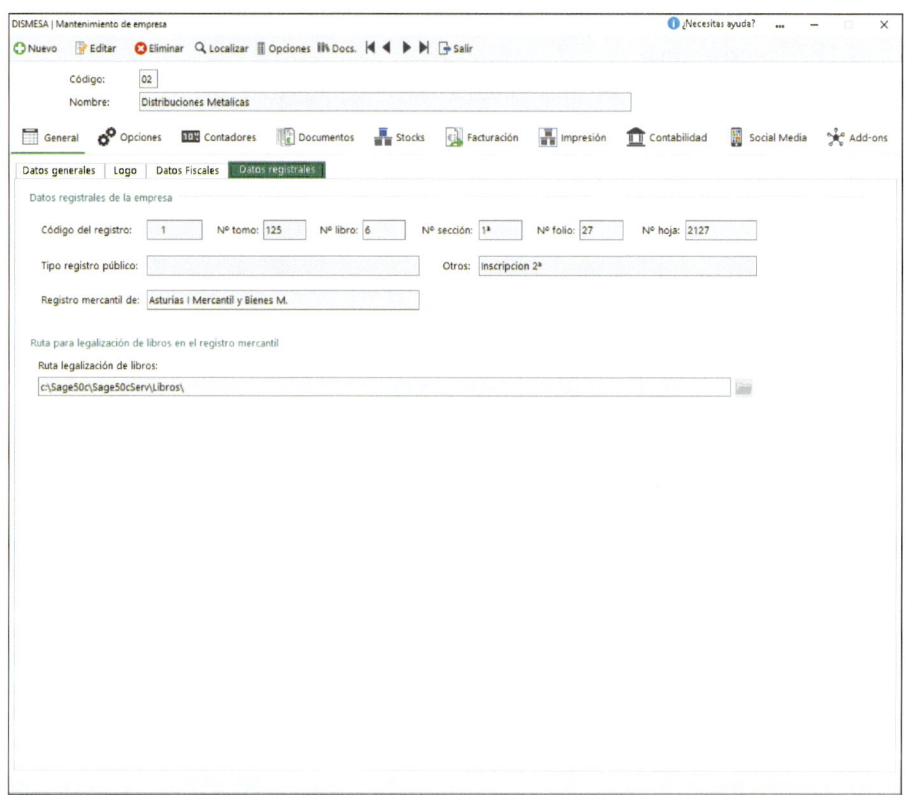

Figura 1.16.

## 1.6. Gestión Comercial y Existencias

Una vez que se ha creado la empresa, se debe de definir previamente una serie de datos básicos que se necesitará para trabajar con la **Gestión Comercial y Existencias** (Ventas y Compras) en la aplicación Sage 50. Los datos que se introducen en estos apartados son única y exclusivamente para la empresa que está activada. Para realizar la **Gestión Comercial y el Control de Existencias** con Sage 50 se tienen dos módulos que son **Ventas y Compras**.

Para realizar la **Gestión Comercial** se comenzarán introduciendo los datos del **módulo de Ventas**. Se comenzará por este módulo porque en la aplicación Sage 50 se puede utilizar solamente para generar las facturas de ventas y enlazarlas con contabilidad, para que se contabilicen automáticamente, no es necesario realizar un control de Proveedores y *Stock*s (no es necesario realizar el ciclo completo de la Gestión Comercial, Ventas + Compras y Gestión de Existencias).

La estructura que ofrece Sage 50 para la realización de la **Gestión Comercial y de Existencias** es en dos módulos: **Ventas y Compras** y estos, a su vez, compartirán el apartado Artículos.

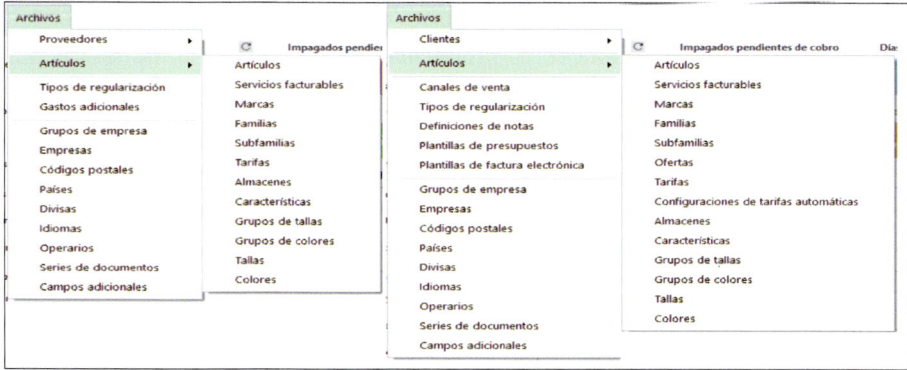

Figura 1.17.

En la imagen anterior se puede comprobar que, dentro del bloque de **Ventas**, en la opción de Archivos, está el apartado de Clientes; al hacer clic con el botón izquierdo del ratón, se despliega una ventana donde aparecen los aparatos de:

- Clientes.
- Vendedores.
- Rutas.
- Actividades.
- Tipos de facturación.
- Líneas de descuento.
- Formas de pago.
- Agencias.
- Conceptos de cuotas.
- Obras.
- Clientes potenciales.

Para empezar a trabajar con Sage 50, es mejor y facilita mucho la labor de introducir los datos de los clientes comenzar a introducir los datos de los apartados que aparecen a continuación del apartado Clientes, ya que, de esta forma, cuando se introducen los datos en la ventana de Clientes, estos ya están introducidos y solamente será necesario seleccionarlos. Pero al mismo tiempo, hay que darse cuenta de que, si ese tipo de dato es nuevo, desde la ventana de Clientes se podrá introducir sin falta de tener que salir de la ventana de Clientes.

Una vez visto cómo sería el funcionamiento o la forma de trabajo con Clientes en Sage 50, se procederá a ver las **Tablas iniciales** que están compuestas por los siguientes apartados.

## 1.6.1. Tablas iniciales

Como ya se ha visto anteriormente, antes de comenzar a introducir los clientes se deberán crear unas tablas que contendrán datos, que harán más fácil y rápido el trabajo con los clientes. Estas tablas siempre se pueden dar de alta, modificar y buscar desde la ventana de Clientes, pero al tener los datos introducidos previamente este proceso será más rápido y sencillo. Estas tablas son las siguientes:

| | | |
|---|---|---|
| Vendedores | Tipos de facturación | Agencias |
| Rutas | Líneas de descuento | Conceptos de cuotas |
| Actividades | Formas de pago | |

### 1.6.1.1. Mantenimiento de Vendedores

Los vendedores son aquellas personas o establecimientos que realizan la venta de nuestros artículos (productos).

Para acceder a la opción de **Vendedores** se irá a:

**Ventas > Archivos > Clientes > Vendedores.**

Al entrar en la ventana de **Vendedores** aparecerá una **lista previa** con los **Vendedores** que ya han sido creados previamente, dentro de esta ventana se pueden **Crear** (Nuevo) nuevos vendedores, **Ver** y **Editar** un vendedor existente (se abrirá la ventana de mantenimiento de vendedores), **Eliminar, Imprimir, Exportar**, obtener **Gráficos, Refrescar** los datos, **Opciones** y **Salir** de la ventana. También se pueden utilizar, desde las pestañas laterales, filtros avanzados, opciones y personalización de los filtros para facilitar las búsquedas en la lista previa.

Si se selecciona un **Vendedor** de la lista y se hace doble clic sobre él, se abre una ficha de **Mantenimiento de Vendedores**; en esta ventana se puede crear un **Nuevo vendedor, Editarlo** y **Eliminarlo, Localizar** vendedores, obtener **Gráficos**, acceso a la ventana de **Opciones**, acceder a los **Botones de Navegación** que permiten desplazarse entre vendedores y **Salir** de la ventana. Una vez que se hayan realizado todos los cambios y se compruebe que son correctos, se procederá a aceptar y a salir de la ventana de Mantenimiento de Vendedores.

Si el **Vendedor** que se está buscando no aparece en la lista previa, entonces se procederá a dar de **Alta** un **Nuevo Vendedor**. Para dar de alta o crear un nuevo vendedor, lo primero que se debe hacer es ir a la cabecera de la ventana para completar el código y el nombre del vendedor: para el **Código**, se introducen dos caracteres alfanuméricos, y para el **Nombre,** se pueden introducir cincuenta caracteres alfanuméricos. Seguidamente, se irá hacia la parte inferior donde hay tres apartados:

- **General**: en este apartado se introducen los datos generales del vendedor que serán: una **fotografía, la comisión** que recibirá el vendedor por la venta de los artículos, **la dirección**, el **código postal**, **la población**, **la provincia**, **el teléfono**, **el móvil**, **el fax**, **el DNI**, **el país**, **la empresa** a la que pertenece, **matrícula** y *e-mail*.

  La casilla **Repercusión** permite imputar la comisión al valor total después de aplicar el descuento. La casilla **Guardar Comisión** en las ventas a cero establecerá la comisión de 0 % por defecto, pudiendo ser modificada en cuanto sea necesario.

- **Comisiones**: en este apartado se añadirán las comisiones especiales que el vendedor tiene para cada **Cliente, Artículo** o **Familia**. Estos descuentos sustituirán al descuento general cuando se cumplan las condiciones que se establezcan en el cuadro de comisiones.

  Para **Añadir** un tipo de comisión se hará clic sobre Añadir y así se mostrará una nueva línea donde se introducirá la comisión. Si se sitúa sobre el campo cliente, al seleccionar el icono de lista previa o el icono de mantenimiento, se mostrarán las ventanas para la selección o edición de clientes. Si se posiciona sobre artículos y se hace clic sobre los iconos, ahora se abrirán las ventanas de artículos y lo mismo pasará si se selecciona para familias.

  Cada comisión se puede configurar seleccionando por clientes, por artículos o por familias, con los siguientes parámetros:

  → **% de comisión especial.**

  → **Valor de la prima.**

→ **Importe por unidades**: cantidad fija por unidad vendida.

→ **Descuento** máximo aplicable por el vendedor para poder conseguir dicha comisión.

Si no se cumpliesen las condiciones del **% de comisión especial**, siempre prevalecerá el 0 % de comisión general.

- **Observaciones**: se introducirá toda la información que no se haya incluido en los apartados anteriores y que puede ser interesante para la gestión del vendedor.

Una vez que se hayan introducido todos los datos y se compruebe que son correctos, se procederá a aceptar y sa alir de la ventana de Alta de vendedores.

Tanto en la ventana de **Mantenimiento de Vendedores** como en la de alta de **Nuevo Vendedor,** se tiene la posibilidad de contar los campos que tiene a su derecha el acceso a la lista previa del campo para consultar los datos introducidos previamente, seleccionar uno de ellos e introducirlo con un solo clic. También hay acceso a la ventana de mantenimiento para modificar algún dato del registro seleccionado o incluso dar de alta uno nuevo, así como existen botones de propiedades y casillas de verificación.

**Práctica: Nuevo Vendedor**

Código: 02
Nombre: María López Antúnez                     DNI: 9988877F
Dirección: C/del Sol n. º 86, 3. º F
Población, provincia y país: La Iglesia, Gijón, Asturias. 33211
Teléfono, móvil, fax e *e-mail:* 982002002 / 602002002 / 982002003 /
mariala85@gmail.com
Comisión: 5 %

**Se pide:** Introducir estos nuevos datos en la ficha del Vendedor de la empresa DISMESA.

**Práctica: Nuevo Vendedor**

Código: 03
Nombre: Antonio González Martínez               DNI: 00111222V
Dirección: C/La Marina 58, 3. º B
Población, provincia y país: Gijón, Asturias. 33206
Teléfono, móvil, fax y *e-mail:* 984001003 / 656001003 /
agmartinez@dismetalicas.es

**Solución:**

Para acceder a la opción de **Vendedores** se irá a:

**Ventas > Archivos > Clientes > Vendedores.**

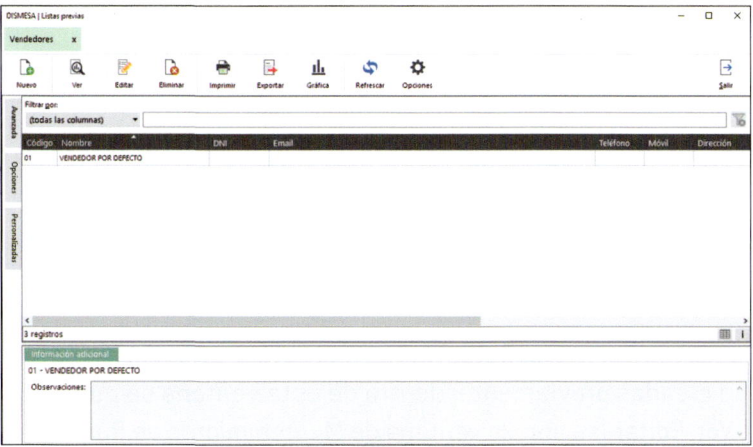

Figura 1.18.

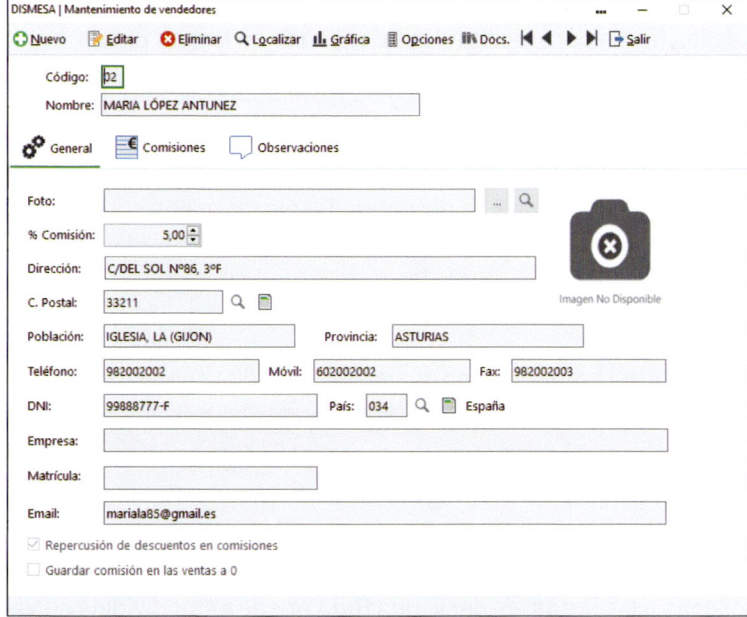

Figura 1.19.

Al entrar en la ventana de **Vendedores,** aparecerá una **lista previa** con los **Ven-dedores** que ya han sido creados previamente. Dentro de esta ventana se puede observar que solamente figura el vendedor que la aplicación trae crea-do por defecto (VENDEDOR POR DEFECTO), por ello, se va a proceder a intro-ducir los datos de los casos prácticos anteriores. Para ello, se irá a la opción de **Nuevo** y se comenzarán a introducir los datos. Una vez que ya están todos introducidos, se comprobarán y se aceptará. La aplicación preguntará si se guardan los datos o se descartan, se aceptará (si todo es correcto) y se saldrá de la ventana de Mantenimiento de Vendedores.

### 1.6.1.2. Rutas

Las rutas son los itinerarios que se realizarán para la venta, el reparto o la en-trega de las mercancías; a estas rutas se les pueden asignar zonas.

Para acceder a la opción de **Rutas** se irá a:

Ventas > Archivos > Clientes > Rutas.

Al entrar en la ventana de **Rutas** aparece la **lista previa** con las **Rutas** que ya han sido creadas previamente; dentro de esta ventana se puede crear una **Nueva, Ver, Editar** (se abre la ventana de Mantenimiento de Rutas) y **Eliminar** una ruta ya existente, **Imprimir, Exportar,** obtener **Gráficos, Refrescar** los da-tos, acceso a la ventana de **Opciones** y **Salir** de la ventana. También se pueden utilizar, desde las pestañas laterales, filtros avanzados, opciones y personali-zación de los filtros para facilitar las búsquedas en la lista previa.

Si se selecciona una **Ruta** de la lista y se hace doble clic sobre ella, se abre la ventana de **Mantenimiento de Rutas;** desde esta ventana, se puede crear una **Nueva Ruta, Editarla** y **Eliminarla, Localizar** rutas, obtener **Gráficos,** acceder a los **Botones de Navegación** que permiten desplazarse entre rutas y **Salir** de la ventana. Una vez que se hayan introducido todos los cambios y se comprue-be que son correctos, se procederá a aceptar y salir de la ventana de Mante-nimiento de Rutas.

Si la ruta que se está buscando no apareciese en la lista previa, entonces se pro-cedería a dar de alta una **Nueva Ruta.** Para dar de alta o crear una nueva ruta, lo primero que se debe hacer es complementar el **Código** y el **Nombre** desde la ca-becera de la ventana; para el **Código,** se introducen dos caracteres alfanuméri-cos, y para el **Nombre,** se pueden introducir treinta caracteres alfanuméricos. Posteriormente, hay que desplazarse hacia la parte inferior, donde se pueden asignar Zonas a las Rutas, es decir, una Ruta puede estar dividida en varias Zo-nas. Las Zonas se crean y se asignan a las Rutas desde este apartado.

Si en el apartado Zonas se hace clic sobre **Añadir,** aparecerá en el recuadro una nueva línea para introducir los datos de la Zona. Las **Zonas** constarán del código de Zona y el nombre que se le va a asignar. Para la **Zona,** se introducen cuatro caracteres alfanuméricos, y para el **Nombre,** se pueden introducir cincuenta caracteres alfanuméricos.

Una vez que se hayan introducido todos los datos y se compruebe que son correctos, se procederá a aceptar y salir de la ventana de Alta de Rutas.

**Práctica: Nueva Ruta**

Código: 01
Nombre de la Ruta: Galicia Norte
Zonas
Código de Zona: 001 004
Nombre de la Zona: Lugo, La Coruña

**Se pide:** Introducir estos nuevos datos en la ficha de Rutas de la empresa DISMESA.

**Práctica: Nueva Ruta**

Código: 02
Nombre de la Ruta: Galicia Sur
Zonas
Código de Zona: 002 003
Nombre de la Zona: Orense, Pontevedra

**Se pide:** Introducir estos nuevos datos en la ficha de Rutas de la empresa DISMESA.

**Solución:**

Primero se accederá a la opción de **Rutas,** para ello se irá a:

**Ventas > Archivos > Clientes > Rutas**.

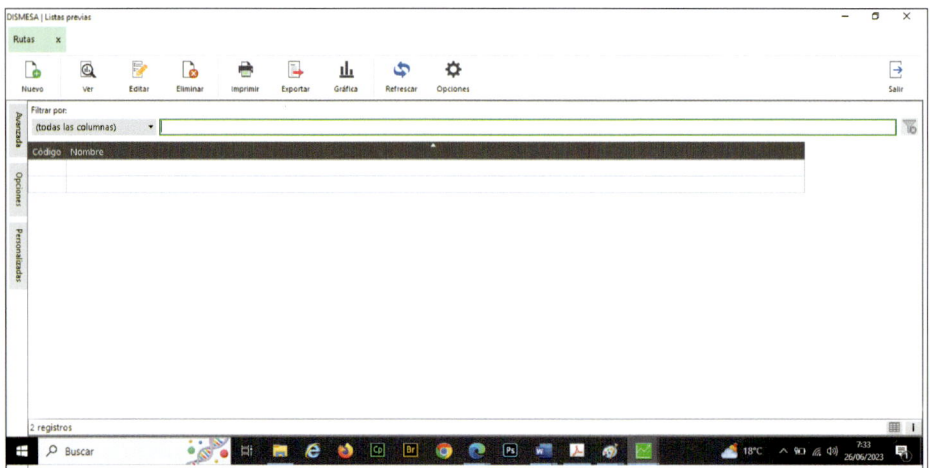

Figura 1.20.

Al entrar en la ventana de **Rutas,** aparece la **lista previa** con las **Rutas** que ya han sido creadas previamente; se puede observar que no hay ninguna Ruta creada, por ello, se procederá a dar de alta las nuevas Rutas, se irá a **Nueva,** y se introducirán los datos de los enunciados anteriores; una vez introducidos y comprobados, se aceptará para guardar los datos introducidos y se saldrá de la ventana de mantenimiento de datos y se vuelve a la lista previa.

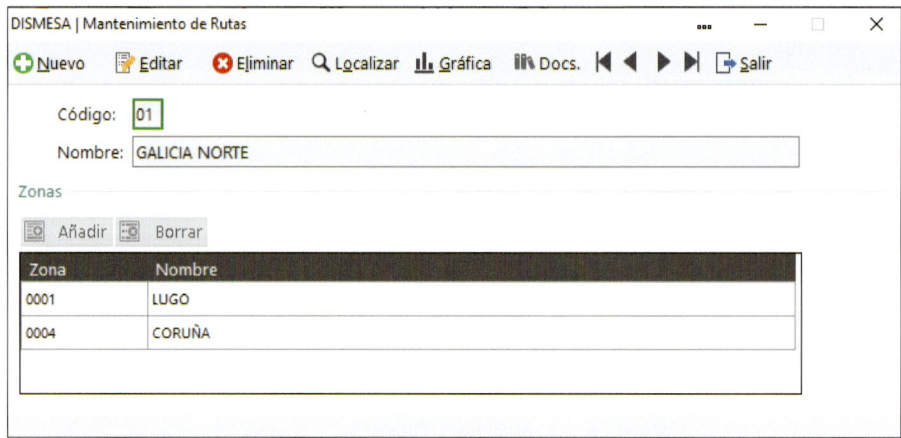

Figura 1.21.

### 1.6.1.3. Actividades

Sage 50 permite asignar actividades a los clientes y a los proveedores. Al asignar actividades a clientes y proveedores se están creando grupos que se pueden utilizar para hacer campañas de fidelización, para hacer ofertas, aplicar líneas de descuentos, para hacer una campaña de lanzamiento de un nuevo artículo por actividades. Por lo tanto, se pueden definir actividades para utilizarlas posteriormente como filtrado y selección de datos.

Para acceder a la opción de **Actividades** se irá a:

**Ventas > Archivos > Clientes > Actividades.**

Al entrar en la ventana de **Actividades** aparece una **lista previa** con las **Actividades** que ya han sido creadas previamente; dentro de esta ventana, se puede crear una **Nueva, Ver** y **Editar** una actividad ya existente (se abrirá la ventana de Mantenimiento de Actividades), **Eliminar, Imprimir, Exportar, Refrescar** los datos, acceso a la ventana de **Opciones** y **Salir** de la ventana. También se pueden utilizar, desde las pestañas laterales, filtros avanzados, opciones y personalización de los filtros para facilitar las búsquedas en la lista previa.

Si se selecciona una **Actividad** de la lista y se hace doble clic, se abre una ficha de **Mantenimiento de Actividades**. Desde esta ventana se puede **Crear** (Nuevo) una nueva actividad, **Editarla** y **Eliminarla**, **Localizar** actividades, acceso a los **Botones de Navegación** que permiten desplazarse entre actividades y **Salir** de la ventana. Una vez que se hayan introducido todos los cambios y se compruebe que son correctos, se procederá a aceptar y salir de la ventana de Mantenimiento de Actividades.

Si la **Actividad** que se está buscando no apareciese en la lista previa, entonces se procederá a dar de alta una **Nueva Actividad**. Para dar de alta o crear una nueva **Actividad** lo primero que se debe hacer es ir a la ventana y complementar el código y el nombre de la Actividad; para el **Código,** se introducen dos caracteres alfanuméricos, y para el **Nombre,** se pueden introducir treinta caracteres alfanuméricos, y una vez que se hayan introducido todos los datos y se compruebe que son correctos, se procederá a aceptar y salir de la ventana de Mantenimiento de Actividad.

---

**Práctica: Nueva Actividad**

Código: 001        Nombre: Portería Metálica
Código: 002        Nombre: Constructoras
Código: 003        Nombre: Materiales de Construcción

**Se pide:** Introducir estos nuevos datos en la ficha Actividades de la empresa DISMESA.

---

Solución:

Para introducir las **Actividades** se irá a:

**Ventas > Archivos > Clientes > Actividades.**

Figura 1.22.

Al entrar en la ventana de **Actividades** aparece una **lista previa** con las **Actividades** que ya han sido creadas previamente; como las Actividades del supuesto no están en la lista, se introducirán los datos del enunciado anterior. Una vez introducidos y comprobados, se aceptará para guardar los datos introducidos y se saldrá de la ventana de mantenimiento de datos y se vuelve a la lista previa.

### 1.6.1.4. Tipos de facturación

Permite introducir características sobre los diferentes tipos de facturación, que posteriormente se asociarán a los clientes, según la periodicidad de las facturaciones.

Para acceder a la opción de tipos de **Facturación** se irá a:

**Ventas > Archivos > Clientes > Tipos de Facturación.**

Al entrar en la ventana de **Tipos de Facturación** aparece una **lista previa** con los **Tipos de Facturación** que ya han sido creados previamente; dentro de esta ventana, se puede **Crear** uno nuevo, **Ver** y **Editar** un tipo de facturación existente (se abrirá la ventana de Mantenimiento de Tipos de Facturación), **Eliminar, Imprimir, Exportar, Refrescar** los datos, acceso a la ventana de **Opciones** y **Salir** de la ventana. También se pueden utilizar, desde las pestañas laterales, filtros avanzados, opciones y personalización de los filtros para facilitar las búsquedas en la lista previa.

Si se selecciona un **Tipo de Facturación** y se hace doble clic sobre él, se abre una ventana de **Mantenimiento de Tipos de Facturación**; en esta ventana se puede **Crear** (Nuevo) un tipo de facturación, **Editarlo** y **Eliminarlo, Localizar** tipos de facturación, acceso a los **Botones de Navegación** que permiten desplazarse entre los distintos tipos de facturación y **Salir** de la ventana. Una vez que se hayan realizado todos los cambios y se compruebe que son correctos, se procederá a aceptar y salir de la ventana de Mantenimiento de Tipos de Facturación.

Si el **Tipo de Facturación** que está buscando no apareciese en la lista previa entonces se procederá a **Dar de Alta un Tipo de Facturación** nuevo. Para dar de alta o **Crear** un nuevo tipo de facturación se debe ir a la ventana y complementar el Código y el Nombre del Tipo de Facturación; para el **Código,** se introducen dos caracteres alfanuméricos, y para el **Nombre,** se pueden introducir treinta caracteres alfanuméricos y se puede describir, por ejemplo, la periodicidad (mensual, trimestral, semestral). Una vez que se hayan introducido los datos y se compruebe que son correctos, se aceptará y se saldrá de la ventana Alta de Tipos de Facturación.

**Práctica: Nuevo Tipo de Facturación**

Código: 001        Nombre: Diario.
Código: 002        Nombre: Semanal.
Código: 003        Nombre: Quincenal.
Código: 004        Nombre: Mensual.

**Se pide:** Introducir estos datos en la ficha de Tipos de Facturación de la empresa DISMESA.

**Solución:**

Para introducir los datos anteriores de **Tipos de Facturación** se irá a:

**Ventas > Archivos > Clientes > Tipos de Facturación.**

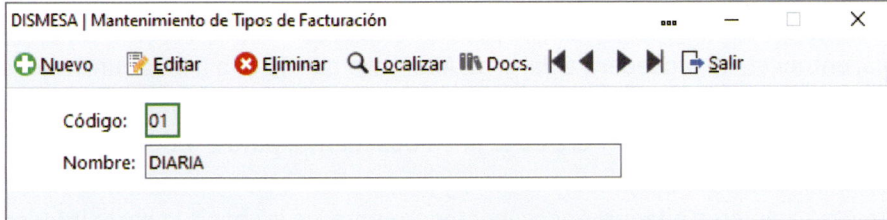

Figura 1.23.

Al entrar en la ventana de **Tipos de Facturación** aparece una **lista previa** con los **Tipos de Facturación** y se observa que estos nuevos datos no aparecen en la lista, por ello, se procederá a introducirlos a través de la opción de Nuevo. Una vez introducidos y comprobados, se aceptarán para guardar los datos introducidos y se saldrá de la ventana de mantenimiento de datos y se vuelve a la lista previa.

### 1.6.1.5. Líneas de descuento

Las líneas de descuento sirven para establecer grupos de clientes a los que se les aplicará la misma línea de descuento. Desde este apartado se establecerán líneas de descuento para ese grupo de clientes homogéneo.

Para acceder a la opción de líneas de **Descuento** se irá a:

**Ventas** > **Archivos** > **Clientes** > **Líneas de Descuento**.

Al entrar en la ventana de **Líneas de Descuento** aparecerá una **lista previa** con los **Tipos de Líneas de Descuento** que ya han sido creadas previamente. Dentro de esta ventana se podrá **Crear** (Nuevo) una nueva, **Ver** y **Editar** una línea de descuento existente (se abrirá la ventana de Mantenimiento de Líneas de Descuento), **Eliminar, Imprimir, Exportar, Refrescar** los datos, acceso a la ventana de **Opciones** y **Salir** de la ventana. También se pueden utilizar, desde las pestañas laterales, filtros avanzados, opciones y personalización de los filtros para facilitar las búsquedas en la lista previa.

Si se selecciona una **Línea de Descuento** y se hace doble clic, se abre una ficha de **Mantenimiento de Líneas de Descuento**. En esta ventana se puede **Crear** (Nuevo) un tipo de línea de descuento, **Editarla** y **Eliminarla, Localizar** líneas de descuento, acceso a la ventana de **Opciones**, acceso a los **Botones de Navegación** que permiten desplazarse entre los distintos tipos de líneas descuento y **Salir** de la ventana. Una vez que se hayan realizado todos los cambios y se compruebe que son correctos, se procederá a aceptar y a salir de la ventana de Mantenimiento de Líneas de Descuento.

Si el **Tipo de Línea Descuento** que se está buscando no aparece en la lista previa, entonces se procederá a darlo de **Alta**. Para dar de alta o crear una nueva **Línea de Descuento**, lo primero que se debe hacer es ir a la ventana y complementar el código y el nombre de la línea descuento; para el **Código,** se introducen dos caracteres alfanuméricos, y para el **Nombre,** se pueden introducir treinta caracteres alfanuméricos; posteriormente, se irá hacia la parte inferior, donde se pueden asignar Líneas de Descuento por Artículo, Familia, Subfamilia o Marca. Si en el bloque Detalles se hace clic sobre **Añadir,** aparecerá en el recuadro una nueva línea para introducir los datos del Tipo de Línea de Descuento. En la nueva línea si se posiciona el cursor sobre Artículos, se pueden utilizar los iconos de Lista Previa o Mantenimiento de Datos, que aparecen encima del recuadro y a través de ellos se pueden buscar, editar o añadir artículos y posteriormente seleccionarlos e introducirlos en la nueva línea; lo mismo se puede hacer con las Familias, Subfamilias o las Marcas.

Las líneas de descuento se pueden añadir seleccionando el Artículo, la Familia, la Subfamilia o la Marca y a continuación se introducirán el resto de datos:

- **Artículo, Familia, Subfamilia, Marca** (de todas estas opciones solamente se introducirá el código de una y el resto de datos se rellenarán automáticamente) su nombre aparecerá en el campo definición.

- **Divisa**: la divisa de ese artículo, familia, subfamilia o marca.

- **Fecha**: inicial y final de descuento.

- **Unidades**: rango del número de unidades a las que se le va a aplicar dicho descuento.

- **Descuento uno y dos**: porcentaje de descuento que se aplicará a dicha línea de descuento.

- **PVP**: precio de venta al público.

Para que estas líneas de descuento se apliquen, se deberá especificar en cada ficha del cliente qué línea de descuento se va aplicar a ese cliente.

Una vez que se hayan introducido los datos y se compruebe que son correctos, se procederá a aceptar y a salir de la ventana de Alta de Líneas de Descuento.

Tanto en la ventana de **Mantenimiento de Líneas de Descuento** como en la de **Alta** de uno nuevo, se tiene la posibilidad de contar campos que permiten un acceso a la lista previa del campo para consultar los datos introducidos previamente, seleccionar uno de ellos e introducirlo con un solo clic; también hay acceso a la ventana de mantenimiento para modificar algún dato del registro seleccionado o incluso dar de alta un nuevo registro.

---

**Práctica: Nueva Línea de Descuento**

Código: 001        Nombre: Constructoras.
Código: 002        Nombre: Grandes Superficies.

**Se pide**: Introducir estos datos en la ficha de Línea de Descuento de la empresa DISMESA.

---

Solución:

Para introducir las **Líneas de Descuento** se irá a:

> Ventas > Archivos > Clientes > Líneas de Descuento.

Figura 1.24.

Al entrar en la ventana de **Líneas de Descuento** aparecerá una **lista previa** con los **Tipos de Líneas de Descuento** que ya han sido creadas previamente; como no aparecen las nuevas propuestas en el apartado anterior, se procederá a darlas de alta. Para ello se hará clic en el icono de **Nuevo** y se procederá a introducir los datos. Una vez introducidos y comprobados, se aceptará para guardar los datos introducidos y se saldrá de la ventana de mantenimiento de datos y se vuelve a la lista previa.

### 1.6.1.6. Formas de pago

En este apartado se definirán las formas de pago, se introducirá al recargo financiero, el periodo de vencimiento de los giros y el tipo de pago (pago en efectivo, domiciliación bancaria, SEPA: transferencia, cheque, pagaré).

Para acceder a la opción de **Formas de Pago** se irá a:

**Ventas > Archivos > Clientes > Formas de Pago.**

Al entrar en la ventana de **Formas de Pago** aparecerá una **lista previa** con las **Formas de Pago** que ya han sido creados previamente; dentro de estas ventanas se puede **Crear** (Nuevo) una nueva, **Ver** y **Editar** una forma de pago existente (se abrirá una ventana de Mantenimiento de Formas de Pago), **Eliminar, Imprimir, Exportar, Refrescar** los datos, acceso a la ventana de **Opciones** y **Salir** de la ventana.

Si se selecciona una **Forma de Pago** y se hace doble clic sobre ella, se abre una ficha de **Mantenimiento de Formas de Pago.** En esta ventana se pueden **Crear** (Nuevo) formas de pago, **Editar, Eliminar** y **Localizar** formas de pago, acceso a la ventana de **Opciones,** acceso a los **Botones de Navegación** que permiten desplazarse entre las distintas formas de pago y **Salir** de la ventana. Una vez que se hayan realizado todos los cambios y se compruebe que son correctos, se procederá a aceptar y a salir de la ventana de Mantenimiento de Formas de Pago.

Si la **Forma de Pago** que está buscando no aparece en la lista previa, entonces se procederá a darla de **Alta**. Para dar de alta una forma de pago lo primero que se debe hacer es ir a la ventana y complementar el código y el nombre
de la nueva Forma de Pago; para el **Código**, se introducen dos caracteres alfanuméricos, y para el **Nombre,** se pueden introducir cincuenta caracteres alfanuméricos. Posteriormente, nos desplazaremos hacia la parte inferior donde
cubriremos los siguientes campos, dentro del bloque **Detalles**:

- **Recargo financiero**: será el recargo que lleve asociado esa forma de apla-
  zamiento del pago.

- **Periodo de giros**: se pueden insertar nuevos periodos de giros. Al insertar
  el primer giro, nos aparecerá por defecto el valor cero. Si se le da de nuevo a insertar, nos irá aumentando la cantidad de 30 en 30. Si se le da a insertar e iniciar, por ejemplo, en 15 al dar de nuevo a la opción de insertar el
  siguiente periodo sería 30 días más, es decir, 45 días; al dar de nuevo a insertar, el siguiente periodo será 75 días y así sucesivamente. También tenemos la opción de borrar los periodos de los giros.

- **Tipos de pagos**: podemos asociarles tres formas de pago: forma de pago
  en efectivo, domiciliación bancaria, tipo de orden SEPA SCT (transferencia,
  cheque, pagaré).

Una vez que se hayan introducido los datos y se compruebe que son correctos, se procederá a aceptar y a salir de la ventana de Alta de Formas de Pago.

Tanto en la ventana de **Mantenimiento de Formas de Pago** como en la de **Alta**
de una nueva, hay casillas de verificación para seleccionar las opciones que
ofrece la aplicación.

---

**Práctica: Nueva Forma de Pago**

| | | |
|---|---|---|
| Código: 001 | Nombre: CONTADO | Días: 30. |
| Código: 002 | Nombre: Giro a 30 días | Días: 30. |
| Código: 003 | Nombre: Giros a 30 y 60 días | Días: 30 y 60. |
| Código: 004 | Nombre: Giros a 30, 60 y 90 días | Días: 30, 60 y 90. |

**Se pide:** Introducir estos datos en la ficha de Forma de Pago de la empresa DISMESA.

---

Solución:

Para introducir los datos anteriores habrá que ir a **Formas de Pago**:

**Ventas > Archivos > Clientes > Formas de Pago**.

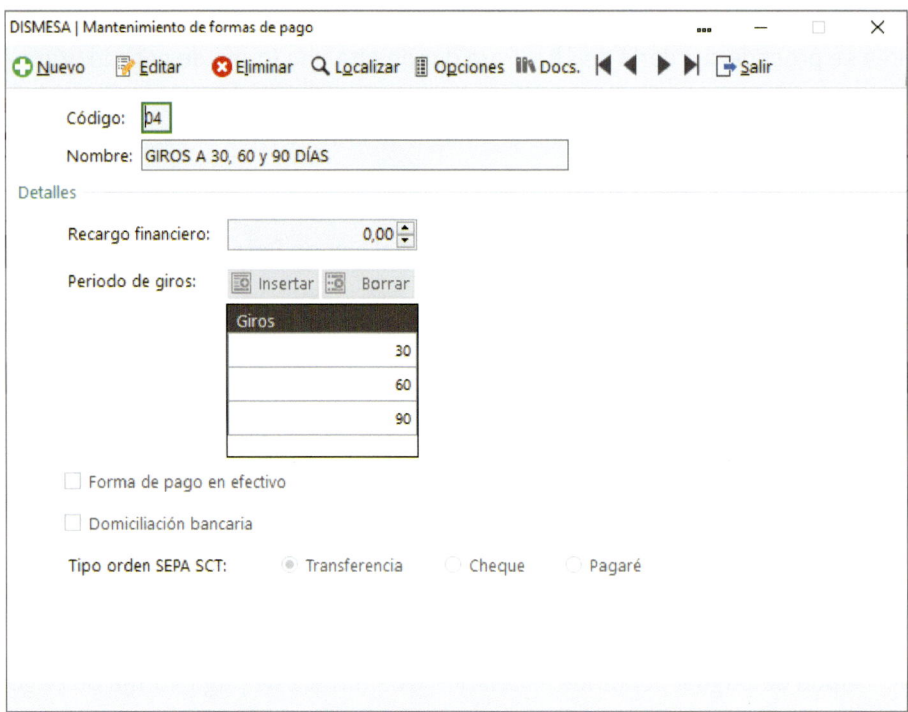

Figura 1.25.

Al entrar en la ventana de **Formas de Pago,** aparecerá una **lista previa** con las **Formas de Pago. Si** la **Forma de Pago** no aparece en la lista previa, entonces se procederá a darla de **Alta.** Para ello se hará clic en la opción Nuevo y se introducen los datos del supuesto.

Una vez introducidos y comprobados, se aceptará para guardar los datos introducidos y se saldrá de la ventana de mantenimiento de datos y se volverá a la lista previa.

### 1.6.1.7. Agencias (de transporte)

Aquí se definirán las agencias de transporte que se utilizarán para realizar los envíos de las mercancías (entregas de mercancías o artículos).

Para acceder a la opción de **Agencias** se irá a:

**Ventas > Archivos > Clientes > Agencias.**

Al entrar en la ventana de **Agencias** aparecerá una **lista previa** con las **Agencias** que ya han sido creadas previamente, dentro de esta ventana podremos crear una **Nueva**, **Ver** y **Editar** una agencia existente (se abrirá la ventana de Mantenimiento de Agencias), **Eliminar**, **Imprimir**, **Exportar**, **Refrescar** los datos, acceso a la ventana de **Opciones** y **Salir** de la ventana. También se pueden utilizar, desde las pestañas laterales, filtros avanzados, opciones y personalización de los filtros para facilitar las búsquedas en la lista previa.

Si se selecciona una **Agencia** y se hace doble clic sobre ella, se abre una ficha de **Mantenimiento de Agencias**; en esta ventana se puede **Crear** un tipo de agencia, **Editarlas** y **Eliminarlas**, **Localizar** agencias, acceso a los **Botones de Navegación** que permiten desplazarse entre las distintas agencias y **Salir** de la ventana. Una vez que se hayan realizado todos los cambios y se compruebe que son correctos, se procederá a aceptar y a salir de la ventana de Mantenimiento de Agencias.

Si la **Agencia** que se está buscando no aparece en la lista previa, entonces se procederá a darla de **Alta**. Para dar de alta o crear una nueva agencia, lo primero que se debe hacer es ir a la ventana y complementar el código y el nombre de la Agencia; para el **Código,** se introducen tres caracteres alfanuméricos, y para el **Nombre,** se pueden introducir treinta caracteres alfanuméricos. Posteriormente, se irá hacia la parte inferior donde se incluirán todos los datos de contacto de la agencia de transporte. Una vez que se hayan introducido los datos y se compruebe que son correctos, se procederá a aceptar y a salir de la ventana de Alta de Agencias.

Tanto en la ventana de **Mantenimiento de Agencias** como en la de **Alta,** se tiene la posibilidad de contar con accesos a las listas previas de los campos para consultar los datos introducidos previamente, seleccionar uno de ellos e introducirlo con un solo clic; también hay acceso a la ventana de mantenimiento para modificar algún dato del registro seleccionado o incluso dar de alta un nuevo registro.

---

**Práctica: Nueva Agencia**

Código: 001      Nombre: Transporte, S. A.
Dirección:         Camino de la Fruta, 137, Parcelas 63 a 776.
                    33211 Tremañes, Gijón, Asturias. España
                    www.Transnorte.com
                    info@transnorte.com
                    608889955

Código: 002　　　Nombre: Astra Transportes, S. A.
Dirección:　　　　Polígono Colloto Norte, parcelas 25-28. 33010 Colloto,
　　　　　　　　　Oviedo, Asturias. España
　　　　　　　　　www.atrasa.com
　　　　　　　　　info@atrasa.com
　　　　　　　　　777524524

**Se pide:** Introducir estos datos en la ficha de Agencias de la empresa DISMESA.

## Solución:

Para introducir los datos anteriores habrá que ir a **Agencias**:

**Ventas > Archivos > Clientes > Agencias**.

Al entrar en la ventana de **Agencias** aparecerán una **lista previa** con las **Agencias**. Si no aparecen en la lista previa las nuevas que hay que introducir, entonces se procederá a darlas de **Alta;** para ello se hará clic en la opción **Nuevo** y se introducen los datos del supuesto.

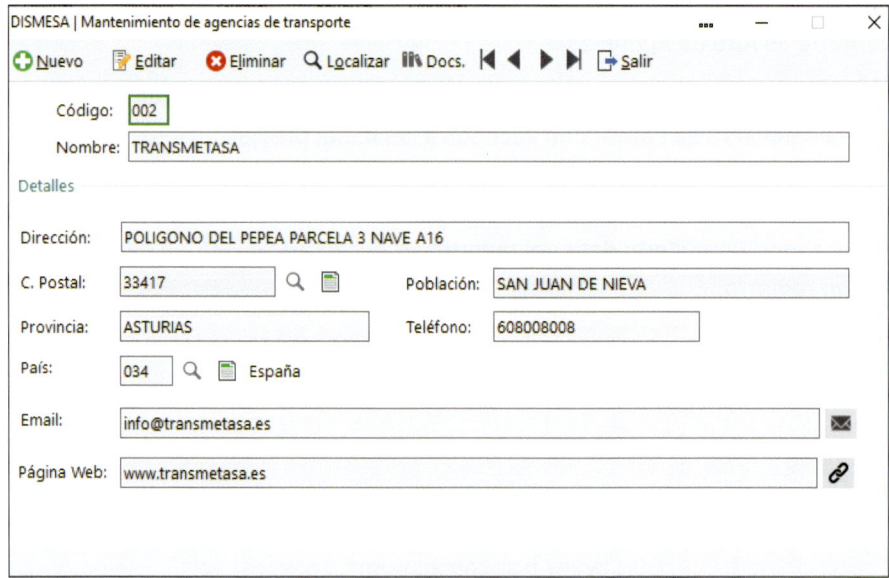

Figura 1.26.

Una vez introducidos y comprobados, se aceptará para guardar los datos introducidos, se saldrá de la ventana de mantenimiento de datos y se vuelve a la lista previa.

## 1.6.2. Clientes (Tratamiento de Clientes)

Se entiende por cliente toda aquella persona física o jurídica a la que se le vende algún producto o a la que se le presta algún servicio.

La venta, por lo tanto, puede ser de bienes como es la venta de un coche, o la prestación de algún servicio, como pueden ser una campaña publicitaria, asesoramiento técnico, etc.

Las relaciones comerciales con los clientes son el punto fundamental para el buen desarrollo de la actividad comercial. Esto exige llevar un control sobre los clientes, sus datos, los artículos que compran, los descuentos que se les aplican, las formas de pago, etc. Con la incorporación de las nuevas tecnologías a la gestión comercial, el control de los clientes hace que esta tarea sea mucho más exhaustiva, que se disponga de más información y que se pueda acceder a ella con mucha más rapidez y eficacia, suponiendo un ahorro de tiempo y de costes.

Para la gestión de los clientes es imprescindible tener sus datos fiscales, bancarios, direcciones, etc., ya que así se pueden emitir las facturas de ventas (datos fiscales), saber a qué dirección se tienen que servir las mercancías (dirección de suministro), conocer los datos bancarios para emitir los recibos y cobrar las facturas emitidas (datos bancarios), etc.

Todos estos datos son almacenados en la aplicación y no es necesario introducirlos cada vez que se emite un presupuesto, un pedido, un albarán o una factura. Todos los datos quedarán almacenados en la aplicación para poder ser consultados o utilizados en el futuro.

Toda esta información será de gran utilidad para el trabajo de administración pero también para tener datos sobre las preferencias de los clientes, las fechas en que se compra más o menos, etc., y así planificar campañas por fechas, por zonas, etc.

Para acceder a la opción de **Clientes** se irá a:

**Ventas > Archivos > Clientes > Clientes.**

Al entrar en la ventana de **Clientes** aparecerá una **lista previa** con los **Clientes** que ya han sido creados previamente; dentro de esta ventana, se puede crear uno **Nuevo**, **Ver** y **Editar** un cliente existente (se abrirá la ventana de Mantenimiento de Clientes), **Eliminar**, **Imprimir**, **Exportar**, crear **Gráficos**, **Refrescar** los datos, acceso a la ventana de **Opciones** y **Salir** de la ventana. También se pueden utilizar, desde las pestañas laterales, filtros avanzados, opciones y personalización de los filtros para facilitar las búsquedas en la lista previa.

Si se selecciona un **Cliente** y se hace doble clic sobre él, se abre una ficha de **Mantenimiento de Clientes**; en esta ventana, se pueden **Crear** un tipo de cliente, **Editarlo** y **Eliminarlo**, **Localizar** clientes, crear **Gráficos**, **Opciones**, acceso a los **Botones de Navegación** que permiten desplazarse entre los distintos clientes y **Salir** de la ventana. Una vez que se hayan realizado todos los cambios y se compruebe que son correctos, se procederá a aceptar y a salir de la ventana de Mantenimiento de Clientes.

Si el **Cliente** que se está buscando no aparece en la lista previa, entonces se procederá a darlo de **Alta**. Para dar de alta o crear un nuevo Cliente lo primero que se debe hacer es complementar:

- **El código**: el campo código estará compuesto por ocho caracteres numéricos. Si no se introduce ningún carácter y se pulsa el intro, la aplicación cubrirá el campo con un código que será el siguiente al último código introducido. Si se desea crear uno diferente, se puede hacer teniendo en cuenta que el código de cliente tiene que constar de ocho caracteres y comenzar por 430; la aplicación comprobará que no existe en la base de datos y si es así dejará continuar; en caso contrario, avisará de que ese Cliente ya existe y no dejará continuar.

- **El nombre**: se pueden introducir caracteres alfanuméricos (más de 50).

- **El CIF**: se introducirá el NIF/CIF del cliente.

- **Razón comercial**: se pondrá el nombre por el que se conoce al cliente; se puede poner o no. Se pueden introducir caracteres alfanuméricos (más de 50).

- **Contacto**: persona de contacto que tenemos con el cliente. Se pueden introducir caracteres alfanuméricos hasta un máximo de 30.

Posteriormente, habrá que desplazarse hacia la parte inferior donde están las siguientes pestañas:

GENERAL

- **Datos del contacto**: tenemos tres bloques de datos: domicilio, datos bancarios y varios.

  → **Domicilio**: se introducen los datos del cliente como son dirección, código postal, teléfono, población, provincia, país, *e-mail* y página web.

  → **Datos bancarios**: desde esta opción se introducirán los datos de la cuenta bancaria del cliente. En el primer campo se abrirá una nueva ventana para introducir el código de la cuenta IBAN o el código SWIFT/BIC (es una serie alfanumérica de 8 u 11 dígitos para indicar al banco recep-tor en transferencias internacionales). A continuación, se introducirán el nombre del banco, la dirección, el código postal y la población de la enti-dad bancaria del cliente.

→ **Varios**: en esta opción tendremos que introducir el vendedor, el idioma y la agencia. Se puede seleccionar: ir a listas previas y seleccionar los datos, o ir a mantenimientos para crear o modificar los datos existen-tes y seleccionarlos. También se deberá dar de alta la fecha con la que se está introduciendo el nuevo cliente.

- **Contactos**: en este apartado se incorporará la información en dos bloques que son:

  → **Social media** de los clientes como Facebook, Twitter y Skype.

  → De los **contactos** de las personas de **contacto** de nuestro cliente. A me-dida que se pulsa sobre el botón Añadir, se irán aumentando filas que permiten introducir nuevos contactos, estos datos son: Tipo de Clien-te, Predeterminado (si se quiere dejar como contacto predetermina-do), Persona, Cargo, Teléfono, Observaciones e *E-mail*.

- **Otros datos**: desde esta opción se podrán configurar dos bloques: Direc-ción de Envío y Vacaciones.

  → Las distintas **direcciones de envío**. A medida que se pulsa sobre el bo-tón Añadir se irán aumentando filas que permiten introducir nuevas direcciones de envío. Se puede seleccionar: ir a listas previas y selec-cionar los datos o ir a mantenimientos para crear o modificar los datos existentes y seleccionarlos; también se puede borrar la línea seleccio-nada.

  → **Vacaciones**: se podrá añadir información sobre las vacaciones de la empresa (inicio y final de las vacaciones).

  Por defecto, la dirección de envío introducida en los datos de contacto será la que el programa use por defecto. Si se selecciona la casilla de previsión automática, la aplicación tendrá en cuenta los periodos de vacaciones definidos anteriormente; si una previsión de pagos coinci-de con el periodo de vacaciones, lo avanzará al siguiente pago. Si una fecha de entrega está dentro del periodo vacacional, el programa indi-cará que el cliente está de vacaciones.

- **Clasificación**: dentro de esta opción hay tres bloques: Clasificación, Días de Visita y Actividades.

→ **Clasificación**: se puede, desde este bloque, configurar la ruta, la zona dentro de la ruta, el orden en el que se visita al cliente dentro de una ruta, el canal de venta, el tipo de cliente, las condiciones de entrega y, si el cliente es utilizado como cliente de ventas al contado, se le solicitará su información fiscal en cada venta.

De estos campos se puede seleccionar: ir a listas previas y seleccionar los datos o ir a mantenimientos para crear o modificar los datos existentes y seleccionarlos. También hay listas desplegables para seleccionar los datos y casillas de verificación.

→ **Días de visita**: en este bloque se pueden seleccionar y marcar los días en que se realizaron las visitas a este cliente, a través de las casillas de verificación.

→ **Actividades**: en este bloque se pueden añadir actividades a las que se dedique el cliente. A medida que se pulsa sobre el botón Añadir se irán aumentando filas que permiten introducir nuevas actividades y también se puede seleccionar: ir a listas previas y seleccionar los datos o ir a mantenimientos para crear o modificar los datos existentes y seleccionarlos. También se puede borrar la línea seleccionada.

- **Observaciones**: se pueden añadir observaciones sobre el cliente o añadir mensajes que aparecerán en el documento de venta, pero no impreso en el mismo.

- **Ficheros asociados**: la aplicación permite añadir distintos tipos de documentos como pueden ser: imágenes, vídeos, audios, textos, hojas de cálculo, etc. A medida que se pulsa sobre el botón Añadir, se irán aumentando filas que permiten introducir nuevos ficheros asociados. Primero se abre una ventana donde se selecciona el tipo de archivo, a continuación, se abre el explorador de archivos para buscar el archivo; hay que darse cuenta de que según el formato de archivo seleccionado en el explorador, estará activada la búsqueda para ese formato de archivo seleccionado en la ventana anterior.

## Condiciones de pago

- **Facturación**: en este apartado se introducirán todos los datos del cliente que están relacionados con la facturación de las ventas o prestación de servicios que se realicen. En este apartado, hay los siguientes bloques: Características, Giros, Portes, e-Factura e IVA.

  → **Características**.

  — **Tipo de facturación**: es la forma en la que se pueden realizar la agrupación de facturas cuando se hace una facturación general. Se podrán realizar facturaciones diarias, semanales, mensuales, etc.

— **Forma de pago**: cómo va a pagar el cliente (contado, giro, transferencia...).

— **Tarifa**: es la tarifa con la que se facturará este cliente.

— **Contrapartida**: es la cuenta contable en la que se anotará la contrapartida de este cliente, es decir, será una cuenta del grupo 7 de contabilidad.

— **Cliente facturación**: este campo se cubrirá si el cliente está asociado a otro cliente, que recibirá toda la información de facturación. Son grupos de clientes de una misma empresa.

— **Días de pago**: día del mes en el que se le realizarán los pagos al cliente.

— **Copias facturas**: es el número de copias que queremos imprimir de la factura además del original.

— **Casillas verificación**: una factura /pedido, una factura por pedido realizado del cliente; valorar documento, los documentos de venta salen valorados, y factura /albarán, una factura por albarán.

— *E-mail* **factura**: seleccionaremos la dirección de correo electrónico donde se enviará la factura.

— **Banco previsto**: seleccionaremos la cuenta bancaria por la que se le pasarán los giros a nuestro cliente.

— **Operaciones con divisas**: se seleccionará el tipo de divisa, cambio fijo acordado con el cliente o fecha límite del cambio.

Todos estos campos permiten ir a listas previas y seleccionar los datos o ir a mantenimientos para crear o modificar los datos existentes y seleccionarlos. También hay listas desplegables para seleccionar los datos y casillas de verificación.

→ **Giros**: se pueden añadir los días en que se realizarán los giros de las facturas a nuestros clientes. Al añadir, el primer valor que toma por defecto la aplicación es cero. Se pueden añadir los días que se desea; al dar de nuevo a añadir, añadirá a la fecha anterior +30 días y así sucesivamente. También se pueden borrar los giros que ya se habían introducido previamente.

→ **Portes**: se seleccionará si los portes son debidos o pagados y el importe de venta.

→ **Tratamiento factura electrónica**: si el cliente trabaja con factura electrónica, se marcará e introducirá el código DIRe y se podrá seleccionar una plantilla, crearla y modificar una ya existe.

→ **IVA**: dentro de este bloque se tienen que introducir todos los datos fiscales para que se apliquen en el cálculo del importe total de la factura. Los datos que hay que introducir son:

— **Tipo de IVA**: depende de la naturaleza de los artículos del tipo de cliente (extranjeros o clientes exentos de IVA).

— **Recargo**: si el cliente trabaja con recargo de equivalencia y el porcentaje del recargo.

— **Retención fiscal**: si es sobre la base o factura y el tipo de retención o fiscal: si es sobre la base o factura y el importe o porcentaje de la retención.

En esta pestaña hay campos en los que se tendrá la opción de ir a las listas previas para seleccionar los datos que hay que introducir o ir a mantenimiento de datos y poder crear o modificar los datos existentes; a continuación, se seleccionan y se introducen automáticamente.

- **Datos bancarios**

En esta pestaña se listan los bancos que utiliza este cliente con sus datos correspondientes, pudiendo seleccionar uno de ellos como banco predeterminado, seleccionando la casilla de la primera columna. También se pueden añadir nuevos bancos o borrar alguno de los ya existentes. Se puede ir a las listas previas para seleccionar los datos que se van a introducir o ir a mantenimiento de datos y poder crear o modificar los datos existentes y a continuación seleccionarlos e introducirlos automáticamente.

- **Crédito**

En esta pestaña se pueden introducir todos los datos relativos al crédito concedido a los clientes, los datos que deberemos introducir están en dos bloques que son los siguientes:

→ **Crédito**: se introducirá la compañía con la que se tiene el crédito, el tipo de crédito, el número de operación del crédito, el límite del crédito (sirve para controlar la deuda del cliente), bloquear documentos de venta si supera el límite de crédito, bloquear albaranes /facturas de venta, bloquear pedidos de venta, bloquear presupuestos de venta, bloquear depósitos de venta.

→ **Impagos**: aquí se introducirán el número de impagos y la fecha del último impago que se ha producido.

En estos apartados hay campos en los que se tendrá la opción de ir a las listas previas para seleccionar los datos que se tienen que introducir o para ir a mantenimiento de datos y poder crear o modificar los datos existentes, también hay casillas de verificación y listas desplegables.

- **Características**

  Aquí aparecen las características generales para aplicar o no aplicar a la configuración de los clientes. Hay dos bloques: Generales y Bloqueo de envíos de comunicados.

  → **Generales:** aparecen casillas de verificación para las siguientes características de los clientes: gestión de SEPA, agrupación automática de previsiones, aplicar oferta y bloquear ventas.

  → **Bloqueo de envío de comunicados:** desde esta opción se pueden bloquear o no los canales de comunicación con los clientes. Hay casillas de verificación para las siguientes características: no enviar comunicados por *e-mail* y la fecha en la que se realiza el bloqueo y no enviar comunicados por carta y la fecha en la que se realiza el bloqueo de esta característica. También hay un campo para realizar observaciones.

- **Mandatos SEPA**

  En esta pestaña se controlarán todos los recibos generados a nuestro cliente con formato SEPA. En esta pestaña hay cuatro bloques que son los siguientes: Búsqueda de mandato, Mandatos, Opciones creación nuevos mandatos y Carta autorización.

  → **Búsqueda de mandato:** se introducirá el número de mandato para buscar dicho mandato.

  → **Mandatos:** aquí aparecen los mandatos realizados, también se pueden añadir nuevos mandatos y borrar los existentes, añadir datos adicionales y revisar el mandato. A medida que se pulsa sobre el botón Añadir, se irán aumentando filas que permiten introducir nuevos mandatos; también se puede seleccionar: ir a listas previas y seleccionar los datos o ir a mantenimientos para crear o modificar los datos existentes y seleccionarlos. Los datos seleccionados se añadirán automáticamente.

  → **Opciones creación nuevos mandatos:** cuando se realiza el mandato se puede seleccionar, a través de los botones de opciones, si se quiere crear con código estándar, utilizar el código de cliente o un código libre.

  → **Carta autorización:** para realizar la carta de autorización se puede utilizar una plantilla ya existente a través de las listas previas, crear una nueva o modificar las existentes a través del mantenimiento de cartas de autorización. Por último, se seleccionará si enviarla por *e-mail* o imprimirla.

- Cuotas

  Desde aquí se puede indicar qué cuota periódica se cobra al cliente, cómo puede ser un mantenimiento, y los meses en que se girará la cuota. Desde esta pestaña hay dos bloques: Cuotas y Meses en que se cobra la cuota.

  → **Cuotas**: se pueden añadir y borrar cuotas (no se borra la cuota, lo que se elimina es la relación entre la cuota y el cliente). También se pueden usar las listas previas de cuotas para buscar las cuotas o utilizar el mantenimiento de cuotas para crear o editar cuotas ya existentes, seleccionarlas e introducirlas automáticamente. Los campos que se introducirán son: Código de cuota, Concepto, Descripción, Importe, Fecha de inicio (primera fecha de facturación), Fecha fin (última fecha de facturación), Copias, Tipo, Remesa y Mandato.

  → **Meses en que se cobra la cuota**: hay casillas de verificación (una por mes del año) para señalar los meses en los que se cobrará dicha cuota.

DESCUENTOS

En esta opción se introducen los descuentos que se van a realizar a los clientes; hay dos bloques: Descuentos generales y Descuentos segmentados.

  → **Descuentos generales**: se puede asignar una línea de descuento, así como dos descuentos fijos o un descuento por pronto pago. Se puede seleccionar ir a listas previas y seleccionar los datos o ir a mantenimientos para crear o modificar los datos existentes y, al seleccionarlo, se rellenará el campo automáticamente.

  → **Descuentos segmentados**: desde esta opción se crean descuentos segmentados. Se pueden establecer descuentos para un artículo, una marca, una familia o subfamilia, un tipo de descuento en concreto durante un periodo de tiempo, así como un rango de unidades. Se tiene la opción de añadir nuevos descuentos segmentados y borrar alguno de los ya existentes. También hay la opción de ir a listas previas de descuentos segmentados para seleccionar alguno concreto y acceder al mantenimiento de descuentos segmentados para crear uno nuevo o editar algunos de los existentes. Una vez seleccionado automáticamente, se cubrirá el campo con los datos seleccionados.

- Campos adicionales

  Con los campos adicionales se pueden añadir campos informativos sobre el cliente para poder posteriormente filtrarlos.

*Add-ons:*

## Práctica: Nuevos Clientes

**Código:** 43000002   **Nombre:** Construcciones Gallegas del Norte, S. A.
**CIF:** A32333444      **Razón Comercial:** Conga Norte
**Contacto:** Almudena.
**Dirección:** C/Atlántico 54, Bajo. 32980 Orense. Orense. España.
info@conganorte.com
www.conganorte.com
610010010

**Datos bancarios:** La Caixa Rúa do Paseo 26. 32003 Orense.
ES45 3652 2182 1652 2142 4521
**Vendedor:** María López Antúnez. (Alta 04/01/2021)
**Contacto:** Almudena (directora),
**Teléfono:** 610010010.
**Skype:** almudena_conga.
**Vacaciones** de 01/08 a 31/08. Previsión Automática (sí)
**Clasificación: Ruta:** Galicia Sur.
**Zona:** Orense.                **Días visita:** miércoles.
**Facturación:** Mensual.        **Forma de pago:** A 30 días.
**Tarifa:** Manual.              **Giro:** 30 días.
**Tipo de IVA:** 21 % (intracomunitario).

**Se pide:** Introducir estos datos en la ficha de Clientes de la empresa DISMESA.

Solución:

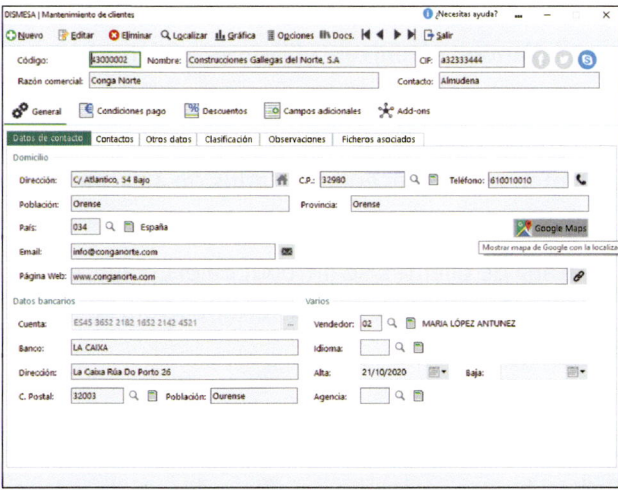

Figura 1.27.

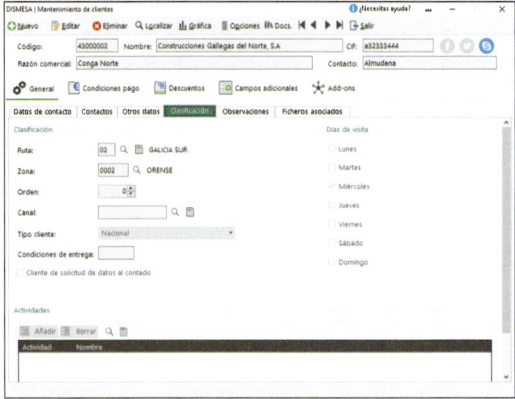

Figura 1.28.

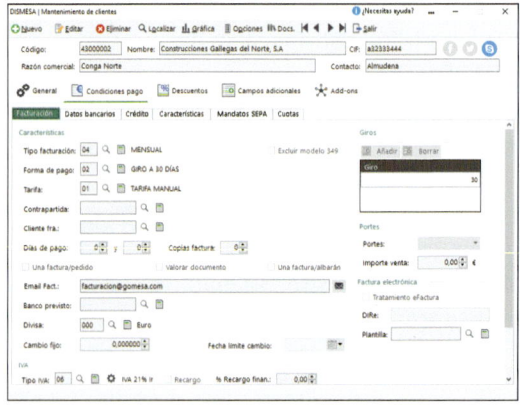

Figura 1.29.

Para introducir los datos anteriores habrá que ir a **Clientes**:

**Ventas > Archivos > Clientes > Clientes**.

Al entrar en la ventana de **Clientes** aparecerá una **lista previa** con los **Clientes** que ya han sido creados. Si no aparecen en la lista previa los nuevos que hay que introducir, entonces se procederá a darlos de **Alta;** para ello, se hará clic en la opción **Nuevo** y se introducirán los datos del supuesto.

Dentro de la ventana de Clientes se introducirá el Código, el Nombre del nuevo Cliente, el CIF y la Razón Comercial; a continuación, se introducirán los siguientes datos:

- En **General,** en las pestañas:

  → **Datos del contacto:** se introducen todos los datos del Cliente (Dirección, Población, Provincia), y en el último bloque se introducirán los datos bancarios.

→ **Contactos**: se introducen los datos de las redes sociales y demás contactos.

→ **Otros datos**: en esta pestaña se introducen la dirección de envío de la correspondencia del cliente y los periodos de vacaciones.

→ **Clasificación**: se introducen las rutas, la zona, el orden de reparto, el tipo de cliente y los días de visita.

- En **Condiciones de Pago**:

  → **Facturación**: se introducen el tipo de facturación, la forma de pago, la tarifa, los giros y el tipo de IVA.

  → **Datos bancarios**: se detallan todos lo datos de la entidad bancaria del cliente.

Se comprueban los datos introducidos y si están bien sale Aceptando. A continuación, si se refresca la lista previa de Clientes, ya aparecerá el nuevo Cliente introducido.

### 1.6.3. *Mailings*

Se puede entender por *mailing* o correo electrónico, el envío masivo de información o documentación financiera, comercial, publicitaria, etc., de manera directa y personalizada.

Para trabajar en Sage 50 con *e-mails,* se puede realizar desde varias opciones:

- Desde cualquier **lista previa**, se podrá seleccionar el icono de **Imprimir** de la cinta de opciones; entonces se abrirá la ventana **Imprimir/Exportar** y desde la opción de **Imprimir** se seleccionará la impresora de destino, desde la que se imprimirá el documento. También está la opción de **vista preliminar del documento**. Si se activa la casilla de selección y se acepta el documento será visto en pantalla.

  Si desde la ventana **Imprimir/Exportar** se selecciona la opción de **Exportar**, entonces aparecerá un recuadro en donde se introducirá la dirección donde se guardará el documento y el nombre que tendrán el archivo; debajo de este recuadro se podrá seleccionar el formato de salida del archivo (CSV, Excel (xls), PDF, TEXTO (txt), HTML o XML). Este archivo podrá ser enviado por *e-mail* al destinatario, siempre y cuando disponga de una cuenta de correo electrónico.

  En las opciones de **Listados** al finalizar su elaboración está la opción de envío por *e-mail.*

  Las opciones de **Listados** que se pueden enviar por *e-mail* son:

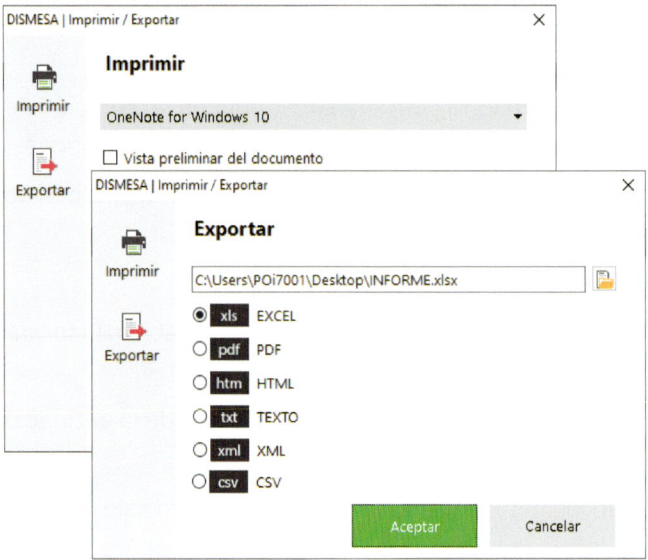

Figura 1.30.

→ Desde **Ventas** tenemos la opción de **Listados** desde donde se pueden realizar listados de: artículos, clientes, presupuestos, pedidos, albaranes, facturas, huecos de albaranes y facturas, ventas, albaranes de traspaso, albaranes de regularización, cuotas e histórico de envío de *e-mails*. Todas estas opciones están disponibles desde:

**Ventas > Listados.**

→ Desde **Compras** en la opción de **Listados** se pueden realizar los siguientes listados: artículos, proveedores, propuestas, pedidos, albaranes, facturas, compras, albaranes de traspaso, albaranes de regularización e histórico de envío de *e-mails*. Todas estas opciones están disponibles desde:

**Compras > Listados.**

Desde cualquiera de las opciones anteriores, siempre, se abre una ventana de **Listado de...** que contendrá una serie de filtros a través de los cuales se realizarán las búsquedas para la confección del listado; en la parte derecha de la ventana aparecen unas opciones de ordenación, a través de las cuales se realizará la ordenación de los datos filtrados; una vez seleccionados los filtros y el orden que se va a establecer, se aceptan en el parte inferior de la ventana y esto lleva a una nueva ventana donde aparecen los datos filtrados. En la parte derecha de la ventana hay una cinta de opciones desde donde se puede **imprimir/exportar** el listado:

→ **Imprimir**: se selecciona la impresora a la que se quiere enviar el listado, las páginas que se desean imprimir (desde página y hasta página), el número de copias y, por último, se selecciona si se desea previsualizar o imprimir.

→ **Exportar**: primero aparece un recuadro donde se seleccionará el destino, el nombre del archivo que se va a generar y el formato de salida de dicho archivo. A continuación aparecen dos opciones a realizar con el archivo: **abrir el documento** tras exportarlo y **enviar por correo electrónico**. Para finalizar, se pulsará **exportar**.

Ventas > Listados       o       Compras > Listados

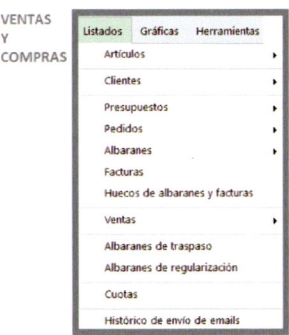

Figura 1.31.

Una vez seleccionado el documento que se quiere enviar por *e-mail,* se aceptará y en la opción de Exportar aparecerá la opción de Enviar por correo electrónico.

A continuación de abrirá la aplicación de correo que esté predeterminada en el equipo con el documento adjunto y solamente sería necesario cubrir los datos que faltan y ya estaría listo para ser enviado.

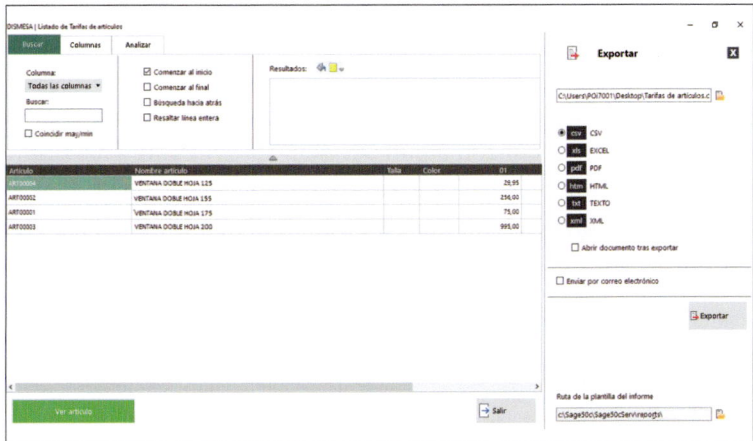

Figura 1.32.

## 1.6.4. Catálogos

En una empresa que se dedica a distribuir electrodomésticos, los artículos que hay en la exposición no están colocados al azar, sino que están ordenados: en una zona estarán las televisiones, a su lado los equipos de sonido y la telefonía; en otra zona estarán las cocinas y los frigoríficos. A la hora de clasificar los artículos en la aplicación, se pueden organizar los artículos por familias y para crearlas habrá que observar cómo están colocados los artículos en la tienda y asignarles entonces las siguientes familias: cocinas, frigoríficos, imagen, sonido y telefonía; de este modo, cuando se reciban los artículos, estos se podrán adscribir cada uno a su familia.

Cuando se tienen los datos de los artículos con los que se va a trabajar, se introducen en la base de datos del programa de gestión comercial, estos están organizados y este orden es el que permite obtener esa información de muy diversas formas: se pueden sacar por orden alfabético por los productos que están de promoción, por las familias en que se clasifican, etc.

**Se puede entender por catálogo un conjunto de bienes (productos) pertenecientes a una misma categoría o especie y que por ser numerosos necesitan ser ordenados.**

Los productos son los bienes que la empresa va a vender a sus clientes. El conjunto organizado de estos productos es lo que denominaremos *catálogo*.

Con el uso de las aplicaciones informáticas de gestión comercial se trabaja con bases de datos, que son de gran utilidad aplicadas a la gestión comercial. Estas aplicaciones permiten el almacenamiento de gran número de artículos, ordenarlos de forma sencilla y establecer múltiples criterios de búsqueda; y lo más importante es el acceso instantáneo a la información.

### 1.6.4.1. Proveedores

Proveedor es toda aquella persona física o jurídica a la que se le compran mercaderías o prestan o realizan algún servicio (proveedores los primeros y los últimos serán acreedores). Por lo tanto, cuando se da de alta un artículo se debe relacionar con el proveedor/acreedor que nos vende el bien o nos presta el servicio.

Para acceder a la opción de **Proveedores** se irá a:

Compras > Archivos > Proveedores > Proveedores.

Al entrar en la ventana de **Proveedores** aparece una **lista previa** con los **Proveedores** que ya han sido creados previamente; dentro de esta ventana, se puede crear uno **Nuevo**, **Ver** y **Editar** un Proveedor ya existente (se abrirá la ventana de Mantenimiento de Proveedores), **Eliminar**, **Imprimir**, **Exportar**, **Gráfica**, **Refrescar** los datos, acceso a la ventana de **Opciones** y **Salir** de la ventana. También se pueden utilizar, desde las pestañas laterales, filtros avanzados, opciones y personalización de los filtros para facilitar las búsquedas en la lista previa. En la parte inferior aparecerán los datos del Proveedor que está seleccionado.

Si se selecciona un **Proveedor** de la lista y se hace doble clic, se abre una ficha de **Mantenimiento de Proveedores**; desde esta ventana se puede **Crear** (Nuevo) un nuevo Proveedor, **Editarlo** y **Eliminarlo**, **Localizar** Proveedores, acceso a los **Botones de Navegación** que permiten desplazarse entre Proveedores y **Salir** de la ventana. Una vez que se hayan introducido todos los cambios y se compruebe que son correctos, se procederá a aceptar y a salir de la ventana de Mantenimiento de Proveedores.

Si el **Proveedor** que se está buscando no apareciese en la lista previa, entonces se procederá a dar de alta un **Nuevo Proveedor**.

Para dar de alta o crear un nuevo **Proveedor** se realizarán los mismos pasos que se han realizado para dar de alta a los Clientes (1.6.2 Clientes). A continuación, se detallarán los cambios con respecto a la Clientes.

- **Condiciones de pago**: en la pestaña de Facturación en los Proveedores será:
  - → **Facturación**: en este apartado se introducirán todos los datos del Proveedor que están relacionados con la facturación de las compras que se efectúen. En este apartado, tendremos tres bloques:
    - — **Características**:
      - · Banco: se seleccionará la cuenta del banco de la empresa (nuestra empresa), en el recuadro se introducirá o aparecerá la cuenta contable de esa cuenta bancaria.
      - · Gestión SEPA: si el Proveedor, para cobrar sus facturas, va a emitir remesas de recibos SEPA, se tendrá que seleccionar esta opción en la casilla de verificación.
      - · Modelo 349: si se desea que el Proveedor no aparezca en el modelo 349 de AEAT (Intrasat), se marcará esta casilla.
      - · Forma de pago: cómo va a pagar el Proveedor (contado, giro, transferencia…).
      - · Contrapartida: es la cuenta contable en la que se anotará la contrapartida de este Proveedor, es decir, será una cuenta del grupo 6 de contabilidad.

- Días de pago y días de entrega: día del mes en el que se le realizarán los pagos al Proveedor y los días que pasarán entre el pedido y la recepción de la mercancía.

- Divisa: la moneda o divisa con la que realizaremos el pago al Proveedor.

- Operaciones con divisas: se seleccionará el tipo de divisa, cambio fijo acordado con el Proveedor o fecha límite del cambio.

- **En condiciones de pago**: en Proveedores no habrá la pestaña de Crédito, Mandatos SEPA y Cuotas.

Con los campos adicionales se pueden añadir campos informativos sobre el Proveedor para poder posteriormente filtrarlos.

---

**Práctica: Nuevos Proveedores**

**Código:** 40000002   **Nombre:** Cristalerías del Norte, S. A.
**CIF:** A33999000   **Razón comercial:** Cristalnor   **Contacto:** Alfonso.
**Dirección:** C/La Industria, n. º 23 Bajo 33005 Oviedo, Asturias.
info@cristalnor.com
www.cristalnor.com
600989898
**Datos bancarios:** Liberbank, Plaza de la Escandalera S/N 33003
Oviedo Asturias.
ES87 2048 000 22 0340095185
**Contacto:** Alfonso Suárez, comercial, predeterminado.
**Twitter:** @comercial_cristalnor   **Skype:** comercial_cristalnor.
**Vacaciones** de 15/08 al 15/09.
**Forma de pago:** A 30 días.   **Tarifa:** Manual.
**Tipo de IVA:** 21 % .   **Giro:** 30 días.
**Datos bancarios (cobros) Empresa DISMESA:** Código Banco (57200001)
Caja Rural de Asturias, C/Melquiades Alvarez 77, Bajo 33003 Oviedo,
Asturias. 985333797 Fax: 985333799
N.º de Cuenta: ES18 3059 7128 2212 5584 5546

**Código:** 40000003 **Nombre:** La Carpintería del PVC, S. L.

**CIF:** B39425631 **Razón comercial:** CarPVC **Contacto:** Marta.

**Dirección:** Polígono Industrial Tanos-Viernoles, parcela 25. 39300 Torrelavega, Cantabria.

info@carpvc.com

www.carpvc.com

775025050

**Datos bancarios:** Liberbank, Calle Julián Ceballos, 139, 39300 Torrelavega, Cantabria.

ES28 2048 2079 8103 4000 5896

**Contacto:** Marta Fernández Peral, comercial, predeterminado.

**Twitter:** @comercial_carpvc **Skype:** comercial_carpvc.

**Vacaciones** de 01/08 al 31/08.

**Forma de pago:** a 30 días. **Tarifa:** Manual.

**Tipo de IVA:** 21 % (intracomunitario). **Giro:** 30 días.

**Datos bancarios (cobros) Empresa DISMESA:** Código Banco (57200001)

**Se pide:** Introducir estos datos en la ficha de Proveedores de la empresa DISMESA.

Solución:

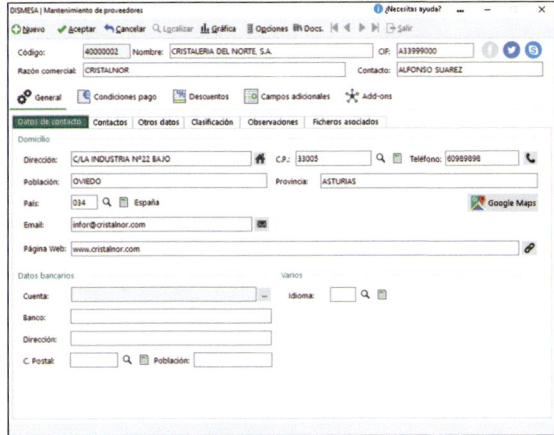

Figura 1.33.

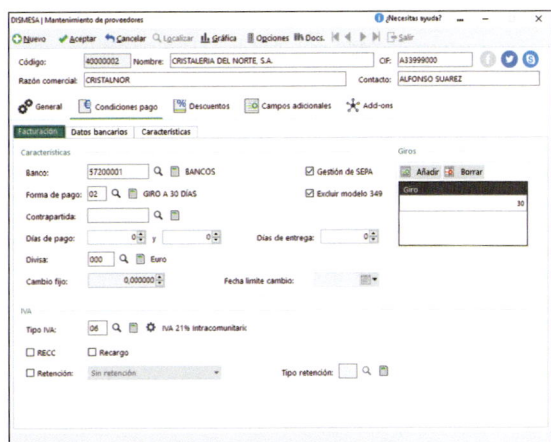

Figura 1.34.

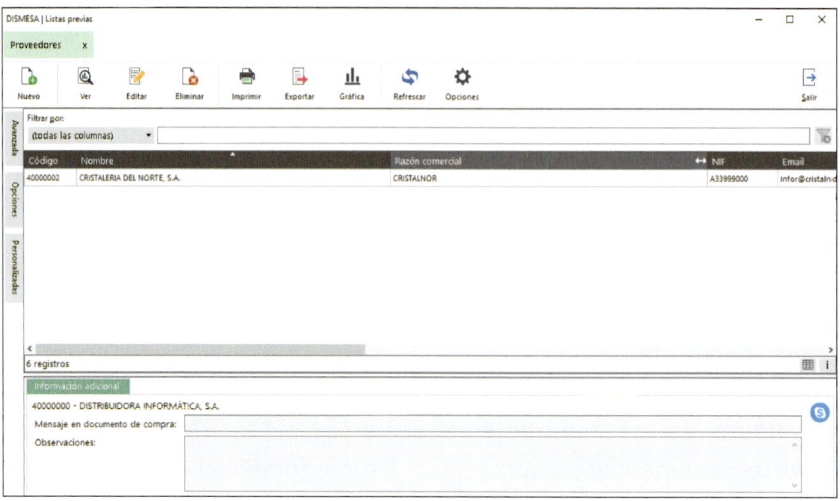

Figura 1.35.

Para introducir los datos anteriores habrá que ir a **Proveedores**:

**Compras > Archivos > Proveedores > Proveedores**.

Al entrar en la ventana de **Proveedores** aparecerá una **lista previa** con los **Proveedores** que ya han sido creados. Si no aparecen en la lista previa los nuevos que hay que introducir, entonces se procederá a darlos de **Alta;** para ello, se hará clic en la opción **Nuevo** y se introducirán los datos del supuesto.

Dentro de la ventana de Proveedores, se introducirá el Código, el Nombre del nuevo Proveedor, el CIF y la Razón Comercial. A continuación, se introducen los siguientes datos:

- En **General**: en las pestañas:

  → **Datos del contacto**: se introducen todos los datos del Proveedor (dirección, población, provincia...), y en el último bloque se introducirán los datos bancarios.

  → **Contactos**: se introducen los datos de las redes sociales y más contactos.

  → **Otros datos**: en esta pestaña se introducen la dirección de envío de la correspondencia del Proveedor y los periodos de vacaciones.

- En **Condiciones de pago**:

  → **Facturación**: se introduce la cuenta contable del banco del proveedor, la forma de pago, los giros y el tipo de IVA.

  → **Datos bancarios**: se detallan dodos lo datos de la entidad bancaria del Proveedor.

Se comprueban los datos introducidos y si están bien, sale Aceptando. A continuación, si se refresca la lista previa de Proveedores, ya aparecerá el nuevo Proveedor introducido.

### 1.6.4.2. Artículos

En este apartado se va a trabajar con los artículos. Los artículos son imprescindibles para trabajar con compras y ventas y se utilizarán tanto con artículos como con proveedores.

Para acceder a la opción de **Artículos** se irá a:

Ventas > Archivos > Artículos > Artículos.

O

Compras > Archivos > Artículos > Artículos.

Al entrar en la ventana de **Artículos** aparecerá una **lista previa** con los **Artículos** que ya han sido creados previamente; dentro de esta ventana, se puede crear uno **Nuevo**, **Ver** y **Editar** un Artículo existente (se abrirá la ventana de Mantenimiento de Artículos), **Eliminar, Imprimir, Exportar**, crear **Gráficos, Refrescar** los datos, acceso a la ventana de **Opciones** y **Salir** de la ventana. También se pueden utilizar, desde las pestañas laterales, filtros avanzados, opciones y personalización de los filtros para facilitar las búsquedas en la lista previa. En la parte inferior se puede ver la **Información Adicional** del **Artículo** (breve resumen del artículo seleccionado).

Si se selecciona un **Artículo** y se hace doble clic sobre él, se abre una ficha de **Mantenimiento de Artículos**; en esta ventana se puede **Crear** un Artículo, **Editarlo** y **Eliminarlo, Localizar** Artículos, crear **Gráficos, Opciones**, acceso a los **Botones de Navegación** que permiten desplazarse entre los distintos Artículos y **Salir** de la ventana. Una vez que se hayan realizado todos los cambios y se compruebe que son correctos, se procederá a aceptar y a salir de la ventana de Mantenimiento de Artículos.

Si el **Artículo** que se está buscando no aparece en la lista previa, entonces se procederá a darlo de **Alta**. Para dar de alta o crear un nuevo **Artículo**, lo primero que se debe hacer es complementar el Código y el Nombre. **El código** estará compuesto por 20 caracteres alfanuméricos. Si no se introduce ningún carácter y se pulsa el intro, la aplicación cubrirá el campo con un código que será el siguiente al último código introducido. Si se desea crear uno diferente, solamente es necesario introducirlo y la aplicación comprobará que no existe en la base de datos y, si es así, dejará continuar; en caso contrario, avisará de que ese Artículo ya existe y no dejará continuar. Para **el nombre** se pueden introducir caracteres alfanuméricos (hasta 50).

Posteriormente, habrá que desplazarse hacia la parte inferior donde están las siguientes pestañas:

General, Tarifas, Código de barras, *Stock*s, Escandallos, Campos adicionales y *Add-ons:*

GENERAL

Dentro de esta pestaña hay cuatro opciones: Generales, Avanzadas, Definiciones e Imágenes.

- **Generales:** dentro de esta opción, los datos se introducen a través de tres bloques:

  → **Datos:** se tendrán que introducir los siguientes campos para dar de alta un nuevo artículo: marca, familia, subfamilia, características, fecha alta, fecha baja (se activará en el momento de dar de baja el artículo), código alternativo (segundo orden que se puede añadir al artículo para buscar más fácilmente) y localización.

  → **Impuestos:** en este bloque se tendrán que introducir los siguientes campos:

  — Tipos de IVA.

  — ISP (inversión de sujeto pasivo): el sujeto pasivo del impuesto es la persona que emite la factura y repercute el impuesto a su cliente, declarando posteriormente. La inversión del sujeto pasivo se da cuando la condición de sujeto pasivo (el sujeto de las obligaciones tributarias) de las operaciones recae sobre el destinatario o cliente.

  — No aplicar retención.

  → **Opciones.** Los campos que hay que introducir en este bloque son: tratamiento de tallas, tratamiento de series y tratamiento de lotes.

  A la hora de crear artículos es obligatorio rellenar los siguientes campos: código, nombre, familia y tipo de IVA; el resto de campos serán opcionales.

  Se puede seleccionar ir a listas previas y seleccionar los datos o ir a mantenimientos para crear o modificar los datos existentes y seleccionarlos; se introducirán automáticamente los datos en el campo.

- **Avanzadas.** Dentro de esta opción encontraremos dos bloques: características y parámetros.

→ **Características:**

— **Tipo de artículos:** en este campo hay un menú desplegable donde se seleccionará si el artículo es solo para venta, solo para la compra, o para ambas.

— **Peso, volumen y unidades por caja:** se seleccionarán estas cualidades si fuesen relevantes a la hora de trabajar con los artículos.

— **Puntos:** se tendrá que seleccionar la cantidad de puntos que se acumularán para este artículo en el programa de fidelización.

→ **Parámetros:** se introducen los siguientes parámetros:

— **Etiquetas por defecto:** menú desplegable donde se podrá seleccionar el concepto de la etiqueta por defecto.

→ **Aranceles:** recoge los impuestos a los que están sometidos los artículos de importación.

→ **Código CN8 Intrasat:** es un estándar de la Unión Europea de clasificación de mercancías a través de dígitos.

- **Definiciones:** en esta opción se podrá ampliar la definición del artículo, añadir observaciones sobre el artículo que se está dando de alta o modificando y añadir definiciones por idioma para cambiar el etiquetado dependiendo del idioma. Hay dos bloques: otras definiciones y definiciones por idioma.

  → **Otras definiciones:** donde se introducen la ampliación de la definición y las observaciones.

  → **Definiciones por idioma:** donde se introducen el nombre y la definición para los idiomas.

- **Imágenes:** la aplicación permite añadir distintos tipos de documentos como pueden ser: imágenes, vídeos, audios, textos, hojas de cálculo, etc. A medida que se pulsa sobre el botón Añadir, se irán aumentando filas que permiten introducir nuevos ficheros asociados. Primero se abre una ventana donde se selecciona el tipo de archivo y a continuación, se abre el explorador de archivos para buscar el archivo. Hay que darse cuenta de que, según el formato de archivo seleccionado en el explorador, estará activada la búsqueda para ese formato de archivo seleccionado en la ventana anterior.

## TARIFAS

En esta pestaña se tienen tres opciones: **Precios, Costes y Ofertas.**

- **Precios:** permiten configurar el precio del artículo, así como el tipo de precio, por unidades o por cajas, según sea necesario. Los apartados dentro de esta opción: Tarifas, Configuración de las tarifas automáticas configurables y Origen de configuración para cálculo de tarifas automáticas configurables.

→ **Tarifas**: se seleccionará el tipo de precio por unidades o por cajas según sea necesario. Inmediatamente debajo aparece una lista de las tarifas para ese tipo de precio.

→ **Configuración de tarifas automáticas configurables**: este apartado se utilizará en el caso que una tarifa esté calculada a través del tipo de cambio de precios; para ello, se deberá elegir el margen que tendría el artículo respecto al precio de venta/compra según se halle configurada en el tipo de tarifa automática configurada.

→ **Origen de configuración para cálculo de tarifas automáticas configurables**: este apartado se utilizará en el caso de que una tarifa esté calculada a través del tipo de cambio de precios; para ello, se deberá elegir el margen que tendría el artículo respecto al precio de venta/compra original según se halle configurada en el tipo de tarifa automática configurada.

- **Costes**: tenemos dos bloques para producir los datos: Costes y Referencias de proveedores.

→ **Costes**: se puede ver la información del último costo del artículo, así como la fecha de la última compra o venta del mismo. Además, se ve el precio medio del *stock* del coste (son precios calculados anteriormente).

→ **Referencia de proveedores**: aparece una lista de las compras hechas a proveedores con sus respectivas tarifas. Se puede introducir manualmente o a partir de la información existente de un proveedor y completar la información restante. A medida que se pulsa sobre el botón Añadir, se irán aumentando filas, también se puede seleccionar ir a listas previas y seleccionar los datos o ir a mantenimientos para crear o modificar los datos existentes y seleccionarlos. También se puede borrar la línea seleccionada. Los datos que contiene esta ventana son: predeterminado, proveedor, nombre, referencia, talla, color, divisa, tarifa, % dto. 1, % dto. 2, gastos, coste, cambio, coste (€) y última fecha. En la ventana siempre aparecerán fijas las columnas predeterminado, código y nombre, desplazándose el resto de columnas.

→ **Ofertas**: desde este apartado, se pueden añadir nuevas ofertas para este artículo. Se detallará desde y hasta qué fecha durará la oferta, el precio, la divisa, si se regalarán artículos o si se realizará un descuento (%), desde y hasta qué unidades se realizará la oferta o si es por cajas. A medida que se pulsa sobre el botón Añadir, se irán aumentando filas; también se puede seleccionar ir a listas previas y seleccionar los datos o ir a mantenimientos para crear o modificar los datos existentes y seleccionarlos. También se puede borrar la línea seleccionada. Los datos que contiene esta ventana son: tarifa, fecha inicial , fecha final, divisa, precio, regulado U/C (regulado por la Unión de Consumidores), artículo de regalo, % de descuento, desde unidades, hasta unidades y cajas.

## CÓDIGO DE BARRAS

En esta pestaña solamente hay un apartado: EAN.

- **EAN**: desde aquí se podrán añadir códigos de barras para artículos con los que se está trabajando. Los códigos de barras EAN son códigos de barras que pueden llevar incorporados dentro del propio código el peso o precio del artículo. Se componen de dos bloques:

    → **Código de barras**: donde se trabajará con bases y unidades en el primer bloque de datos. A medida que se pulsa sobre el botón Añadir, se irán aumentando filas y también se puede borrar la línea seleccionada.

    → **Códigos EAN avanzados**: en este bloque trabajaremos con: código, posición, longitud, decimales y tipo.

## STOCKS

En esta pestaña, hay un solo bloque, *Stocks*, donde estarán disponibles las siguientes opciones:

- **No controlar *stocks***: del artículo no se tendrán en cuenta las entradas y salidas de *stock*.
- **Aviso *stock***: se puede configurar un aviso cuando llegue a un máximo o mínimo de *stock*.
- **Máximo y mínimo**: serán las cantidades máximas y mínimas de *stock* a partir de las cuales saltará del aviso anterior.
- ***Stock* a visualizar**: se puede elegir visualizar el *stock* en cajas, unidades.
- A continuación, se pueden ver los distintos almacenes con sus distintos tipos de *stock*. Hay dos pestañas Resumen y Detalle:

    → Resumen: *stock* que hay en el almacén, *stock* virtual y disponible.

    *Stock* virtual: *stock* en almacén pendiente de servir + más pendiente de recibir.

    *Stock* disponible: *stock* que hay en almacén pendiente de venta.

→ Detalle: en esta pestaña se puede ver una lista más detallada del estado de los *stock*s. Los campos que se mostrarán son: almacén, *stock*, virtual, disponible, inicial, entradas, entradas traspaso, pedidos de compra, salidas, salidas traspaso, pedidos venta, pendiente producción, previsión compras producción, devoluciones proveedor, regularización y en modelo.

## ESCANDALLOS

Un escandallo es el cálculo que se realiza para determinar el precio de coste de un artículo o producto teniendo en cuenta los factores que lo integran. Dentro de esta pestaña se realizará un seguimiento de un artículo o producto principal que está compuesto por otros artículos. Está formado por dos bloques: Opciones y Desglose de escandallo.

- **Opciones**: dentro de este bloque se determinarán las siguientes características:

  → Desglose: permite separar (o no) el producto principal en sus productos secundarios. Se realiza mediante una casilla de verificación.

  → Documentos: a través de una lista desplegable se puede optar por: Tipos de desglose: Venta y producción, Compra y producción, Venta y compra de producción y Solo producción.

  → Tipo de desglose: a través de una lista desplegable se puede seleccionar: Precio producto final, Precio producto componentes, Ambos precios y Componentes como comentario.

  → No mover *stock* de los componentes en ventas, mediante una casilla de verificación.

  → Coste escandallo: precio del productor principal: nos permite solo trabajar en el precio del producto principal.

  → Precio producto componentes: se utiliza la suma de precio de los componentes.

  → Ambos precios.

- **Desglose escandallo**: aquí se añadirán los componentes que forman el producto principal, tomando como coste el del último artículo y como valor de venta, el valor de la tarifa que se le haya asignado. Los datos para el escandallo serán: orden, componente, nombre, talla, color, unidades, coste, precio, tarifa, valorado, precio man., no activar coste principal, subtotal coste y porcentaje. En la parte inferior, aparece el total venta y el total coste, que será el resultado de sumar los valores de las filas del cuadro. A medida que se hace clic sobre el botón Añadir, se irán aumentando filas y también se puede seleccionar ir a listas previas y seleccionar los datos o ir a mantenimientos para crear o modificar los datos existentes y seleccionarlos. También se puede borrar la línea seleccionada.

## CAMPOS ADICIONALES

En esta pestaña, se pueden añadir campos adicionales, solamente en modo consulta, en la ficha del artículo. Solo hay un bloque: Campos adicionales; en esta ventana aparece un cuadro con los datos ya introducidos. Si se hace clic en la pestaña, sombreada en gris, **Creación de campos,** se abre una ventana para introducir nuevos datos adicionales, con los siguientes campos:

- **Código y Nombre del Dato Adicionales**.

- Pestaña **General**:

  → **Definición**: Tipo de datos (Carácter, Numérico, Numérico con decimales, Fecha, Lógico o Link) y la Longitud el campo.

  → **Mostrar** en: los documentos de clientes (Documentos de Venta y Preguntar automáticamente), Proveedores (Documentos de compra y Preguntar automáticamente) o en Artículos.

- **Posibles Valores**: donde se pueden añadir posibles valores que se podrán utilizar en los cálculos que se realicen con los artículos. Se pueden añadir nuevos valores o borrar los seleccionados.

## ADD-ONS

Dentro de este apartado, aparece el bloque TPV donde a través de una casilla de verificación se puede seleccionar que se agrupen los artículos cuando estén repetidos dentro de un documento de venta.

Una vez que se hayan introducido los datos y se compruebe que son correctos, se procederá a aceptar y a salir de la ventana de Mantenimiento de Tipos de Artículos.

**Práctica: Nuevos artículos**

Previamente, se darán de alta las siguientes Marcas y Familias:

**Marcas:**
| | |
|---|---|
| **Código:** 00 | **Nombre:** Sin Marca. |
| **Código:** 01 | **Nombre:** 7 Corte PVC |
| **Código:** 02 | **Nombre:** Alma. |
| **Código:** 03 | **Nombre:** Aluxcor. |

**Familias:**
| | |
|---|---|
| **Código:** 00 | **Nombre:** Sin Familia. |
| **Código:** 01 | **Nombre:** Ventanas. |
| **Código:** 02 | **Nombre:** Ventanales. |
| **Código:** 03 | **Nombre:** Puertas |
| **Código:** 04 | **Nombre:** Puertas Acorazadas. |

**Artículos:**

**Código:** ARTO0001    **Nombre:** Ventana Doble Oscilobatiente 150.
**Marca:** 7CORTE PVC    **Familia:** Ventanas
**Características:** Ventana Oscilobatiente.
**Fecha de alta:** 04/01/2021 Sin Fecha de Baja.    **Tipo de IVA:** 21 %.
**Tipo de artículo:** artículo utilizado para Ventas y Compras.
**Ampliación de definición:** "ventanas con doble hoja practicable y oscilobatiente, con rotura del puente térmico, material PVC".
Agrupar artículo repetido en ventas.
**Proveedor:** la carpintería del PVC
**Precio venta:** tarifa manual: 600,00 euros.

--------------------------------

**Código:** ARTO0002    **Nombre:** Ventana Doble Oscilobatiente 180.
**Marca:** 7CORTE PVC    **Familia:** Ventanas
**Características:** Ventana Oscilobatiente.
**Fecha de alta:** 04/01/2021 Sin Fecha de Baja.    **Tipo de IVA:** 21 % Intracomunitario.
**Tipo de artículo:** artículo utilizado para Ventas y Compras.
**Ampliación de definición:** "ventanas con doble hoja practicable y oscilobatiente, con rotura del puente térmico, material PVC".
Agrupar artículo repetido en ventas.
**Proveedor:** la carpintería del PVC.
**Precio venta:** tarifa manual: 725,00 euros.

**Código:** ART00003    **Nombre:** Ventana Doble Oscilobatiente 200.
**Marca:** 7CORTE PVC    **Familia:** Ventanas
**Características:** Ventana Oscilobatiente.
**Fecha de alta:** 04/01/2021 Sin Fecha de Baja.    **Tipo de IVA:** 21 %
Intracomunitario.
**Tipo de artículo:** artículo utilizado para Ventas y Compras.
**Ampliación de definición:** "ventanas con doble hoja practicable y oscilobatiente, con rotura del puente térmico, material PVC".
Agrupar artículo repetido en ventas.
**Proveedor:** la carpintería del PVC.
**Precio venta:** tarifa manual: 900,00 euros.

--------------------------------

**Código:** ART00004    **Nombre:** Ventana Doble Oscilobatiente 250.
**Marca:** 7CORTE PVC    **Familia:** Ventanas
**Características:** Ventana Oscilobatiente.
**Fecha de alta:** 04/01/2021 Sin Fecha de Baja.    **Tipo de IVA:** 21 %
Intracomunitario.
**Tipo de artículo:** artículo utilizado para Ventas y Compras.
**Ampliación de definición:** "ventanas con doble hoja practicable y oscilobatiente, con rotura del puente térmico, material PVC".
Agrupar artículo repetido en ventas.
**Proveedor:** la carpintería del PVC.
**Precio venta:** tarifa manual: 1.150,00 euros.

**Se pide:** Introducir estos datos en la ficha de Artículos de la empresa DISMESA.

## Solución:

Primero es necesario introducir los datos de las Marcas y las Familias.

Para introducir los datos anteriores habrá que ir a **Marcas:**

### Ventas o Compras > Archivos > Artículos > Marcas.

Al entrar en la ventana de **Marcas,** aparecerá una **lista previa** con los **Marcas** que ya han sido creadas. Si no aparecen en la lista previa las nuevas que hay que introducir, entonces se procederá a darlas de **Alta;** para ello, se hará clic en la opción **Nuevo** y se introducirán los datos del supuesto.

Dentro de la ventana de Marcas, se introducirán el Código y el Nombre de la nueva Marca.

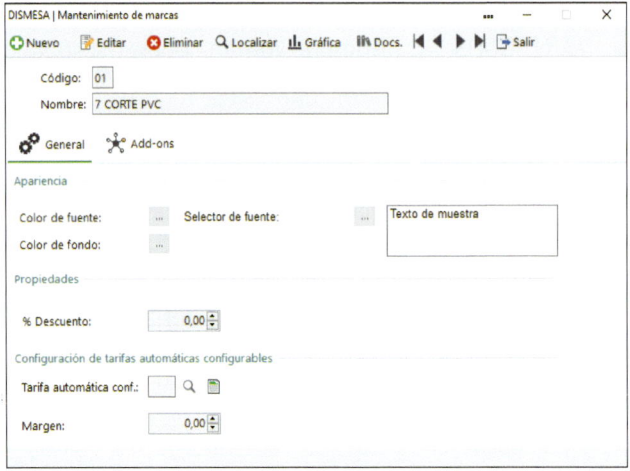

Figura 1.36.

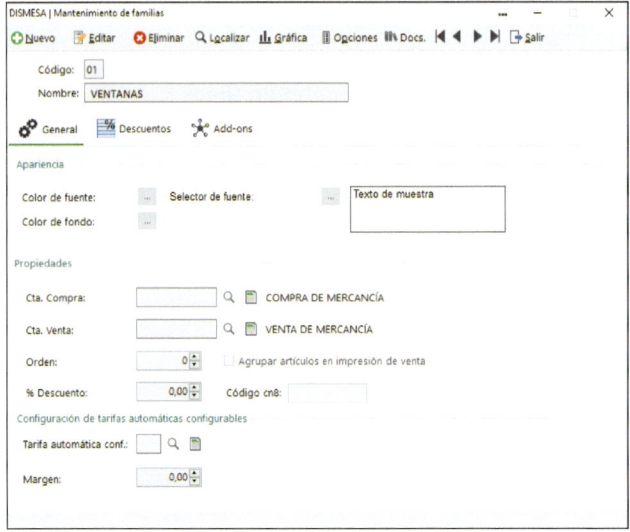

Figura 1.37.

Para introducir los datos anteriores habrá que ir a **Familias**:

**Ventas o Compras > Archivos > Artículos > Familias**.

Al entrar en la ventana de **Familias**, aparecerá una **lista previa** con los **Familias** que ya han sido creadas. Si no aparecen en la lista previa las nuevas que hay que introducir, entonces se procederá a darlas de **Alta;** para ello, se hará clic en la opción **Nuevo** y se introducirán los datos del supuesto.

Dentro de la ventana de Familias, se introducirán el Código y el Nombre de la nueva Familia.

Para introducir los datos de los Artículos nuevos habrá que ir a **Artículos**:

**Ventas o Compras > Archivos > Artículos > Artículos.**

Al entrar en la ventana de **Artículos,** aparecerá una **lista previa** con los **Artículos** que ya han sido creados. Si no aparecen en la lista previa los nuevos que hay que introducir, entonces se procederá a darlos de **Alta;** para ello, se hará clic en la opción **Nuevo** y se introducirán los datos del supuesto.

Dentro de la ventana de Artículos, se introducirán el Código y el Nombre del nuevo Artículo; a continuación, se introducirán los siguientes datos:

- En **General,** en las pestañas:

  → **Generales:** se introducen los datos de la marca, la familia y el tipo de IVA, también figurará la fecha en que se da de alta el artículo y la fecha de baja.

  → **Definiciones:** se introducirá la ampliación de definición del enunciado.

- En **Tarifas**:

  → **Precios:** se introduce a qué se aplicará el tipo de precio que será por unidades y, a continuación, se introducirán los precios de las tarifas.

- *Add-ons:* se aceptará agrupar artículos repetidos en ventas.

Se comprueban los datos introducidos y, si están bien, sale Aceptando. A continuación, si se refresca la lista previa de Artículos, ya aparecerá el nuevo Artículos introducido.

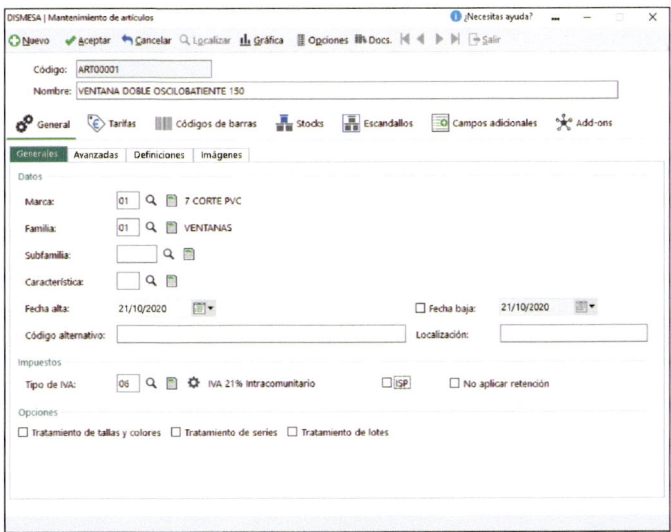

Figura 1.38.

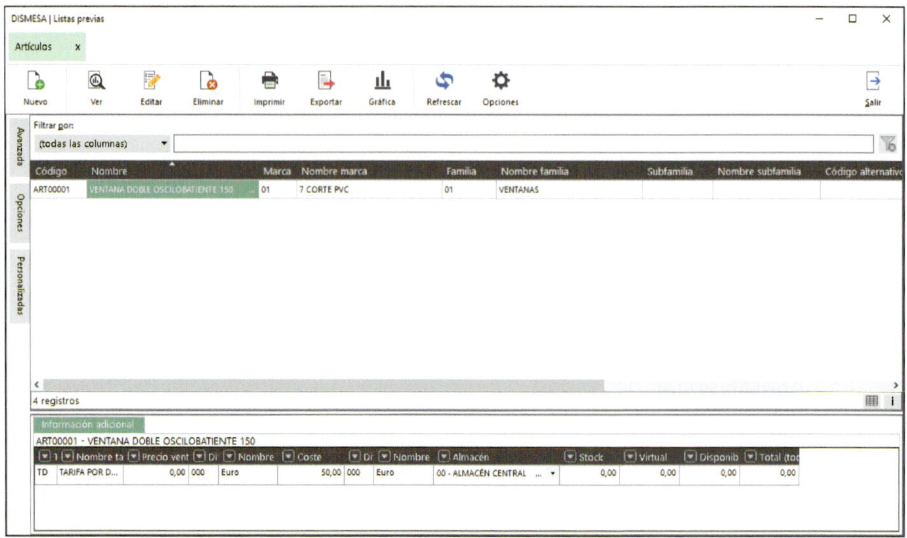

Figura 1.39.

## 1.6.5. Informes resumen y tarifas

### 1.6.5.1 Informes resumen

Todos los apartados que se han visto anteriormente y los que se verán a continuación pueden plasmarse en muy diversos soportes. Se pueden ver en pantalla, imprimirse en papel, grabarse en soporte digital, guardarse en formato de hoja de cálculo, en formato html y en otros formatos digitales.

En la aplicación Sage 50 a los Informes se puede llegar por las **Compras** o por las **Ventas**:

Ventas > Listados   y   Compras > Listados

Al seleccionar un Listado, tanto de Compras como de Ventas, se abre una ventana para configurarlo, cuyo nombre o título será "Listado de... " y, a continuación, el título del listado. Esta ventana estará dividida en dos partes, la izquierda, que es donde figuran los **Filtros** que se van a establecer, y la derecha, donde se seleccionan las **Opciones** y las condiciones que se van a aplicar a los datos previamente filtrados; todo ello conducirá a la ventana **Listados**.

### FILTROS

El apartado izquierdo de los **Filtros** irá cambiando según el Listado que se elija, y las posibilidades que hay para la selección de los datos filtrados son las siguientes:

- ☑ Todos Permite seleccionar todos los registros de ese filtro.

- 🖽 Abre una lista con todos los datos del campo filtrado y tiene una casilla de verificación en la parte izquierda para marcar y desmarcar los registros que se quieren filtrar o no filtrar.

- 01/01/2021 📅▾ 🔍    🔍 📄   0,00 ⬍ En estos campos para establecer los filtros se pueden:

  → Seleccionar los valores buscando las fechas en el calendario.

  → Buscar en la lista previa del campo.

  → Seleccionar los valores a través de unas flechas que irán aumentando o disminuyendo los valores numéricos del campo.

Se establecerán valores desde (donde empieza la búsqueda) y hasta (donde acaba la búsqueda). Los valores se pueden introducir manualmente o utilizando los asistentes anteriores.

## OPCIONES

En la parte derecha se encuentran las **Opciones,** donde hay una serie de opciones que variará para cada listado.

## LISTADOS

Cuando ya estén los filtros y las opciones definidas, se acepta y se abre una nueva ventana de "**Listados de**…", que permite diseñar los Listados que se van a obtener; esta ventana tiene tres pestañas: Buscar, Columnas y Analizar.

- **Buscar**

  En la parte superior hay tres bloques:

  → **En el primer bloque** (el de la izquierda), se realizarán las búsquedas: se indica la columna en la que se quiere realizar la búsqueda y el concepto que se está buscando. Hay una lista desplegable donde se puede seleccionar la columna en la que se va a realizar la búsqueda y a continuación un campo donde se introducirá el texto a buscar.

  → **En el segundo bloque,** se establecerá por dónde se va a realizar la búsqueda: se puede ir por el inicio o por el final, por búsqueda hacia atrás y por último se puede resaltar la línea que cumpla las condiciones del bloque anterior.

→ **En el tercer** y último bloque, aparecerán filtrados los datos que cumplen las condiciones de la búsqueda.

En la parte inferior se encuentra una tabla con los datos filtrados y en donde se realizarán las búsquedas del apartado anterior. Cuando se realiza una búsqueda, en el caso de encontrar varios valores iguales, se seleccionará el primero en verde y el resto en amarillo.

- **Columnas.**

  En esta pestaña hay dos zonas, superior e inferior. En la parte inferior se muestra una tabla, como en el punto anterior, donde se ven los datos filtrados, y en la parte superior hay dos bloques de opciones: derecho e izquierdo.

  → **Izquierdo**: en este bloque están todos los campos que se han filtrado con unas casillas de verificación. En un principio están todas seleccionas, lo que indica que estarán todos los campos visibles. Si se desmarca alguna casilla de verificación, ese campo desaparecerá de la tabla, solamente no será visible en el listado.

  → **Derecho**: este bloque se utiliza para trabajar con los campos (las columnas de la tabla). Se pueden añadir nuevos campos (nuevas columnas), se pueden seleccionar las columnas haciendo clic en la parte superior de la columna (título) y posteriormente se seleccionan las flechas del bloque (mover izquierda, mover derecha). Una vez que están marcadas, también se puede inmovilizar y ordenar esa columna; también se puede reestablecer el orden anterior, dejar la presentación y el orden por defecto.

- **Analizar**: en este bloque se puede generar una serie de expresiones que cuando se cumplan resaltará el campo o los campos que se hayan seleccionado con un formato de texto (Expresión letra) que también se puede definir. Se puede definir el texto tanto para los campos seleccionados y que cumplen la condición, como el formato de texto para los que no la cumplen. También se puede realizar lo mismo para el formato del fondo.

Una vez que ya se han preparado las tablas con los datos que se desean obtener, estos se pueden imprimir, en impresora o ver en pantallas o exportar a diferentes formatos de archivo. Hay que tener en cuenta que lo que se está haciendo es imprimir o exportar los datos (listados) que aparecen en la tabla. La opción **Guardar** lo que hace es guardar todos los cambios que se han realizado en las pestañas de buscar, columnas y analizar; se seleccionará la dirección donde se quiere guardar y el nombre y figurarán en un recuadro con su nombre. Cuando se quieran recuperar esos cambios realizados se irá a Guardar y se seleccionará el nombre que contenga los cambios que se desean incorporar al Listado.

### 1.6.5.2. Tarifas

Se puede entender por tarifa una tabla, lista o informe de precios de bienes o servicios.

Las tarifas son los listados/informes de los precios de los artículos con los que la empresa trabaja. El tratamiento informatizado de estos listados facilita mucho la labor al departamento comercial, ya que se pueden elaborar fácilmente y establecer filtros para clasificar los artículos que se desean incluir en la tarifa.

La aplicación presenta una serie de informes en los que se buscan los datos que se quieren seleccionar mediante la utilización de filtros y de las opciones que permiten ordenar y establecer condiciones a los datos filtrados. Una vez filtrada, ordenada y establecidas las condiciones, la información que se obtiene se puede Ver en Pantalla, Imprimirla, Exportarla y Guardarla.

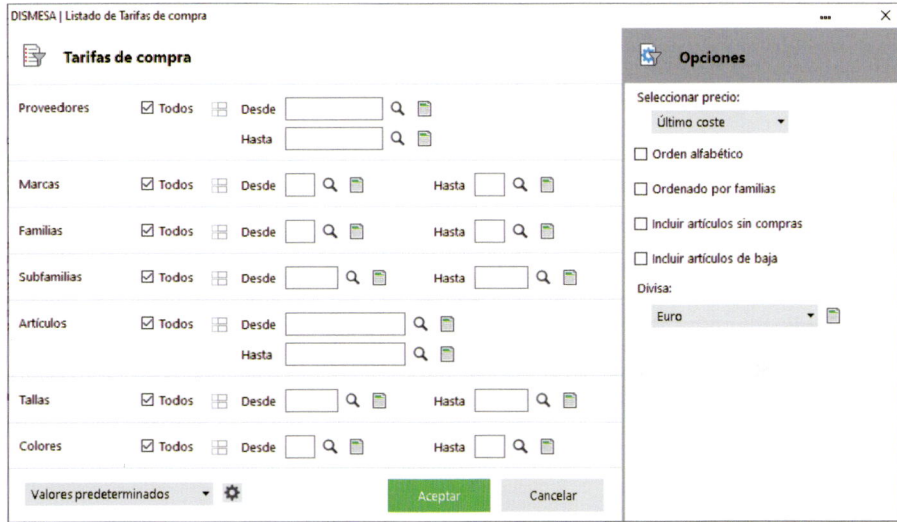

Figura 1.40.

En la aplicación Sage 50 los listados de las **Tarifas** se dividen en dos, las **Tarifas de los Artículos Comprados** y las **Tarifas de Artículos de Venta**, y para ver las tarifas se irá a:

**Ventas > Listados > Artículos > Tarifas de Artículos.**

**Compras > Listados > Artículos > Tarifas de Compra.**

Los pasos que se deberán seguir para confeccionar un Listado de Tarifas serán los del punto anterior, teniendo en cuenta que para este tipo de listado (Tarifas) los **Filtros** serán:

- Filtros para el listado de **Tarifas de Artículos** (Ventas): Marcas, Familias, Subfamilias, Artículos y Tarifas.

- Filtros para el listado de **Tarifas de Compras**: Proveedores, Marcas, Familias, Subfamilias, Artículos, Tallas y Colores.

Y **Opciones** son:

- Para las **Ventas**: ordenar los datos filtrados, si se desea mostrar los artículos con precio a través de una casilla de verificación y por último se seleccionará la divisa.

- Para las **Compras**: seleccionar el precio, orden alfabético, orden por familias, incluir artículos sin compras, incluir artículos de baja y seleccionar la divisa.

Ahora se verá cómo se realiza el **Informe** o **Listado de Tarifas**.

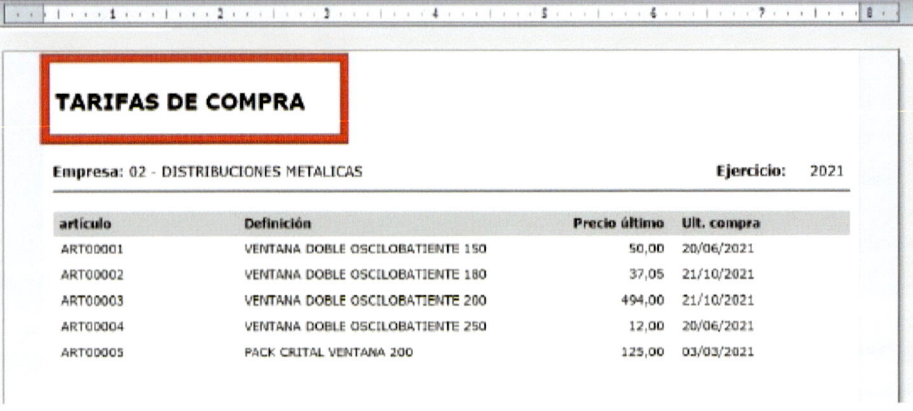

**TARIFAS DE COMPRA**

Empresa: 02 - DISTRIBUCIONES METALICAS                Ejercicio:    2021

| artículo | Definición | Precio último | Ult. compra |
|----------|-----------|--------------|-------------|
| ART00001 | VENTANA DOBLE OSCILOBATIENTE 150 | 50,00 | 20/06/2021 |
| ART00002 | VENTANA DOBLE OSCILOBATIENTE 180 | 37,05 | 21/10/2021 |
| ART00003 | VENTANA DOBLE OSCILOBATIENTE 200 | 494,00 | 21/10/2021 |
| ART00004 | VENTANA DOBLE OSCILOBATIENTE 250 | 12,00 | 20/06/2021 |
| ART00005 | PACK CRITAL VENTANA 200 | 125,00 | 03/03/2021 |

Figura 1.41.

### 1.6.6. Los productos

En el punto "1.6.4. Catálogos" hemos clasificado los productos en:

- Artículos o mercancías destinados a la venta sin ningún tipo de transformación, a los que denominamos *artículos*.

- Productos terminados, que son transformados o elaborados en la propia empresa a partir de materias primas u otros aprovisionamientos.

En el punto 1.6.4 se han tratado los artículos y en este punto vamos a tratar los productos que van a ser transformados para su venta.

## PRODUCTOS TERMINADOS

Para el tratamiento de los productos terminados tendremos que dirigirnos a fábrica y comenzar a dar de alta:

- Las tablas de producción que constan de:
  — Las secciones que van a intervenir en el proceso de producción.
  — Las operaciones que se van a realizar en la transformación de los artículos.
  — El personal que intervendrá.
  — Y los componentes que formarán parte del producto terminado.
- Las órdenes de producción.
- Partes de personal.

## FÁBRICA

→ **Tablas de producción**: introduciremos los datos en las siguientes tablas:

- Secciones: introducimos el código de la sección, que será un código alfanumérico de tres dígitos. Las secciones son el equivalente a los departamentos, por ejemplo: departamento de ventas, departamento de administración, departamentos de fabricación, etc.

- Operaciones: introducimos las operaciones que se van a realizar en el proceso productivo como por ejemplo: confección del presupuesto, toma de medidas, fabricación, transporte, colocación, etc.

  Los campos que nos encontramos son: el código de operación, que es un campo alfanumérico de tres dígitos que identificará la operación, la descripción de la operación y el tipo de operación, que pueden ser:
  — Productivas: todo el tiempo de la actividad que se dedica a la productividad.
  — Improductiva: parte del tiempo de actividad que no se dedica a la producción.
  — Estructural: el tiempo de actividad que no genera productividad.

- Personal: en esta pantalla vamos a introducir los datos del personal que intervendrá en el proceso de producción y los campos que tendremos que cubrir son: el código de empleado (que es un código alfanumérico de cuatro dígitos) el nombre del empleado, el código de la sección para la que realiza el trabajo y el coste de cada hora de trabajo del operario.

- Componentes: introducimos el producto final que se va a obtener. Este campo es una búsqueda incremental donde podemos buscar el artículo y, si no está, lo creamos. Una vez creado, aceptamos y salimos. En la ventana de Componentes, seleccionamos el producto final y vamos a la opción de modificar y ahí podemos crear todos los artículos que van a formar parte del producto final.

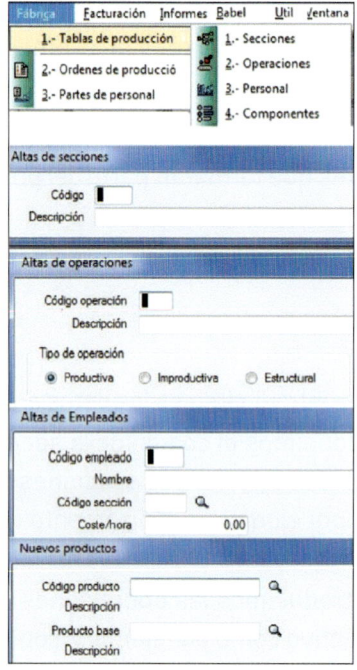

Figura 1.42.

→ **Órdenes de producción**

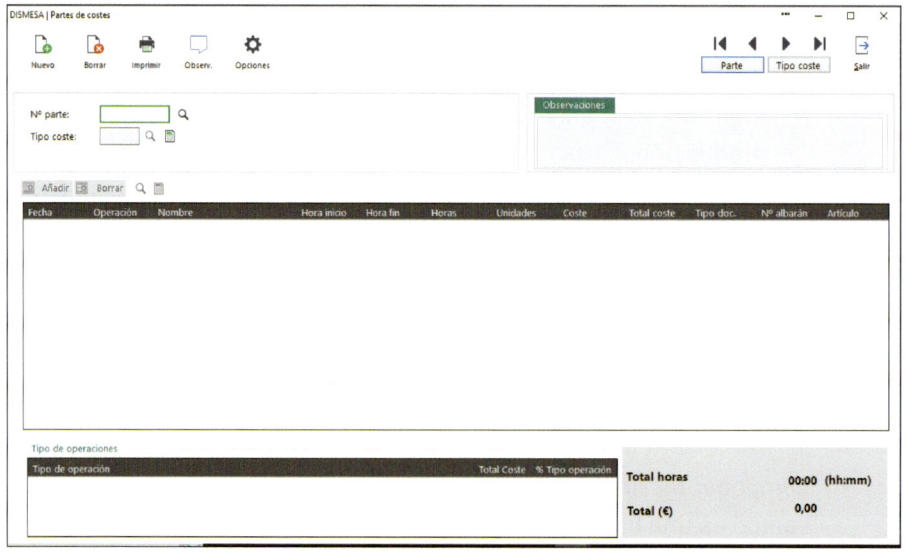

Figura 1.43.

- **Datos generales**: desde esta ventana introducimos todas las operaciones que van a intervenir en el proceso de producción:
  - **Fecha de orden**: la fecha en la que se produce la orden de fabricación.
  - **Producto**: producto final que seleccionamos de la búsqueda incremental.
  - **Almacén MP**: almacén donde se encuentran las materias primas que intervienen en el proceso de producción.
  - **Almacén final**: almacén donde van a estar almacenados los productos finales obtenidos.
  - **Unidades**: las unidades que vamos a fabricar.

  En la ventana inferior podemos observar cómo aparecen los componentes del producto seleccionado y su coste material.

- **Parte de personal**: desde esta ventana introducimos las órdenes de trabajo del personal; tendremos que introducir los siguientes datos:
  - **Fecha de orden**: la fecha en la que se realiza el trabajo.
  - **Operario**: búsqueda incremental donde seleccionamos al operario.
  - **Sección**: a la que pertenece el operario.
  - **Operación**: búsqueda incremental donde buscaremos la operación que realiza.
  - **Hora inicial**: hora a la que se comienzan los trabajos ese día.
  - **Hora final**: hora a la que se finalizan los trabajos.

Los resultados se pueden observar en la opción de órdenes de producción donde tendremos dos apartados:

- Los costes de los artículos con el desglose de los artículos que intervienen en su coste y el coste total de los materiales.

- Los costes de personal con el detalle de las horas y los precios/hora y el total de los costes de personal.

Por último, si desde la ventana de órdenes de producción pulsamos en el icono de cerrar/invertir, cerramos y hacemos irreversible la orden de trabajo y ya no se puede modificar y le incorporamos el precio de compra del producto que estamos fabricando.

**Práctica: Fabricación**

Distribuciones Metálicas se dedica, entre otras actividades, a la producción de ventanas y puertas. Para la fabricación de las ventanas se siguen los siguientes pasos: se hacen las mediciones y se confecciona el presupuesto (departamento oficina técnica); se fabrican las ventanas, para lo que se utilizan chapas, bisagras, cristales y mano de obra (departamento de fabricación), y por último se colocan (departamento de colocación/instalación).

Las Secciones que tiene en la fábrica son: 01.- Oficina Técnica, 02.- Fabricación y 03.- Colocación/instalación.

Las operaciones de producción son: 001.- Medida (improductiva), 002.- Fabricación (productiva) y 003.- Transporte y Colocación (improductiva).

El personal es: Juan Luis Fernández (departamento: oficina técnica, coste 15,00 euros/hora), Alfredo Fernández (Departamento: fabricación, coste 25,00 euros/hora) y Alfredo Fernández (Colocación/instalación, coste 10 euros/hora).

Los componentes de los productos que son necesarios para la fabricación de una ventana son: bisagras tres unidades, una chapa de aluminio de 1 mm y un cristal de 4 mm por ventana.

El día 21 de noviembre de 2014 le realizan un pedido para la fabricación de dos ventas, las especificaciones son las siguientes:

- Número de ventanas: 2 (3 bisagras, 1 chapa y 1 cristal por ventana).

- Las horas de mano de obra, de acuerdo con las órdenes de producción son: Juan Luis Fernández en la medición y el presupuesto (departamento medición) ha invertido desde las 20:49 hasta las 21:00 horas (17/11/14). Alfredo Fernández en la fabricación (departamento de fabricación) ha invertido desde las 20:01 hasta las 22:00 horas (18/11/14), y Alfredo Fernández en la colocación (departamento colocación) ha invertido desde las 09:15 hasta las 11:00 horas (21/11/14).

Calcular el coste de producción y colocación de las ventanas.

Información adicional:

| ARTÍCULO | PRECIO VENTA | TIPO IVA |
|---|---|---|
| Ventana 4 mm | 600,00 | G = 21 % |

| ARTÍCULO | PRECIO COMPRA | PROVEEDOR |
|---|---|---|
| Ref.:<br>Bisagras | 2,00 euros | Ferreterías Unidas, S. L. B74010020<br>Polígono Silvota, parcela 47.<br>Llanera. Asturias.33192. España.<br>info@ferru.com, 600121121 |
| Ref.:<br>Chapa al 1mm | 125,00 euros | Aluminios del Nordeste, S. A. A33111555<br>Polígono Asipo, parcela 127 A. Cayés-<br>Llanera. Asturias. 33192. España.<br>ventas@alunor.es. 600213213 |

## Solución:

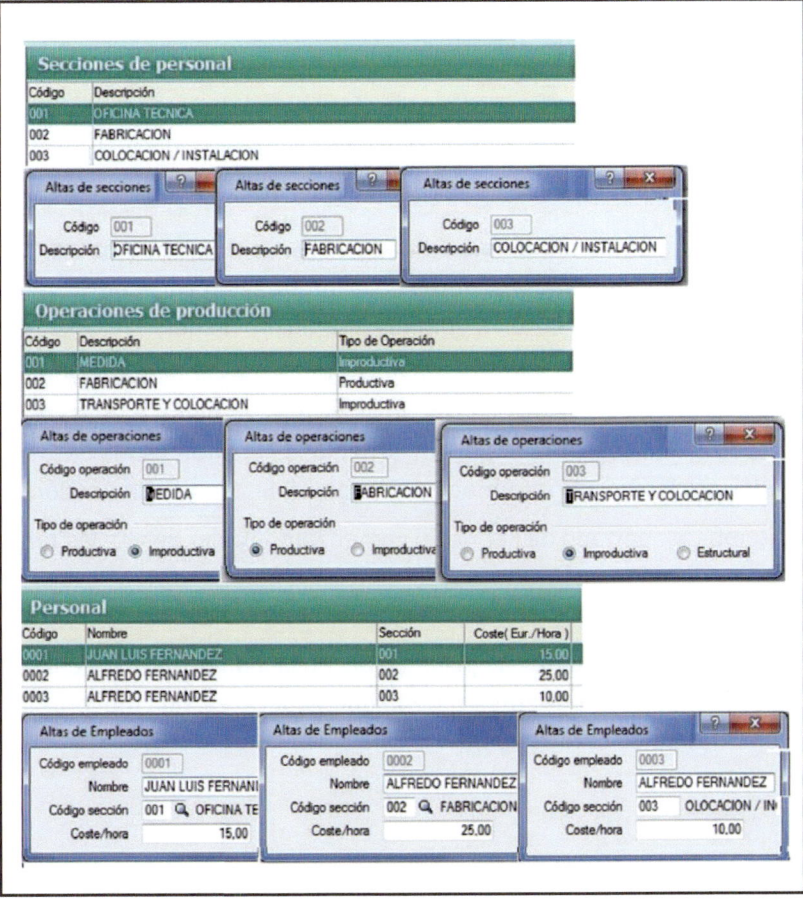

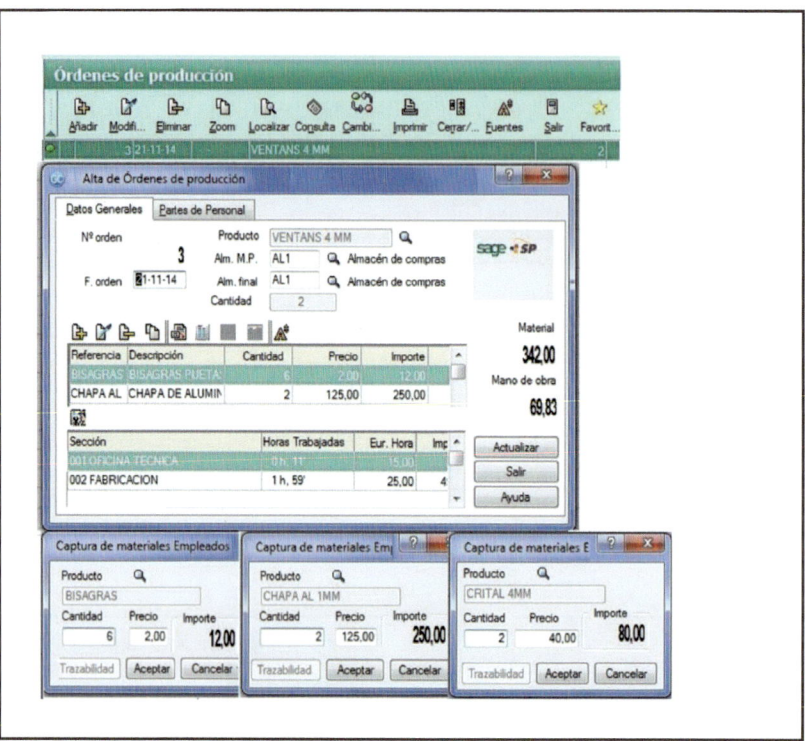

Figura 1.44.

Primero comenzamos añadiendo/creando el artículo que vamos a fabricar que son las ventanas de 4 mm (datos en la información adicional), Sistema > Artículos. A este artículo no le asignamos ningún proveedor.

Continuamos añadiendo los artículos que son necesarios para fabricar las ventanas, las bisagras y las chapas (los cristales ya están dados de alta en el apartado artículos); para añadir los artículos necesitamos los datos de los proveedores (datos en la información adicional), Sistema > Proveedores.

Ahora iremos al apartado de Fábrica y comenzamos a dar de alta las tablas de producción (Secciones, Operaciones, Personal y Componentes) y la orden de producción de las dos ventanas.

**Nota.** En la ventana Órdenes de producción, en la lista de Componentes solamente se ven dos componentes y tiene que haber tres, nos moveremos con las flechas laterales para verlos.

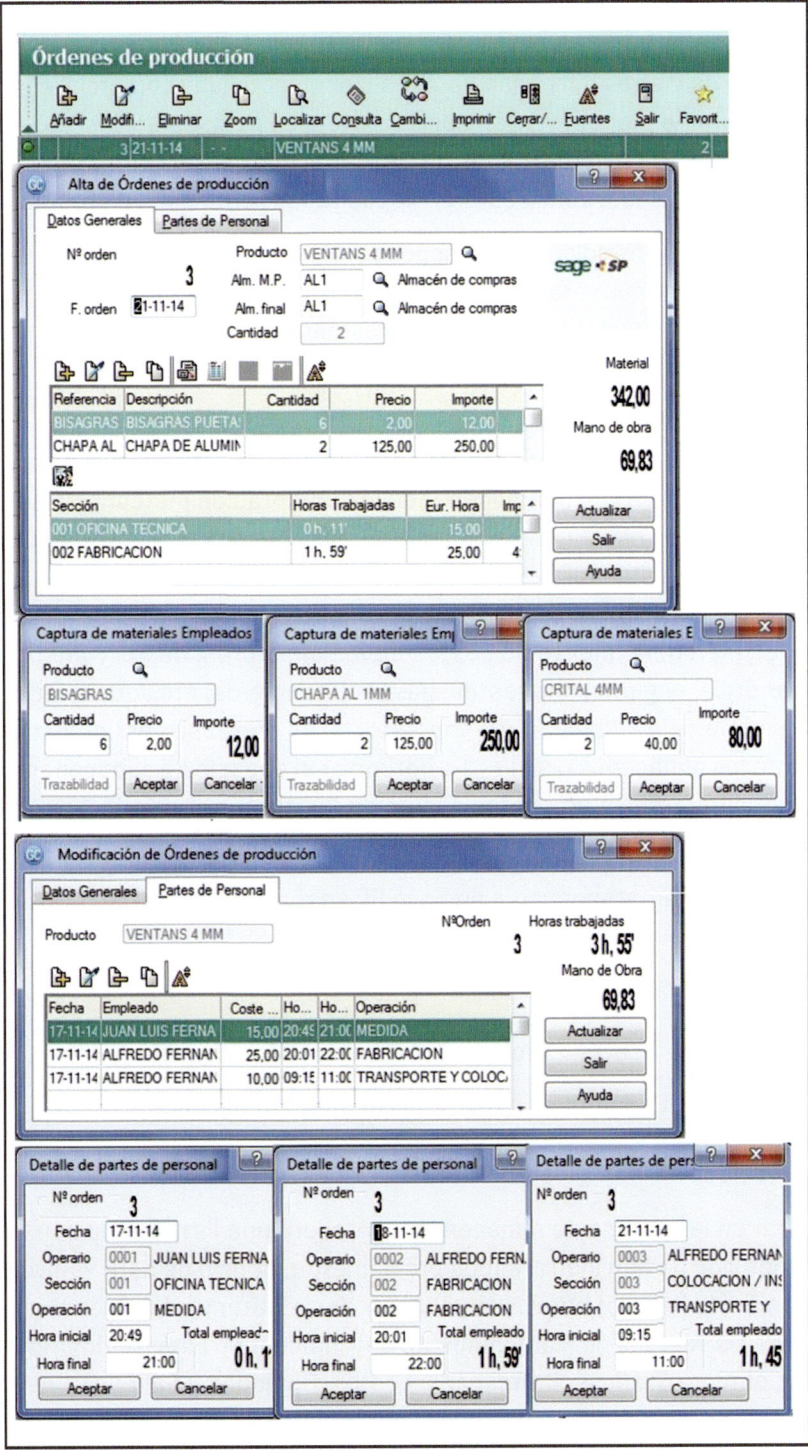

Figura 1.45.

### 1.6.7. Almacenamiento

La empresa con la que se está trabajando se dedica a la fabricación, venta y reparación de cierres del hogar. Para realizar su actividad comercial es necesario comprar ventanas, ventanales, cristales, bisagras, manillas, etc. Todos esos artículos se comprarán a los proveedores que los servirán a las instalaciones de la empresa, donde estarán depositados hasta que se vendan.

Al lugar o espacio físico donde se disponen las mercancías, que se compran a los proveedores y que serán entregadas a los clientes, se le denomina *almacén;* es decir, son las instalaciones donde se guardan o almacenan las mercaderías o mercancías: los cristales, las bisagras, las ventanas las puertas, etc.

A la gestión de los espacios en donde se van guardar y custodiar las mercancías se le denomina **almacenamiento**, es decir, gestionar y controlar los espacios donde se van ir almacenando las compras de mercancías a nuestros proveedores hasta que se ponen a disposición de los clientes. Esta gestión es fundamental para el buen funcionamiento de la empresa, ya que si no se gestionan bien estos espacios destinados al almacenamiento, se puede incurrir en un aumento de costes de los alquileres, de los transportes, de la energía, seguros, impuestos, gastos financieros, etc., que pueden llegar a ser muy elevados para la empresa. De ahí que si se gestionan correctamente los almacenes y se llega a optimizar el espacio de almacenamiento se producirá también una optimización de los costes asociados al almacenamiento.

La gestión del almacenamiento en Sage 50 se realiza a través de la opción Almacenes.

Para acceder a la opción de **Almacenes** se irá a:

Ventas > Archivos > Artículos > Almacenes.

Compras > Archivos > Artículos > Almacenes.

Lista previa

Al entrar en la ventana de **Almacenes,** aparecerá una **lista previa** con los **Almacenes** que ya han sido creados previamente; dentro de esta ventana, se pueden **Crear** (Nuevo) nuevos Almacenes, **Ver** y **Editar** un Almacén existente (se abrirá la ventana de Mantenimiento de Almacenes), **Eliminar, Imprimir, Exportar**, obtener **Gráficos, Refrescar** los datos, **Opciones** y **Salir** de la ventana. También se pueden utilizar, desde las pestañas laterales, filtros avanzados, opciones y personalización de los filtros para facilitar las búsquedas.

Mantenimiento de Almacenes

Si se selecciona un **Almacén** de la lista y se hace doble clic sobre él, se abre una ficha de **Mantenimiento de Almacenes**: en esta ventana se puede crear un **Nuevo** Almacén, **Editarlo** y **Eliminarlo**, **Localizar** Almacenes, obtener **Gráficos**, acceso a la ventana de **Opciones**, acceder a los **Botones de Navegación** que permiten desplazarse entre Almacenes y **Salir** de la ventana. Una vez que se hayan realizado todos los cambios y se compruebe que son correctos, se procederá a aceptar y a salir de la ventana de Mantenimiento de Almacenes.

Alta de un Nuevo Almacén

Si el **Almacén** que se está buscando no aparece en la lista previa, entonces se procederá a dar de **Alta** un **Nuevo Almacén**. Para dar de alta o crear un nuevo Almacén, lo primero que se debe hacer es ir a la cabecera de la ventana para complementar el código y el nombre del Almacén; para el **Código,** se introducen dos caracteres alfanuméricos, y para el **Nombre,** se pueden introducir cincuenta caracteres alfanuméricos; seguidamente, se puede asignar un código de cliente al que se asignará este Almacén.

Posteriormente, cuando se trabaja con las compras y las ventas, se seleccionará el Almacén a donde se destinarán las compras y las ventas realizadas.

---

**Práctica: Nuevo Almacén**

**Código:** 01   **Nombre:** Almacén Central

**Se pide:** Introducir estos nuevos datos en la ficha de Almacenes de la empresa DISMESA.

---

Solución:

Para acceder a la opción de **Almacenes** se irá a:

Ventas > Archivos > Artículos > Almacenes.

Compras > Archivos > Artículos > Almacenes.

Al entrar en la ventana de **Almacenes** aparecerá una **lista previa** con los **Almacenes** que ya han sido creados previamente. Dentro de esta ventana se puede observar que no figura ningún Almacén dado de alta en la aplicación, por ello, se tendrá que proceder a introducir los datos del caso práctico anterior; para ello se irá a la opción de **Nuevo** y se comenzarán a introducir los datos. Una vez que ya están todos introducidos, se comprobarán y se Aceptará; la aplicación preguntará si se guardan los datos o se descartan, se aceptará (si todo es correcto) y se saldrá de la ventana de Mantenimiento de Almacenes.

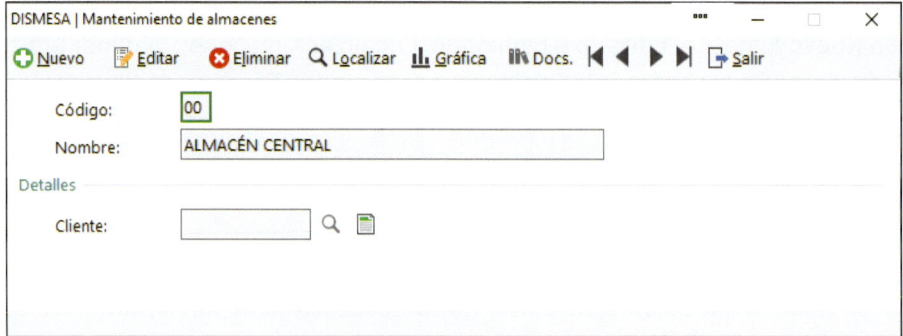

Figura 1.46.

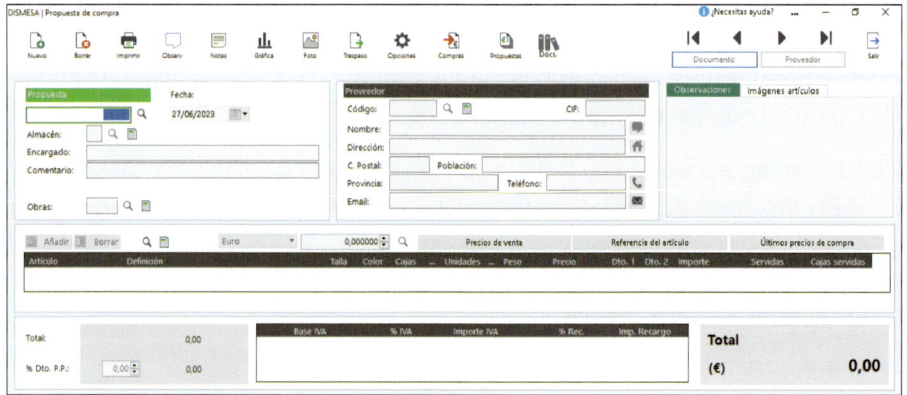

Figura 1.47.

### 1.6.7.1. Logística

Por logística se entiende el conjunto de medios y métodos necesarios para llevar a cabo la organización de los flujos de mercancías.

La logística en la aplicación Sage 50 se realiza desde la opción **Compras > Documentos**.

En la opción **Compras > Documentos** hay los siguientes apartados:

- Propuesta
- Pedido.
- Albarán.
- Factura.

- Impresión de documentos.
- Traspaso.
- Regularización.

Para realizar la organización de los flujos de mercancías, se tienen los documentos anteriores. Estos vienen ordenados por orden cronológico: primero se realizarán las propuestas, a continuación, se realizará el pedido y, a continuación, se pasa al albarán para finalizar con la factura. Lo primero que cabe destacar es que estos son todos los documentos que se pueden utilizar en la organización de los flujos de mercancías, pero no es obligatorio tener que utilizarlos todos. El único documento que sería obligatorio siempre que se entreguen bienes o se presten servicios es la factura; ahora bien, siempre es aconsejable documentar todos los pasos que se realizan hasta que se emite la factura.

Los pasos y los documentos que se utilizarán, por orden cronológico, son:

2. El primer paso o documento es la **propuesta,** que es el presupuesto que envía el proveedor. Hay que recordar que no es obligatorio hacer la propuesta, pero sí aconsejable realizarla.

3. El segundo paso o documento es el **pedido** al proveedor, que se realizará de acuerdo con el presupuesto recibido: aquí se detallarán los artículos que se van a comprar, las unidades y el precio presupuestado. Hay que recordar que no es obligatorio hacer el pedido, pero sí aconsejable.

4. El tercer paso o documento son los **albaranes,** o notas de entrega, del proveedor; este documento vendrá junto con la mercancía, es donde se debe comprobar que las unidades recibidas son las que figuran en el albarán (si faltan o sobran unidades, si están en buen estado, etc.), posteriormente se cotejará con el presupuesto o el pedido si las cantidades recibidas coinciden con las solicitadas (unidades y precio). Hay que recordar que no es obligatorio hacer el albarán o nota de entrega, pero sí aconsejable.

5. Por último, se realizará la **factura,** que recogerá los datos del albarán comprobado y correctamente valorado (unidades x precio) y donde deberán figurar obligatoriamente las bases imponibles para cada tipo de IVA que figure en la factura, asimismo, será obligatorio que figuren los datos fiscales tanto del cliente como del proveedor. Este documento sí que es obligatorio.

Estos serían los pasos que hay que dar para la organización de los flujos de mercancías y hay que tener presente que solamente es obligatoria la realización de la factura y que los demás pasos no son obligatorios, son opcionales, pero sí son recomendables. También hay que tener presente que tampoco es obligatorio seguir ese orden, se pueden hacer múltiples ciclos dependiendo de las exigencias de cada empresa, por ejemplo:

• Propuesta > Pedido > Albarán > Factura.

• Pedido > Albarán > Factura.

- Propuesta > Albarán > Factura.

- Albarán > Factura.

- Factura.

La factura es obligatoria y el albarán, no siendo obligatorio, sí es muy importante porque es la nota de recepción de la mercancía, donde se comprueban las unidades, los precios y el estado en el que se reciben las mercancías. También puede darse el caso de que con la mercancía se reciba directamente la factura, pero si el género recibido no concuerda con lo pedido, modificar la factura es más complicado, sobre todo por temas legales, que modificar un albarán y sacar la factura definitiva ya correctamente realizada.

En este apartado hay que tener muy presente que toda la documentación con la que se trabajará será documentación que se recibe de los proveedores, es decir, será información que se recibe del exterior (de los proveedores) y que se procesará en la empresa para tener controlado todo el proceso de la logística (el conjunto de medios y métodos necesarios para llevar a cabo la organización de los flujos de mercancías) y al mismo tiempo generar el asiento contable en la contabilidad de la empresa. Todo el trabajo comenzará introduciendo la propuesta de compra y a partir de este documento se generarán todos los documentos que la empresa haya considerado oportunos para la gestión de la logística; el siguiente documento será el pedido, a continuación, vendrá el albarán y por último la factura. Por ello, lo que es tener que introducir datos en la aplicación solamente se realizará en el primer documento que la empresa realice (propuesta, pedido, albarán o factura).

Para realizar en Sage 50 la organización de los flujos de mercancías (logística) habrá que ir a **Documentos,** y se realizarán todos los pasos uno por uno.


LA PROPUESTA

Para acceder a **la Propuesta** se irá a:

**Compras > Documentos > Propuesta.**

Lista previa de Propuesta

Al entrar en la ventana de **Propuesta,** se accede a una **lista previa** con las **Propuestas** que ya han sido realizadas previamente; en esta ventana se puede: **Crear** (Nuevo) una nueva, **Editar** una Propuesta existente (se abrirá la ventana de Mantenimiento de Propuestas), **Traspasar** (permite traspasar automáticamente lo datos de la propuesta a un pedido o albarán), **Eliminar, Imprimir, Imprimir-Lista, Exportar-Lista**, realizar **Gráficos, Refrescar, Opciones** y **Salir** de la ventana.

Mantenimiento de Propuesta

Si se selecciona una **Propuesta** y se hace doble clic sobre ella, se abre una ficha de **Mantenimiento de Propuestas**. En esta ventana se pueden **Crear** (Nuevo) una propuesta, **Eliminarla** (la propuesta actual, la que aparece en la ventana), **Imprimir, Observaciones** (permite introducir observaciones que se pueden ver o no en la propuesta) **Notas** (permite introducir notas en el pie de la propuesta), **Gráficas, Fotografía** (del artículo que está seleccionado en la propuesta), **Traspaso** (permite traspasar automáticamente los datos de la propuesta a un pedido o albarán), **Opciones, Compras** (se pueden ver las compras realizadas al proveedor de la propuesta que se está realizando), **Propuestas** (se pueden ver las propuestas realizadas al proveedor de la propuesta que se está realizando), acceso a los **Botones de Navegación** entre las propuestas (se puede realizar la navegación por las propuestas ordenándolas por documento o por proveedor) y **Salir** de la ventana.

Alta de Propuestas

Si la **Propuesta** que se está buscado no aparece en la lista previa, entonces se procederá a darla de **Alta**. Al dar de alta o crear una nueva Propuesta lo que se debe hacer es complementar los siguientes bloques de datos:

**Propuesta.**

- **Propuesta**: se tiene que introducir el número de propuesta; para introducir el número, se puede realizar de varias maneras:

  → No se introduce ningún número y se pulsa el intro, la aplicación cubrirá el campo con el número siguiente al último que figurará en la base de datos de la aplicación.

  → Buscar a través de la lupa que está a la derecha del campo las propuestas que ya están introducidas, así se puede comprobar el número que se desea introducir a esta propuesta que se va a crear.

  → Introducir un número para esta propuesta, la aplicación buscará si este número ya ha sido introducido para evitar duplicidades y, si no hay coincidencias, lo dará por bueno y pasará al campo siguiente.

- **Fecha**: toda propuesta debe tener una fecha; aquí es donde se debe introducir la fecha en la que se ha realizado la propuesta.

Una vez introducida la fecha, automáticamente pasará al siguiente bloque.

**Proveedor.**

En este bloque figuran los datos relativos al proveedor; para ello, se deberá introducir el código del proveedor. En caso de no recordar el código o de que el proveedor no esté dado de alta, entonces se puede, a través del icono de la lista previa de proveedores buscar el código del proveedor o, si no, crearlo a través del icono de Mantenimiento de Proveedores. Una vez que se ha encontrado el código del proveedor o se ha creado uno nuevo, se seleccionará y automáticamente se cubrirán todos los datos del proveedor.

Una vez introducido el número de la propuesta y los datos del proveedor, hay que introducir los artículos y las unidades; para ello, pasaremos al bloque siguiente.

**Artículos.**

En este bloque hay:

- **Añadir**: se añadirá en el recuadro inferior una nueva línea para introducir los datos de la propuesta.

- **Borrar**: borrará la línea, del cuadro inferior, que está seleccionada.

- **Lista previa de Artículos**: abre lista previa de artículos donde se puede seleccionar el artículo que figurará en la línea inferior que está activada.

- **Mantenimiento de Artículos**: si el artículo que se desea introducir en la línea no apareciese en la lista previa, desde esta opción, se podrá crear o dar de alta un nuevo artículo.

- **Divisa**: aparecerá la divisa con la que se trabajará en esta propuesta y su tipo cambio.

- **Precios de venta**: se abre una ventana para consultar y realizar cambios en los precios de venta o introducir un nuevo precio de venta. Aparecerá el código, el nombre y el precio por el que se está comprando ese artículo. En la parte inferior, aparecerán detalladas todas las tarifas con sus respectivos precios de venta.

- **Referencia del Artículo**: en caso de tener introducida la referencia del artículo, aparecería en esta opción.

- **Últimos precios de compra**: aquí se abre una ventana con los últimos precios por los que se ha comprado este artículo. Se observa un primer bloque, **general**, donde figura el proveedor al que se le ha comprado, el código del artículo y la divisa en la que se ha valorado dicho artículo; a continuación, aparece un bloque detalle donde se pueden observar el número del albarán, la fecha, el coste y el precio de las últimas adquisiciones. Esta ficha o ventana se puede imprimir con la opción que está en la esquina inferior derecha de la ventana.

Una vez añadida una nueva línea y seleccionado un artículo, se procederá a introducir el número de unidades. Al introducir las unidades, automáticamente se cubrirá el campo importe (que será la cantidad resultante de multiplicar las unidades por el precio). También se puede observar cómo aparecerán: en el bloque inferior izquierdo, se puede ver el total de la suma de los importes (suma de los importes de todas las líneas); debajo del total tenemos un campo para introducir manualmente el porcentaje del descuento por pronto pago que se aplica a toda la propuesta; en el bloque inferior de la parte central, aparecerá la base imponible (qué será la suma de todos los importes de las líneas de la propuesta a las que se les ha aplicado el descuento por pronto pago), el tipo de IVA que se aplicará a esta propuesta, el importe del IVA (que es la cuota del IVA), el porcentaje del recargo de equivalencia, si hubiese que aplicarlo, el importe del recargo (que es la cuota del recargo de equivalencia) y, por último, en el bloque inferior derecho, figura el total de la propuesta (estará compuesto por la base imponible más importe del IVA y el importe del recargo de equivalencia).

**Como resumen** se puede decir que para introducir una nueva propuesta se tendrán que meter el número, la fecha y el proveedor de la propuesta; a continuación, se pasa a introducir el detalle de la propuesta donde se seleccionarán el/los artículos y el número de unidades que forman la propuesta; en la parte inferior se podrán ver los resultados, introducir manualmente el porcentaje del descuento por pronto pago y se verá la valoración de la propuesta (base imponible, importe del IVA, importe del recargo de equivalencia y el total de la propuesta).

En la parte superior de la ventana de **Propuesta** de **Compra** hay una cinta de opciones que contiene las opciones de: **Nuevo, Borrar, Imprimir,** que son similares a las vistas en los anteriores apartados. Ahora se hará especial hincapié en las siguientes opciones que sí son nuevas:

- **Observaciones**: en esta opción se abre una ventana para introducir datos, que serán las observaciones que aparecerán en la propuesta. Una vez que se acepta esta ventana de texto, la observación de la propuesta quedará reflejada en el bloque que figura debajo de la cinta de opciones en la parte de la derecha, ahí aparecerá el contenido de la observación. Si se desea modificar o añadir más contenido a la observación, se pulsará de nuevo en el icono de observaciones de la cinta de opciones.

- **Notas**: en esta opción se abre una ventana de mantenimiento de datos de Notas. En este apartado habrá que introducir el código de la Nota (cada Nota que se crea deberá tener un código y un texto, el código se utilizará posteriormente para seleccionar dicha Nota) que se va a introducir como una línea en el detalle de la propuesta, también se podrá buscar entre las Notas ya existentes a través del icono de la lista previa de Notas o introducir nueva Nota a través del icono de mantenimiento de Notas. Con esta opción lo que se consigue es introducir Notas, previamente definidas, en la parte del detalle de la propuesta de compra a proveedores. Para introducir una Nota se seguirán los siguientes pasos:

  → Añadir nueva línea de detalle de la Propuesta.

  → Seleccionar o dar de alta la Nota.

  → Una vez que ya se ha traducido la Nota, se puede observar que el texto nos figurará en color azul.

  → Si se hace doble clic sobre la línea de la Nota, se podrá añadir más contenido al previamente introducido.

  Por ejemplo, si se tiene una Nota, con el código de Nota igual a DE y cuyo contenido es "datos de la entrega:" y se selecciona introducir en el detalle de la propuesta de compra como una nueva línea, aparecerá en color azul, si se hace doble clic sobre ella se puede seguir escribiendo en color azul "entregada antes de tiempo" y el texto que figura en esa línea del detalle será: "datos de la entrega: entregada antes de tiempo".

- **Traspaso**: esta opción es una de las más importantes de este apartado, ya que facilitará mucho el trabajo; permite seleccionar los datos de la propuesta que se pueden traspasar automáticamente al documento **Pedido** o al documento **Albarán**. Se abre una ventana que tiene tres bloques de opciones que son:

  → **Propuesta de compra**: figuran el proveedor, la fecha y el número de la propuesta que ya se tenía introducida; estos datos no se pueden modificar (aunque figuren en los iconos de lista previa y mantenimiento de proveedores, estos datos no se pueden modificar). Estos datos sombreados en gris son parte fundamental del documento y no pueden ser modificados.

  → **Detalles líneas**: aquí aparecerán las líneas del detalle, los artículos, las unidades y las notas. Se pueden seleccionar los artículos que se quieren traspasar de los que figuran en el detalle marcando:

— Línea a línea la casilla de verificación "Sel", de los artículos que se desean traspasar (la línea quedará marcada en color verde). En la parte inferior, la primera casilla de verificación «líneas seleccionadas y/o completas», indicar que las casillas que se han marcado anteriormente (las que están en color verde) serán las que se traspasarán.

— Traspasar todas las unidades: la casilla de verificación "traspasar todas las unidades" traspasará todas las líneas que contengan artículos y unidades, no traspasará las líneas de Notas.

— Traspasar todos los comentarios: la casilla de verificación "traspasar todos los comentarios" seleccionará para ser traspasadas todas las líneas que contengan Notas, no marcará las líneas que contengan artículos y unidades.

→ **Datos de Compra**: en esta opción lo que se va a seleccionar si se desea traspasar la propuesta de compra a **Albarán** o si se desea pasar a **Pedido**, una vez seleccionada la opción deseada:

— Si se selecciona **Pedido**, solamente queda poner la fecha que figura en el pedido, el almacén en el que se ha recibido esa mercancía y el número del pedido. Si no se introduce el número del pedido, la aplicación asignará un número de pedido, que será el inmediatamente siguiente al último número que figura en la lista de pedidos. Si se introduce un nuevo número de pedido, la aplicación comprobará que no existe ese número y, si no existiese, lo daría por bueno; en caso contrario, solicitará que se introduzca de nuevo el número de pedido.

— Si la opción que se marca es la de **Albarán**, habrá que introducir fecha del albarán, el almacén donde se va a recibir la mercancía, la forma de pago y el número de albarán (funciones igual que el número de pedido del párrafo anterior).

→ Opciones: si se ha seleccionado en la opción anterior:

— Albarán, habrá dos opciones: Presentar Albarán de Compra y Convertir Compra; se seleccionarán estas opciones mediante casillas de verificación.

— Pedido: solamente está la opción Presentar Pedido; se seleccionará mediante una casilla de verificación.

• **Opciones**: dentro de opciones se pueden realizar una serie de operaciones con la propuesta de compra, como son: **Estadísticas del proveedor** y

Estadísticas del artículo, Etiquetas del artículo, Gráfica de compras por artículo, Comprobación IVA, Importar artículos, Campos adicionales, Insertar línea, Ver documento destino de la línea, Cancelar propuesta, Marcar traspaso, Duplicar propuesta, Compras y Propuestas.

### Práctica: Nuevas Propuestas

Se ha solicitado una propuesta de compra a la empresa La Carpintería del PVC el día 04/01/2021, cuyo detalle es el siguiente:

| Artículo | Definición | Unidades | Precio |
|----------|-----------|----------|--------|
| Art00001 | Ventana doble oscilobatiente 150 | 100,00 | 400,00 € |
| Art00003 | Ventana doble oscilobatiente 200 | 125,00 | 550,00 € |

El día 06/01/2021 se ha solicitado una nueva propuesta a la empresa. La Carpintería del PVC, cuyo detalle es el siguiente:

| Artículo | Definición | Unidades | Precio |
|----------|-----------|----------|--------|
| Art00004 | Ventana doble oscilobatiente 250 | 65,00 | 800,00 € |

El día 19/01/2021 se traspasa la propuesta N.º1 a pedido y se marca como traspasado y el día 21/01/2021 se traspasa a pedido la propuesta N.º2, se marcará como traspasado.

**Se pide:** Introducir estos datos en la ficha de Propuesta de Compra de la empresa DISMESA.

Solución:

Para acceder a la **Propuesta** se irá a:

Compras > Documentos > Propuesta.

Si la **Propuesta** que se tiene que dar de alta no aparece en la **lista previa**, entonces se procederá a darla de **Alta**. Al dar de alta o crear una nueva Propuesta desde la opción Nuevo, se abre una ventana para introducir los datos de la Nueva Propuesta y se seguirán los siguientes pasos:

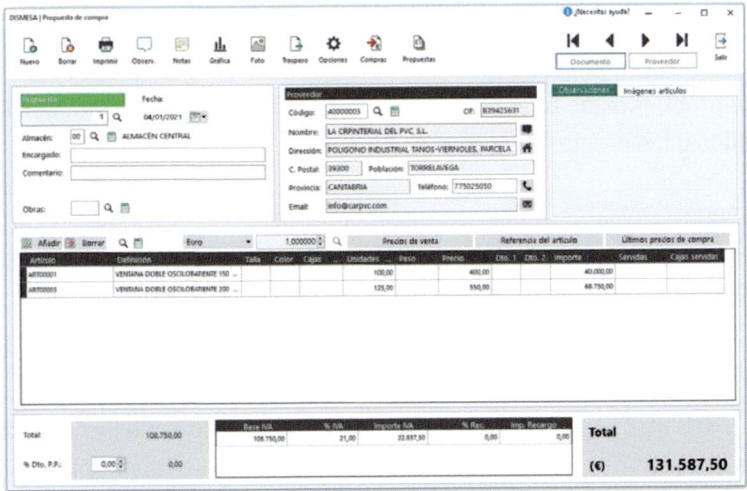

Figura 1.48.

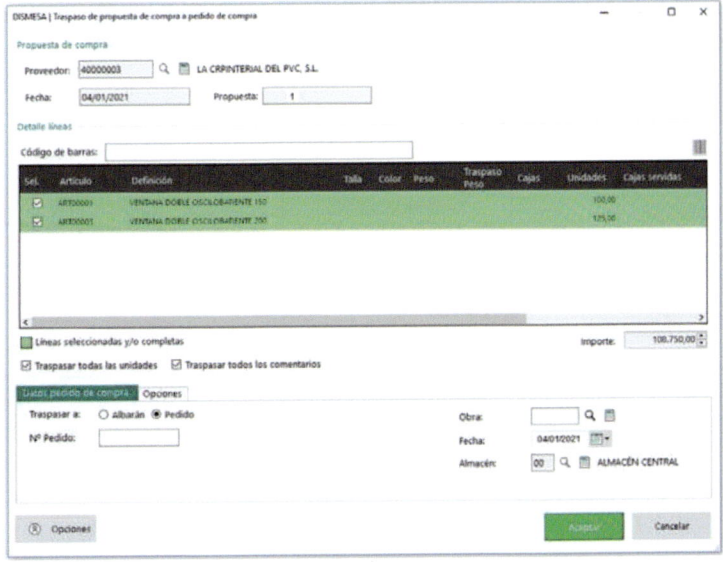

Figura 1.49.

- **Propuesta:** se tiene que introducir el número de propuesta. Como no se tiene ninguna indicación, se dejará en blanco para que la aplicación asigne un nuevo número.

- **Proveedor:** se introduce el código del nuevo proveedor que en este caso es el 40000003 (se puede introducir de forma abreviada como: 4.3), automáticamente se rellenarán los campos con los datos del proveedor seleccionado.

- **Fecha**: se introduce la fecha de la compra 04/01/2021.

- **Artículos**: se va al botón de Añadir y se abrirá una nueva línea de desglose de la propuesta, se buscan con la lupa los artículos y se introducen las cantidades y los precios.

| Art00001 | Ventana doble oscilobatiente 150 | 100,00 | 400,00 € |
|----------|----------------------------------|--------|----------|
| Art00003 | Ventana doble oscilobatiente 200 | 125,00 | 550,00 € |

Por último, se comprobará que las operaciones están bien realizadas y coinciden con el documento de la compra y se acepta.

El día 19/01/2021 es aceptada la Propuesta y se traspasa a Pedido; para ello, se irá a buscar en la lista previa la Propuesta N.º1 y se hace doble clic sobre ella o se editará para poder modificarla y desde el botón de Traspaso se traspasará la Propuesta a Pedido; para ello se seleccionará traspasar todas las unidades, se seleccionará Pedido, se introducirá la fecha del pedido que será el 19/01/2021 y se acepta; al volver al Pedido, se puede comprobar que tiene el sello de Traspasado.

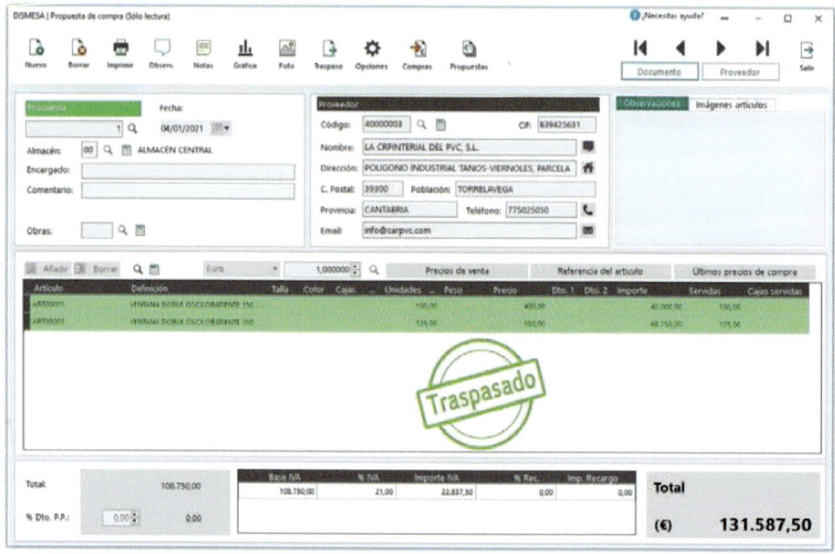

Figura 1.50.

EL PEDIDO

Para acceder a la opción de **Pedidos,** se irá a:

**Compras > Documentos > Pedidos.**

### Lista previa de Pedidos

Al entrar en la ventana de **Pedidos,** se accede a una **lista previa** con los **Pedidos** que ya han sido realizados previamente; en esta ventana se puede: **Crear** (Nuevo) uno nuevo, **Editar** un Pedido existente (se abrirá la ventana de Mantenimiento de Pedidos), **Traspasar** (permite traspasar automáticamente los datos del pedido a un albarán), **Eliminar, Imprimir, Imprimir-Lista, Exportar-Lista,** realizar **Gráficos, Refrescar, Opciones** y **Salir** de la ventana.

### Mantenimiento de Pedidos

Si se selecciona un **Pedido** y se hace doble clic sobre él, se abre una ficha de **Mantenimiento de Pedidos;** en esta ventana se puede **Crear** (Nuevo) un pedido, **Borrar** (el pedido actual, el que aparece en la ventana), **Imprimir, Observaciones** (permite introducir observaciones que se pueden ver o no en el pedido), **Notas** (permite introducir notas en el pie del pedido), **Gráficas, Fotografía** (del artículo que está seleccionado en el pedido), **Traspaso** (permite traspasar automáticamente los datos del pedido a un albarán), **Opciones, Compras** (se pueden ver las compras realizadas al proveedor del pedido que se está realizando), **Pedidos** (se pueden ver los pedidos realizados al proveedor del pedido que se está realizando), acceso a los **Botones de Navegación** entre los pedidos (se puede realizar la navegación por los pedidos ordenándolos por documento o por proveedor) y **Salir** de la ventana.

### Alta de Pedidos

Si el pedido que se está buscando no aparece en la lista previa, entonces se procederá a darlo de **Alta.** Al dar de alta o crear un nuevo Pedido, lo que se debe hacer es complementar los bloques de **Pedido, Proveedor** y **Artículos;** estos apartados son exactamente iguales que los de las **Propuestas de Compras.**

**Como resumen** se puede decir que para introducir un nuevo pedido se tendrán que meter el número, la fecha y el proveedor del pedido, a continuación, se pasa a introducir el detalle del pedido donde se seleccionarán el/los artículos y el número de unidades que forman el pedido. En la parte inferior se podrán ver los resultados, introducir manualmente el porcentaje del descuento por pronto pago y la valoración del pedido (base imponible, importe del IVA, importe del recargo de equivalencia y el total del pedido).

En la parte superior de la ventana de **Pedido de Compra** hay una cinta de opciones que es igual a la de Propuesta de Compras, excepto Traspaso y las Opciones que se detallarán a continuación:

- **Traspaso:** esta opción es una de las más importantes de este apartado, ya que facilitará mucho el trabajo; permite seleccionar los datos del pedido que se pueden traspasar automáticamente al documento **Albarán**. Se abre una ventana que tiene tres bloques de opciones que son:

→ **Pedido de compra**: figuran el proveedor, la fecha y el número del pedido que ya estaban introducidos. Estos datos no se pueden modificar (aunque figuren en los iconos de lista previa y mantenimiento de proveedores, estos datos no se pueden modificar). Estos datos sombreados en gris son parte fundamental del documento y no pueden ser modificados.

→ **Detalles líneas**: aquí aparecerán las líneas del detalle, los artículos, las unidades y las notas. Se pueden seleccionar los artículos que se quieren traspasar de los que figuran en el detalle marcando:

— **Línea a línea la casilla de verificación** "Sel", de los artículos que se desean traspasar (la línea quedará marcada en color verde). En la parte inferior, la primera casilla de verificación "líneas seleccionadas y/o completas" indica que las casillas que se han marcado anteriormente (las que están en color verde) serán las que se traspasarán.

— **Traspasar todas las unidades**: la casilla de verificación " traspasar todas las unidades" traspasará todas las líneas que contengan artículos y unidades, no traspasará las líneas de Notas.

— **Traspasar todos los comentarios**: la casilla de verificación "traspasar todos los comentarios" seleccionará para ser traspasadas todas las líneas que contengan Notas, no marcará las líneas que contengan artículos y unidades.

— **Datos de Compra**: en esta opción se van a introducir los siguientes datos que hacen referencia al nuevo **Albarán**:

✓ Habrá que introducir fecha del albarán, el almacén donde se va a recibir la mercancía, la forma de pago y el número de albarán (funciones igual que el número de pedido del párrafo anterior).

→ **Opciones**: habrá que introducir la siguiente información:

— Albarán, habrá dos opciones: Presentar Albarán de Compra y Convertir Compra; se seleccionarán estas opciones mediante casillas de verificación.

• **Opciones**: dentro de opciones se puede realizar una serie de operaciones con el pedido de compra, como pueden ser **Estadísticas del proveedor** y **Estadísticas del artículo, Pedidos pendientes de recibir, Etiquetas del artículo,**

Gráfica de compras por artículo, Comprobación IVA, Importar artículos, Campos adicionales, Insertar línea, Ver documento origen de la línea, Ver documento destino de la línea, Cancelar pedido, Marcar / Desmarcar traspaso, Duplicar pedido.

## Práctica: Nuevo Pedido

El Pedido realizado de La Carpintería del PVC N.º1, el día 19/01/2021, se traspasa a Albarán y se recibirá la mercancía (Albarán) del día 26/01/2021. Deberá quedar marcado como Traspasado.

Del Pedido realizado de La Carpintería del PVC N.º2, el día 21/01/2021, se le añade una nueva línea de detalle con el siguiente desglose:

| Artículo | Definición | Unidades | Precio |
|----------|------------|----------|--------|
| Art00002 | Ventana doble oscilobatiente 180 | 25,00 | 500,00 € |

Se traspasa a Albarán y se recibirá la mercancía (Albarán) del día 26/01/2021. Deberá quedar marcado como Traspasado.

Se ha realizado un nuevo Pedido de Compra a la empresa La Carpintería del PVC el día 23/01/2021, cuyo detalle es el siguiente:

| Artículo | Definición | Unidades | Precio |
|----------|------------|----------|--------|
| Art00004 | Ventana doble oscilobatiente 250 | 85,00 | 800,00 € |

El día 23/01/2021 se traspasa el pedido N.º3 a Albarán y el día 01/02/2021 se recibirá la entrega. Deberá quedar marcado como Traspasado.

**Se pide:** Introducir estos datos en la ficha de Pedido de Compra de la empresa DISMESA.

## Solución:

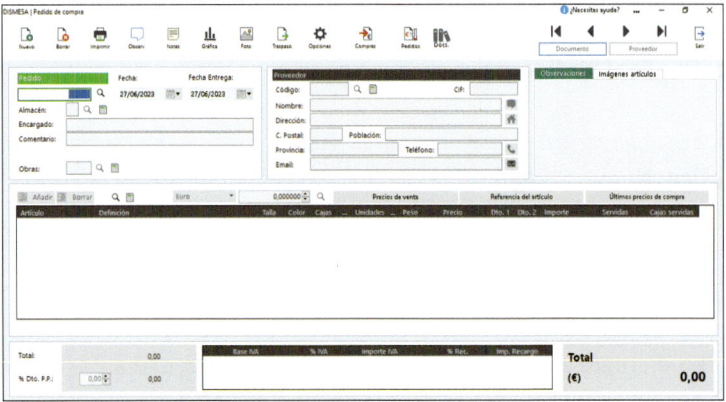

Figura 1.51.

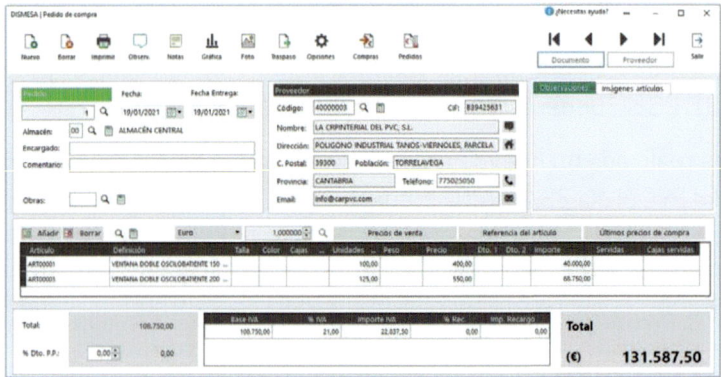

Figura 1.52.

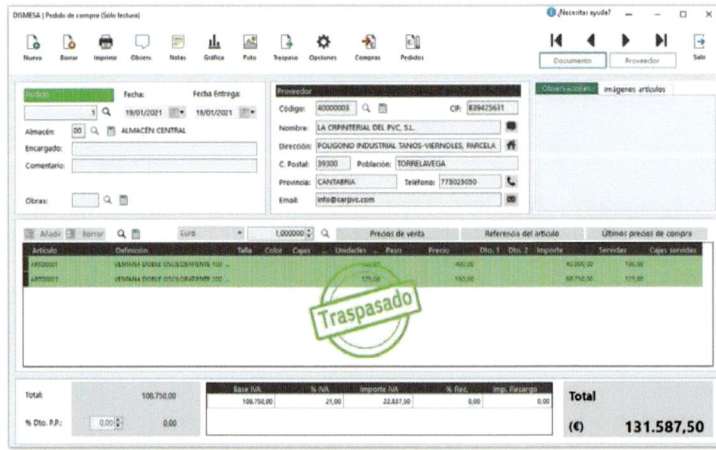

Figura 1.53.

Primero se irá a la ventana de **Pedidos** y en la **lista previa** se hace doble clic sobre el **Pedido N.º1** (había sido traspasado de la Propuesta N.º1) y se abre la ventana de **Pedidos de Compra** o se **Edita**; se va a la opción de **Traspaso**, se acepta traspasar todas las unidades, se acepta Albarán y la fecha de 26/01/2021 y automáticamente se traspasa a Albarán y el Pedido quedará marcado con Traspasado.

A continuación, se traspasará el segundo pedido; para ello, se irá a **Pedidos** y en la **lista previa** se hace doble clic sobre el **Pedido N.º2** (había sido traspasado de la Propuesta N.º2) y se abre la ventana de **Pedidos de Compra** o se **Edita** y se le añade el nuevo artículo, las unidades y el precio; a continuación, se irá a la opción de **Traspaso** y se acepta traspasar todas las unidades, se acepta Albarán y la fecha de 26/01/2021 y automáticamente se traspasa a Albarán y el Pedido quedará marcado con Traspasado.

## EL ALBARÁN

Para acceder a la opción de **Albaranes**, se irá a:

**Compras > Documentos > Albaranes.**

### Lista previa de Albaranes

Al entrar en la ventana de **Albaranes** se accede a una **lista previa** con los **Albaranes** que ya han sido realizados previamente, en esta ventana se puede **Crear** (Nuevo) uno nuevo, **Editar** un Albarán existente (se abrirá la ventana de Mantenimiento de Albaranes), **Facturar** (permite traspasar automáticamente los datos del albarán a una factura), **Eliminar**, **Imprimir**, **Imprimir-Lista**, **Exportar-Lista**, realizar **Gráficos**, **Refrescar**, **Opciones** y **Salir** de la ventana.

### Mantenimiento de Albaranes

Si se selecciona un **Albarán** y se hace doble clic sobre él, se abre una ficha de **Mantenimiento de Albaranes**, en esta ventana se puede **Crear** (Nuevo) un albarán, **Borrar** (el albarán actual, el que aparece en la ventana), **Imprimir**, **Observaciones** (permite introducir observaciones que se pueden ver o no en el albarán), **Notas** (permite introducir notas en el pie del albarán), **Gráficas**, **Fotografía** (del artículo que está seleccionado en el albarán), **Opciones**, **Facturar** (permite traspasar automáticamente los datos del albarán a una factura), **Compras** (se pueden ver las compras realizadas al proveedor del albarán que se está realizando), **Documentos** (se pueden ver los documentos facturados por proveedor), **Propiedad**, acceder a los **Botones de Navegación** entre los albaranes (se puede realizar la navegación por los albaranes ordenándolos por documento o por proveedor) y **Salir** de la ventana.

## Alta de Albaranes

Si el albarán que se está buscado no aparece en la lista previa, entonces se procederá a darlo de **Alta**. Al dar de alta o crear una nuevo Albarán, lo que se debe hacer es complementar los tres bloques que son exactamente iguales a los que se han expuesto anteriormente en las Propuestas de Compras.

**Como resumen** se puede decir que, para introducir un nuevo albarán, se tendrán que meter el número, la fecha y el proveedor del albarán; a continuación, se pasa a introducir el detalle del albarán donde se seleccionarán el/los artículos y el número de unidades que forman el albarán. En la parte inferior se podrán ver los resultados, introducir manualmente el porcentaje del descuento por pronto pago y la valoración del albarán (base imponible, importe del IVA, importe del recargo de equivalencia y el total del albarán).

En la parte superior de la ventana de **Albarán** de **Compra,** hay una cinta de opciones que contiene las siguientes opciones que son muy parecidas a las expuestas anteriormente. Solo se hará hincapié en las opciones de Opciones y Facturas:

- **Opciones**: dentro de opciones permite realizar una serie de operaciones con el albarán de compra, como pueden ser **Estadísticas del proveedor** y **Estadísticas del artículo, Etiquetas del artículo, Etiquetas de lotes, Gráfica de compras por artículo, Comprobación IVA, Importar artículos, Convertir en venta, Gastos adicionales, Giros del albarán, Campos adicionales, Insertar línea, Ver documento origen de la línea, Ver documento destino de la línea, Ver factura, No facturar albarán.**

- **Compras**: una vez que en el Albarán está seleccionado un proveedor, al hacer clic en esta opción, se abre una ventana donde se muestran los datos de las compras de este proveedor y se pueden buscar, editar o añadir nuevos proveedores para la búsqueda, se pueden seleccionar la divisa y las fechas entre las que se realizará la búsqueda. Los datos que se muestran en la pantalla se pueden imprimir en una impresora o exportar a un archivo.

- **Documentos**: una vez que en el Albarán está seleccionado el proveedor, se pueden seleccionar los documentos que se van a consultar: Histórico de Albaranes, Traspaso Automático desde Propuestas, Traspaso Automático desde Pedido. Se abrirá una ventana con el documento seleccionado y se realizará la búsqueda con selección del proveedor. Se pueden buscar, editar o añadir nuevos proveedores para la búsqueda, se pueden seleccionar la divisa y el tipo de Facturados (Pendientes, Facturados o Todos), Propuesta (Canceladas o Traspasadas) y los pedidos (Cancelados o Traspasados). Los datos que se muestran en la pantalla se pueden imprimir en una impresora o exportar a un archivo.

- **Botones de desplazamiento**: botones que permite desplazarse entre los pedidos. Se puede ir al primero, al anterior, al siguiente y al último. Debajo de los botones de desplazamiento hay dos pestañas que permiten seleccionar sobre qué campo actuarán los botones de desplazamiento anteriores. Si se selecciona Documento y se pulsa en los botones de desplazamiento, se ordenará por documentos y si se selecciona proveedor el orden será teniendo en cuenta a los proveedores.

- **Salir**: permite salir de la ventana de Propuesta de compras.

## Práctica: Nuevo Albarán

Se realiza una nueva compra y se introduce en la aplicación desde el documento Albarán. La compra se realiza a la empresa Carpintería del PVC, con el siguiente detalle:

| Artículo | Definición | Unidades | Precio |
|----------|------------|----------|--------|
| Art00002 | Ventana doble oscilobatiente 180 | 100,00 | 500,00 € |
| Art00004 | Ventana doble oscilobatiente 250 | 100,00 | 800,00 € |
| Art00003 | Ventana doble oscilobatiente 200 | 100,00 | 550,00 € |
| Art00001 | Ventana doble oscilobatiente 150 | 100,00 | 400,00 € |

La mercancía se recibirá (Albarán) el día 06/02/2021 y se pasará a factura ese mismo día.

Se realiza una nueva compra y se introduce en la aplicación desde el documento Albarán. La compra se realiza a la empresa Carpintería del PVC, el día 16/02/2021, con el siguiente detalle:

| Artículo | Definición | Unidades | Precio |
|----------|------------|----------|--------|
| Art00002 | Ventana doble oscilobatiente 180 | 35,00 | 500,00 € |
| Art00004 | Ventana doble oscilobatiente 250 | 63,00 | 800,00 € |

La mercancía se recibirá (Albarán) el día 16/02/2021 y se traspasará a factura como factura N.º3 y con la fecha de 25/02/2021. Deberá quedar marcado como Facturado.

**Se pide**: Introducir estos datos en la ficha de Albarán de Compra de la empresa DISMESA.

**Solución:**

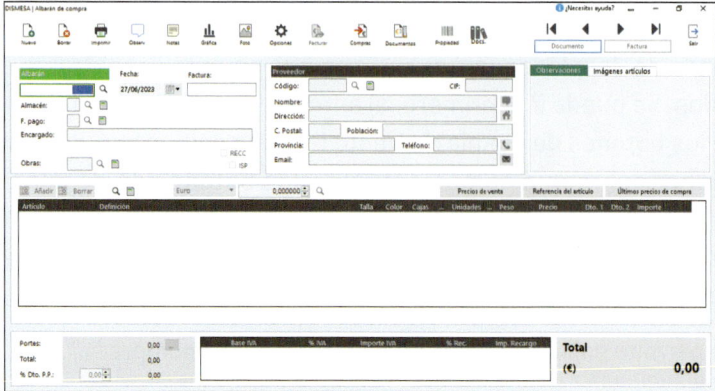

Figura 1.54.

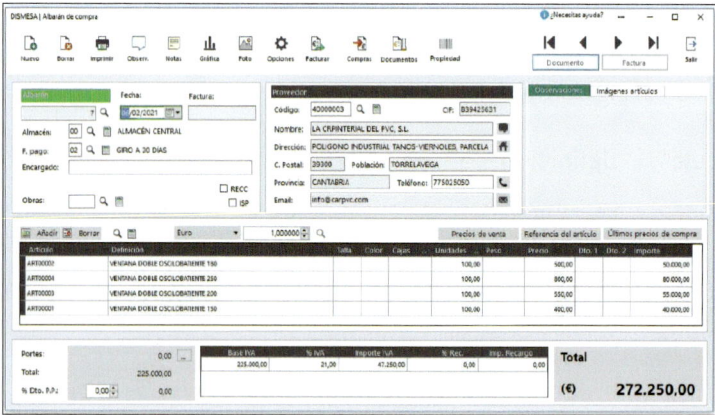

Figura 1.55.

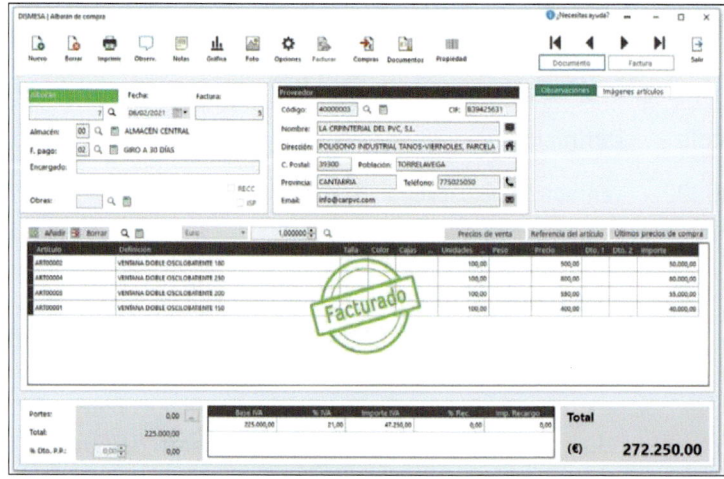

Figura 1.56.

Para acceder al **Albarán** se irá a:

**Compras > Documentos > Albarán.**

Si el **Albarán** que se tiene que dar de alta no aparece en la **lista previa** entonces se procederá a darlo de **Alta**. Al dar de alta o crear un nuevo Albarán, desde la opción Nuevo se abrirá una ventana para introducir los datos del Nuevo Albarán y se seguirán los siguientes pasos:

- **Albarán**: se tiene que introducir el número de Albarán; como no se tiene ninguna indicación, se dejará en blanco para que la aplicación asigne un nuevo número.

- **Proveedor**: se introduce el código del nuevo proveedor, que en este caso es el 40000003 (se puede introducir de forma abreviada como: 4.3), automáticamente se rellenarán los campos con los datos del proveedor seleccionado.

- **Fecha**: se introduce la fecha de la compra 06/02/2021.

- **Artículos**: se va al botón de Añadir y se abrirá una nueva línea de desglose de la propuesta, se buscan con la lupa los artículos y se introducen las cantidades y los precios.

| Art00002 | Ventana doble oscilobatiente 180 | 100,00 | 500,00 € |
| Art00004 | Ventana doble oscilobatiente 250 | 100,00 | 800,00 € |
| Art00003 | Ventana doble oscilobatiente 200 | 100,00 | 550,00 € |
| Art00001 | Ventana doble oscilobatiente 150 | 100,00 | 400,00 € |

Por último, se comprobará que las operaciones están bien realizadas y coinciden con el documento de la compra y se acepta.

El mismo día (06/02/2021) se recibe la mercancía, se comprueba que todo es correcto y se facturará (se traspasa a Factura). Para ello, se irá a buscar en la **lista previa** el Abarán y se hace doble clic sobre él o se edita para poder modificarlo. Desde el botón de facturar se traspasará el Albarán a Factura (se facturará), para ello se introducirá el número de factura correspondiente, se seleccionará contabilizar facturas (si se desea contabilizar automáticamente dicha Factura), se pone la fecha de la Factura 06/02/2021 y se acepta; al volver al Albarán se puede comprobar que tiene el sello de Facturado.

## LA FACTURA

Para acceder a la opción de **Facturas**, se irá a:

**Compras > Documentos > Facturas.**

## Lista previa de Facturas

Al entrar en la ventana de **Facturas** se accede a una **lista previa** con las **Facturas** que ya han sido realizadas previamente, en esta ventana se puede **Crear** (Nuevo) una nueva, **Editar** una factura existente (se abrirá la ventana de Mantenimiento de Facturas), **Facturar** (permite traspasar automáticamente los datos de una factura a otra factura), **Eliminar, Imprimir, Imprimir-Lista, Exportar-Lista**, realizar **Gráficos, Refrescar, Opciones** y **Salir** de la ventana.

## Mantenimiento de Facturas

Si se selecciona **Facturas** y se hace doble clic sobre él, se abre una ficha de **Mantenimiento de Facturas;** en esta ventana se puede **Crear** (Nuevo) una factura, **Borrar** (la factura actual, la que aparece en la ventana), **Imprimir, Observaciones** (permite introducir observaciones que se pueden ver o no en la factura), **Notas** (permite introducir notas en el pie de la factura), **Gráficas, Fotografía** (del artículo que está seleccionado en la factura), **Opciones, Facturar** (permite traspasar automáticamente los datos de la factura a una Factura), **Compras** (se pueden ver las compras realizadas al proveedor de la factura que se está realizando), **Documentos** (se pueden ver las documentos facturados por proveedor), **Propiedad**, acceso a los **Botones de Navegación** entre las facturas (se puede realizar la navegación por las facturas ordenándolas por documento o por proveedor) y **Salir** de la ventana.

## Alta de Facturas

Si la Factura que se está buscando no aparece en la lista previa, entonces se procederá a darla de **Alta**. Al dar de alta o crear una nueva Factura se seguirán los mismos pasos que los dados anteriormente con los Albaranes (Propuesta y Pedido).

**Como resumen** se puede decir que para introducir una nueva factura se tendrán que meter el número, la fecha y el proveedor de la factura. A continuación, se pasa a introducir el detalle de la factura donde se seleccionarán el/los artículos y el número de unidades que forman la factura. En la parte inferior se podrán ver los resultados, introducir manualmente el porcentaje del descuento por pronto pago y la valoración de la factura (base imponible, importe del IVA, importe del recargo de equivalencia y el total de la factura).

En la parte superior de la ventana de **Factura** de **Compra** hay una cinta de opciones que contiene las siguientes opciones, que son muy parecidas a las expuestas anteriormente. Solo se hará hincapié en las opciones de **Opciones, Facturas, Previsiones, Asientos** y **Compras**:

- **Opciones**: dentro de opciones se puede realizar una serie de operaciones con la factura de compra, como pueden ser: **Estadísticas del proveedor** y

Estadísticas del artículo, Etiquetas del artículo, Comprobación IVA, Gastos adicionales, Factura electrónica, Datos adicionales de facturas/SII, Datos factura rectificativa, Insertar línea, Ver albarán de la línea, Transitario – DUA, Vencimientos.

- **Compras, Previsiones y Facturas**: una vez que en la factura está seleccionado un proveedor, al hacer clic en esta opción, se abre una ventana donde se muestran los datos de las **Compras, Previsiones de Pago y Facturas** de este proveedor. Se pueden buscar, editar o añadir nuevos proveedores para la búsqueda y se pueden seleccionar la divisa y las fechas entre las que se realizará la búsqueda. Los datos que se muestran en la pantalla se pueden imprimir en una impresora o exportar a un archivo.

- **Salir**: permite salir de la ventana de Propuesta de compras.

---

### Práctica: Nueva Factura

Se realizará la facturación del mes de enero, agrupando los albaranes del proveedor Carpintería del PVC, con fecha de 31/01/2021 y con número de factura N.º 1.

Se realizará la facturación del mes de febrero, agrupando los albaranes del proveedor Carpintería del PVC, con fecha de 28/02/2021 y con número de factura N.º 4.

Se realiza una nueva compra al proveedor Cristalería del Norte, S. A. de la que se recibirá directamente la factura, cuyos datos son:

| Artículo | Definición | Unidades | Precio |
|----------|------------|----------|--------|
| Art00005 | Pack Cristal Ventana 200 | 5,00 | 125,00 € |

| Articulo00005 | **Nombre**: Pack Cristal Ventana 200 |
|---|---|
| | **Marca**: (04) Cistalux |
| | **Familia**: Vidrios (60000001 |
| | **Compras**: 70000001 Ventas). |
| | **Características**: Cristales con rotura del puente térmico. |

**Se pide:** Introducir estos datos en la ficha de Factura de Compra de la empresa DISMESA.

**Solución:**

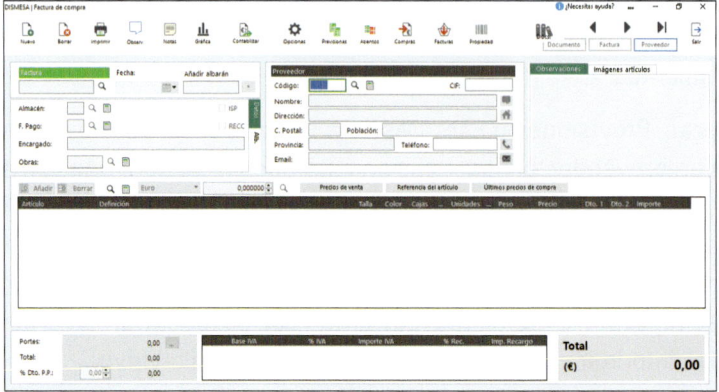

Figura 1.57.

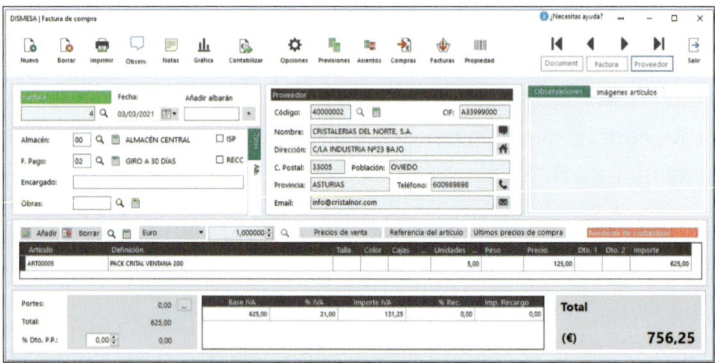

Figura 1.58.

Para los dos primeros supuestos, se irá a dar de alta una nueva Factura, se seleccionará el Proveedor y en la casilla Albaranes se hará clic en el más + para que se abra una ventana con los Albaranes pendientes de contabilizar, se seleccionarán marcando la casilla de verificación y se aceptará y automáticamente aparecerá en el desglose de la factura el número y la fecha del Albarán y el detalle.

Para el tercer apartado, se irá a dar de Alta una nueva Factura, se selecciona el Proveedor (40000002 o abreviadamente 4.2), se introduce la Fecha 03/03/2021 y el número de factura el N.º4 y en el detalle se buscará el artículo Articulo00005. Como no aparece, se procederá a darlo de alta 📄 y por último se introducen las unidades y el precio:

| Art00005 | Pack Cristal Ventana 200 | 5,00 | 125,00 € |

Una vez que se han introducido y comprobado, se aceptará y la factura quedará guardada.

### 1.6.7.2. Distribución

La **Distribución** es el conjunto de actividades que se realizan desde que el producto ha sido elaborado por el fabricante hasta que se pone a disposición del consumidor.

La **Distribución** en la aplicación Sage 50 se realiza desde la opción de **Ventas**; para ello, se irá a:

**Ventas > Documentos.**

Los pasos que se deberán seguir y las ventanas con las que se trabajará son idénticas a las que se han visto en **Logística** o Compras, solamente cambiarán las **Opciones** de la ventana de **Alta** de Documentos. Cada ventana tiene sus opciones específicas.

La forma de trabajar es la siguiente:

1. Primero, se realiza el **Presupuesto** para el **Cliente**. No es obligatorio.

2. Posteriormente, se realiza el **Pedido** de Clientes; también se pide obtener el **Pedido** a partir del **Presupuesto**. No es obligatorio.

3. Se genera el **Albarán**; se puede obtener de los dos documentos anteriores. No es obligatorio, pero sí que es muy aconsejable confeccionarlo.

4. Se genera la **Factura** de Clientes; se puede obtener desde los apartados anteriores. Este documento sí es **obligatorio**.

5. **Factura rectificativa** o abono de una factura ya emitida.

### EL PRESUPUESTO

Un presupuesto para un cliente es una propuesta del total al que ascenderá la compra que nos ha solicitado previamente.

Para acceder a la opción de **Presupuesto** a clientes se irá a:

**Ventas > Documentos > Presupuesto.**

Lista previa de Presupuestos

Al entrar en la ventana de **Presupuestos,** se accede a una **lista previa** con los **Presupuestos** que ya han sido realizados previamente; en esta ventana se puede **Crear** (Nuevo) uno nuevo, **Editar** un Presupuesto existente (se abrirá la ventana de Mantenimiento de Presupuestos), **Traspasar** (permite traspasar automáticamente lo datos del presupuesto a un pedido o albarán), **Eliminar**, **Imprimir**, **Imprimir Lista**, **Exportar Lista**, realizar **Gráficos**, **Refrescar**, **Opciones** y **Salir** de la ventana.

Mantenimiento de Presupuestos

Si se selecciona un **Presupuesto** y se hace doble clic sobre él, se abre una ficha de **Mantenimiento de Presupuestos**; en esta ventana se pueden **Crear** (Nuevo) un presupuesto, **Eliminarlo** (el presupuesto actual, el que aparece en la ventana), **Imprimir**, **Observaciones** (permite introducir observaciones que se pueden ver o no en la propuesta), **Notas** (permite introducir notas en el pie de la propuesta), **Gráficas**, **Fotografía** (del artículo que está seleccionado en la propuesta), **Traspaso** (permite traspasar automáticamente los datos de la propuesta a un pedido o albarán), **Opciones**, **Ventas** (se pueden ver las ventas realizadas al cliente del presupuesto que se está realizando), **Presupuestos** (se pueden ver los presupuestos realizados al cliente del presupuesto que se está realizando), acceder a los **Botones de Navegación** entre los Presupuestos (se puede realizar la navegación por los Presupuestos ordenándolos por documento o por Cliente) y **Salir** de la ventana.

Alta

Para dar de **Alta un Presupuesto** de clientes se seguirán los siguientes pasos:

- Se introducirán: el N.º de presupuesto, Fecha, Fecha de entrega, Cliente, Vendedor, Forma de Pago, Comentario, Obras y Tarifas.

  Si cuando se dan de Alta los Clientes, se introducen los datos de Vendedor, Forma de Pago, Comentario, Obras y Tarifa, al seleccionar el Código del Cliente estos campos se rellenarán automáticamente y podrán ser cambiados o modificados en caso de que fuese necesario.

- **Líneas de Presupuesto a Clientes / Total**: en esta ventana se van a introducir las diferentes líneas del presupuesto y, según se introducen, se irá actualizando el total. Los datos que hay que introducir en cada Línea son: Artículo, Definición, Talla, Color, Cajas, Unidades, Peso, Precio, Dto.1, Dto.2, Importe, Servidas, Cajas servidas.

  Se irán añadiendo tantas líneas como sean necesarias para recoger todos los artículos vendidos.

Una vez que se ha comprobado que los datos introducidos son correctos, se procederá a Salir o dar de Alta un Presupuesto Nuevo.

En la barra de botones de Presupuestos a Clientes hay una opción que es **Traspaso,** que sirve para generar un Albarán o un Pedido directamente desde el Presupuesto. Se tiene el Detalle de Líneas del Presupuesto para seleccionar las líneas del Presupuesto que se traspasará. Su funcionamiento es idéntico al de Propuesta de Compras, visto en el apartado anterior.

EL PEDIDO

Para acceder a la opción de **Pedidos,** se irá a:

**Ventas > Documentos > Pedidos.**

Lista previa de Pedidos

Al entrar en la ventana de **Pedidos** se accede a una **lista previa** con los **Pedidos** que ya han sido realizados previamente; en esta ventana se puede **Crear** (Nuevo) uno nuevo, **Editar** un Pedido existente (se abrirá la ventana de Mantenimiento de Pedidos), **Traspasar** (permite traspasar automáticamente los datos del pedido a un albarán), **Eliminar, Imprimir, Imprimir-Lista, Exportar-Lista,** realizar **Gráficos, Refrescar, Opciones** y **Salir** de la ventana.

Mantenimiento de Pedidos

Si se selecciona un **Pedido** y se hace doble clic sobre él, se abre una ficha de **Mantenimiento de Pedidos;** en esta ventana se puede **Crear** (Nuevo) un pedido, **Borrar** (el pedido actual, el que aparece en la ventana), **Imprimir, Observaciones** (permite introducir observaciones que se pueden ver o no en el pedido), **Notas** (permite introducir notas en el pie del pedido), **Gráficas, Fotografía** (del artículo que está seleccionado en el pedido), **Traspaso** (permite traspasar automáticamente los datos del pedido a un albarán), **Opciones, Compras** (se pueden ver las compras realizadas al proveedor del pedido que se está realizando), **Pedidos** (se pueden ver los pedidos realizados al proveedor del pedido que se está realizando), acceder a los **Botones de Navegación** entre los pedidos (se puede realizar la navegación por los pedidos ordenándolos por documento o por proveedor) y **Salir** de la ventana.

Alta de Pedidos

Para dar de **Alta un Pedido** de clientes se seguirán los siguientes pasos:

- Se introducirán: el **N.º de Pedido, Fecha, Fecha Entrega, Cliente, Almacén, Vendedor, Forma de pago, Obras** y **Tarifa.**

  Si cuando se dan de Alta los Clientes se introducen los datos de Almacén, Vendedor, Forma de Pago, Comentario, Obras y Tarifa, al seleccionar el Código del Cliente, estos campos se rellenarán automáticamente y podrán ser cambiados o modificados en caso de que fuese necesario.

- **Líneas de Pedido a Clientes / Total**: en esta ventana se van a introducir las diferentes líneas del pedido y, según se introducen, se irá actualizando el total. Los datos que hay que introducir en cada Línea son: Artículo, Definición, Talla, Color, Cajas, Unidades, Peso, Precio, Dto.1, Dto.2, Importe, Servidas, Cajas servidas.

  Se irán añadiendo tantas líneas como sean necesarias para recoger todos los artículos vendidos.

Una vez que se ha comprobado que los datos introducidos son correctos, se procederá a Salir o a dar de Alta un Pedido Nuevo.

En la barra de botones de Pedidos a Clientes hay una opción que es **Traspaso**, que sirve para generar un Albarán directamente desde el Pedido. Se tiene el Detalle de Líneas del Pedido para seleccionar las líneas del Pedido que se traspasará. Su funcionamiento es idéntico al del Pedido de Compras, visto en el apartado a anterior.

## EL ALBARÁN

Para acceder a la opción de **Albaranes**, se irá a:

**Ventas > Documentos > Albaranes.**

### Lista previa de Albaranes

Al entrar en la ventana de **Albaranes** se accede a una **lista previa** con los **Albaranes** que ya han sido realizados previamente; en esta ventana se puede **Crear** (Nuevo) uno nuevo, **Editar** un Albarán existente (se abrirá la ventana de Mantenimiento de Albaranes), **Facturar** (permite traspasar automáticamente los datos del albarán a una factura), **Eliminar, Imprimir, Imprimir-Lista, Exportar-Lista**, realizar **Gráficos, Refrescar, Opciones** y **Salir** de la ventana.

### Mantenimiento de Albaranes

Si se selecciona un **Albarán** y se hace doble clic sobre él, se abre una ficha de **Mantenimiento de Albaranes**; en esta ventana se puede **Crear** (Nuevo) un albarán, **Borrar** (el albarán actual, el que aparece en la ventana), **Imprimir, Observaciones** (permite introducir observaciones que se pueden ver o no en el albarán), **Notas** (permite introducir notas en el pie del albarán), **Gráficas, Fotografía** (del artículo que está seleccionado en el albarán), **Opciones, facturar** (permite traspasar automáticamente los datos del albarán a una factura), **Compras** (se pueden ver las compras realizadas al proveedor del albarán que se está realizando), **Documentos** (se pueden ver los documentos facturados por proveedor), **Propiedad**, acceso a los **Botones de Navegación** entre los albaranes (se puede realizar la navegación por los albaranes ordenándolos por documento o por proveedor) y **Salir** de la ventana.

### Alta de Albaranes

Para dar de **Alta un Albarán** de clientes se seguirán los siguientes pasos:

- Se introducirán: el N.º de Albarán, Fecha, Factura, Cliente, Almacén, Vendedor, Forma de Pago, Obras y Tarifa.

  Si cuando se dan de Alta los Clientes, se introducen los datos de Almacén, Vendedor, Forma de Pago, Comentario, Obras y Tarifa, al seleccionar el Código del Cliente, estos campos se rellenarán automáticamente y podrán ser cambiados o modificados en caso de que fuese necesario.

- **Líneas de Albarán a Clientes / Total**: en esta ventana se van a introducir las diferentes líneas del albarán y, según se introducen, se irá actualizando el total. Los datos que hay que introducir en cada Línea son: Artículo, Definición, Talla, Color, Cajas, Unidades, Peso, Precio, Dto.1, Dto.2, Importe, Servidas, Cajas servidas.

  Se irán añadiendo tantas líneas como sean necesarias para recoger todos los artículos vendidos.

Una vez que se ha comprobado que los datos introducidos son correctos, se procederá a Salir o a dar de Alta un Albarán Nuevo.

En la barra de botones de Albarán a Clientes hay una opción que es **Traspaso,** que sirve para generar una Factura directamente desde el Albarán. Se tiene la opción de seleccionar los siguientes bloques de datos:

- **Datos de Facturación**: Contabilizar Factura, Factura Rectificativa, Presentar Previsiones, Contabilizar Cobro, Vencimientos por Fecha de Operación y Solicitar Número de Factura. El Detalle de Líneas del Albarán sirve para seleccionar las líneas del Albarán que se traspasará. Su funcionamiento es idéntico al de Facturar de Compras, visto en el apartado a anterior.

- **Opciones**: Idioma, Plantilla de Factura, Número de Copias, Imprimir y Ordenar líneas por…

- **Tipo de Impresión:** Imprimir cabecera, Imprimir agrupado por, Imprimir conjunto de series e Imprimir conjunto de lotes.

## LA FACTURA

Para acceder a la opción de **Facturas,** se irá a:

**Ventas > Documentos > Facturas.**

### Lista previa de Facturas

Al entrar en la ventana de **Facturas,** se accede a una **lista previa** con las **Facturas** que ya han sido realizadas previamente; en esta ventana se puede: **Crear** (Nuevo) una nueva, **Editar** una Factura existente (se abrirá la ventana de Mantenimiento de Facturas), **Facturar** (permite traspasar automáticamente los datos de la factura a otra factura), **Eliminar, Imprimir, Imprimir-Lista, Exportar-Lista,** realizar **Gráficos, Refrescar, Opciones** y **Salir** de la ventana.

### Mantenimiento de Facturas

Si se selecciona una **Factura** y se hace doble clic sobre ella, se abre una ficha de **Mantenimiento de Facturas;** en esta ventana se puede **Crear** (Nuevo) una factura, **Borrar** (la factura actual, la que aparece en la ventana), **Imprimir, Observaciones** (permite introducir observaciones que se pueden ver o no en la factura), **Notas** (permite introducir notas en el pie de la factura), **Gráficas, Fotografía** (del artículo que está seleccionado en la factura), **Opciones, Facturar** (permite traspasar automáticamente los datos de la factura a una factura), **Compras** (se pueden ver las compras realizadas al proveedor de la factura que se está realizando), **Documentos** (se pueden ver los documentos facturados por el proveedor), **Propiedad,** acceso a los **Botones de Navegación** entre las facturas (se puede realizar la navegación por las facturas ordenándolas por documento o por proveedor) y **Salir** de la ventana.

### Alta de Facturas

Para dar de **Alta una Factura** de clientes se seguirán los siguientes pasos:

- Se introducirán: el N.º de Factura (se puede seleccionar Factura Normal o Factura Rectificativa), Fecha, Factura, Cliente, Almacén, Vendedor, Forma de pago, Obras y Tarifa.

  Si cuando se dan de Alta los Clientes, se introducen los datos de Almacén, Vendedor, Forma de pago, Comentario, Obras y Tarifa, al seleccionar el Código del Cliente, estos campos se rellenarán automáticamente y podrán ser cambiados o modificados en caso de que fuese necesario.

- **Líneas de Factura a Clientes / Total:** en esta ventana se van a introducir las diferentes líneas de la factura y, según se introducen, se irá actualizando el total. Los datos que hay que introducir en cada Línea son: Artículo, Definición, Talla, Color, Cajas, Unidades, Peso, Precio, Dto.1, Dto.2, Importe, Servidas, Cajas servidas.

Se irán añadiendo tantas líneas como sean necesarias para recoger todos los artículos vendidos.

Una vez que se ha comprobado que los datos introducidos son correctos, se procederá a Salir o a dar de Alta una Factura Nueva.

Si se tienen que hacer facturas recapitulativas para recoger varios albaranes en una factura, se deberá ir a:

Ventas > Facturación > Facturación General.

En la ventana de Facturación General se abre una ventana con una serie de filtros para albaranes y unas opciones para los albaranes filtrados (aquí se introduce la fecha de la factura que se generará); a continuación, se abre una nueva ventana donde aparecen los clientes con un detalle de los albaranes pendientes de facturar, se seleccionarán y se Acepta para confeccionar la nueva factura.

## Práctica: Facturación Clientes

Se va a realizar la venta de ventanas y se le van a vender al Cliente Aplimadera. La forma de pago es a 30 días, la divisa el euro. Los Artículos que se han vendido son:

| Artículo | Definición | Unidades | Precio |
|----------|------------|----------|--------|
| Art00002 | Ventana doble oscilobatiente 180 | 100,00 | 1.000,00 € |
| Art00004 | Ventana doble oscilobatiente 250 | 100,00 | 1.600,00 € |

Se confeccionarán los siguientes documentos:

- El Presupuesto con fecha 21/01/2021 que es aceptado por el Cliente.

- El Pedido automáticamente (desde el Presupuesto) con fecha de 23/01/2021.

- El Albarán con fecha de 26/01/2021 (desde el Pedido).

- La Factura con fecha 31/01/2021 (desde el Albarán).

**Solución:**

Para acceder al **Presupuesto** se irá a:

Ventas > Documentos > Presupuesto.

Si el **Presupuesto** que se tiene que dar de alta no aparece en la **lista previa**, entonces se procederá a darlo de **Alta**. Al dar de alta o crear un nuevo Presupuesto, desde la opción Nuevo se abre una ventana para introducir los datos del Nuevo Presupuesto y se seguirán los siguientes pasos:

- **Presupuesto**: se tiene que introducir el número de presupuesto; como no se tiene ninguna indicación, se dejará en blanco para que la aplicación asigne un nuevo número.

- **Cliente**: se introduce el código del nuevo Cliente, que en este caso es el 43000005 (se puede introducir de forma abreviada como: 430.5), automáticamente se rellenarán los campos con los datos del Cliente seleccionado.

- **Fecha**: se introduce la fecha de la compra 04/01/2021.

- **Fecha de entrega**: se introduce la fecha de entrega que será el 23/01/2021.

- **Artículos**: se va al botón de Añadir y se abrirá una nueva línea de desglose de la propuesta, se buscan con la lupa los artículos y se introducen las cantidades y los precios.

| | | | |
|---|---|---|---|
| Art00002 | Ventana doble oscilobatiente 180 | 100,00 | 1.000,00 € |
| Art00004 | Ventana doble oscilobatiente 250 | 100,00 | 1.600,00 € |

Por último, se comprobará que las operaciones están bien realizadas y coinciden con el documento de la venta y se acepta.

El día 21/01/2021 es aceptado el Presupuesto y se traspasa a Pedido; para ello, se irá a buscar en la lista previa el Presupuesto N.º1 y se hace doble clic sobre él o se edita para poder modificarlo, y desde el botón de Traspaso se traspasará el Presupuesto a Pedido. Para ello, se seleccionará traspasar todas las unidades, se selecciona a Pedido, se introduce la fecha del pedido que será el 23/01/2021 y se acepta; al volver al Pedido, se puede comprobar que tiene el sello de Traspasado y Aceptado.

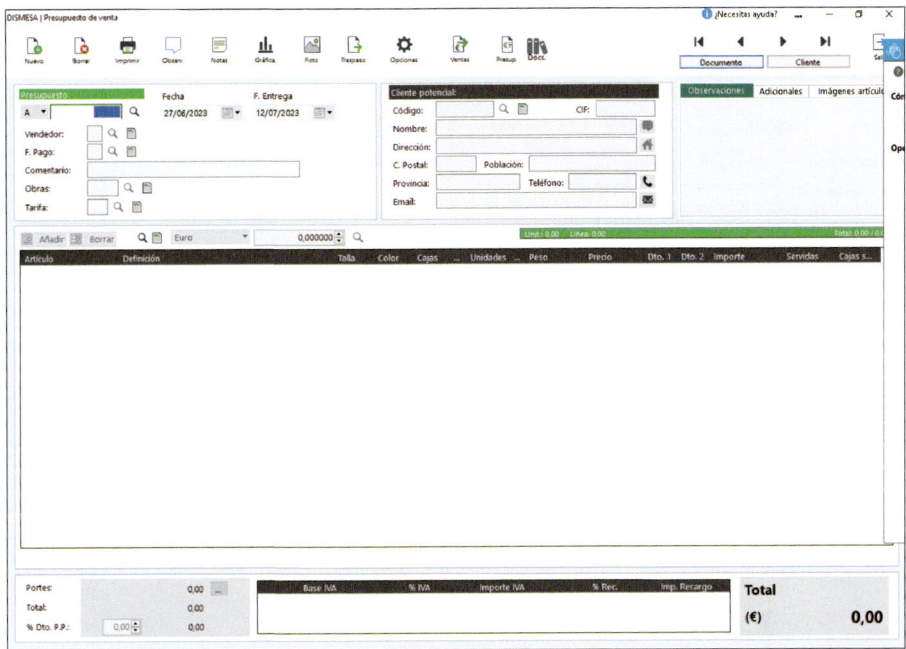

Figura 1.59.

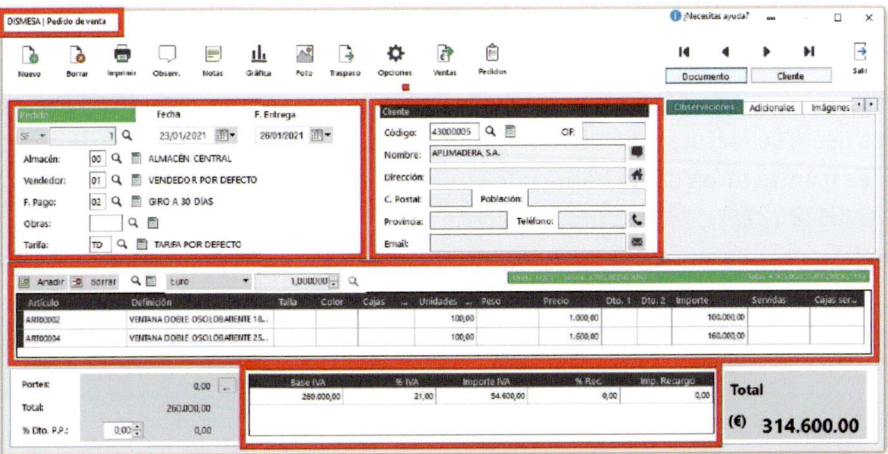

Figura 1.60.

Se puede comprobar que ha sido creado el Pedido del Presupuesto generado en el paso anterior.

Ahora desde la opción de Traspaso se va a traspasar el Pedido a Albarán. En la ventana de traspaso habrá que introducir la Fecha del Albarán que será el 26/01/2021 y se acepta.

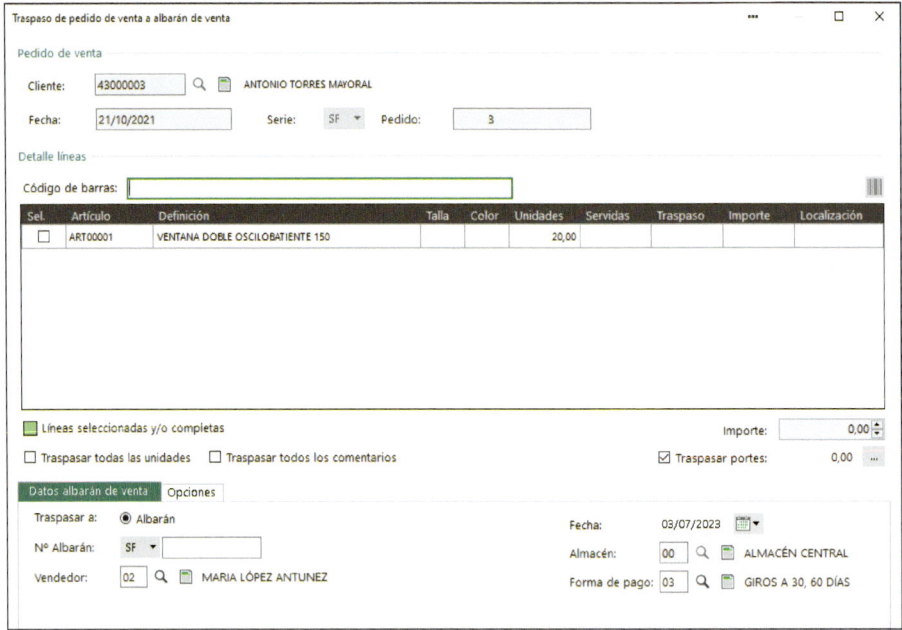

Figura .161.

Se puede observar cómo en la lista previa de los Albaranes aparecerá el Nuevo Albarán traspasado desde el Pedido.

Por último, se traspasará, a través de la opción Facturar, el Albarán a Factura, es decir, se facturará el Albarán; para ello, se seleccionará una serie de opciones y entre otros datos habrá que introducirle la fecha de la Factura que será 31/01/2021.

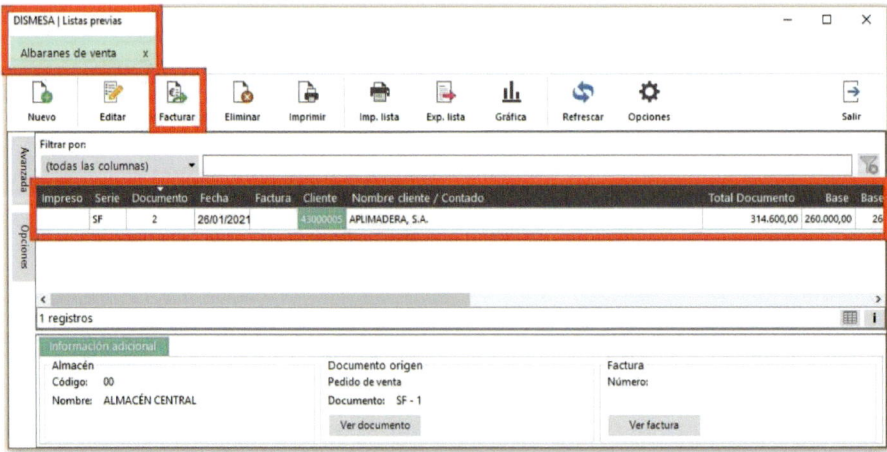

Figura 1.62.

## 1.7. Facturación

Los empresarios y profesionales están obligados a **expedir factura** y copia de esta, por la entrega de bienes y prestación de servicios que realicen en desarrollo de su actividad, y a conservar copia de la misma.

Por lo tanto:

- La factura es un documento que acredita la entrega de bienes o la prestación de servicios.
- Los empresarios o profesionales están obligatorios a emitir factura cuando realicen una entrega de bienes o la prestación de un servicio.

### 1.7.1. Conceptos facturables

La normativa en materia de facturación dice:

"Toda factura y sus copias contendrán los datos o requisitos que se citan a continuación, sin perjuicio de los que puedan resultar obligatorios a otros efectos y de la posibilidad de incluir cualesquiera otras menciones:

……………

f) Descripción de las operaciones, consignándose todos los datos necesarios para la determinación de la base imponible del impuesto y su importe, incluyendo el precio unitario sin impuesto de dichas operaciones, así como cualquier descuento o rebaja que no esté incluido en dicho precio unitario.

…………… "

Cuando se factura en Sage 50 se están detallando las unidades de cada artículo o producto que se está vendiendo, así como su precio unitario y los descuentos que se aplican a la venta. También en la línea de factura a clientes hay una descripción donde se pueden añadir más detalles e información a la factura de venta.

Con esto se está cumpliendo la normativa en materia de facturación en lo que hace referencia a los conceptos facturables, ya que se está detallando al describir el artículo en la factura y, si es necesario, se tiene un campo adicional para aumentar la descripción del artículo o del producto.

### 1.7.2. IVA y retenciones a profesionales

#### 1.7.2.1. El IVA

"El IVA es un tributo de naturaleza indirecta que recae sobre el consumo y grava las entregas de bienes y prestaciones de servicios efectuadas por empresarios y profesionales, las adquisiciones intracomunitarias y las importaciones de bienes".

Cuando se emite una factura se está obligado a repercutirle el importe del IVA correspondiente.

El IVA (la cuota) se obtiene de multiplicar la base imponible por el tipo de IVA aplicable.

El total de la factura emitida será la base imponible más el IVA.

---

**Práctica: IVA**

Tenemos una factura cuya base imponible es 25.000,00 euros y el tipo de IVA que se aplica es el 21 %. Calcular el total de la factura.

| | |
|---|---|
| Base imponible: | 25.000,00 euros (+) |
| 5.000,00 x 21 % IVA | 5.250,00 euros (+) |
| | ———————————— |
| | **30.250,00 euros** |

---

Solución:

En Sage 50 la forma de trabajar con el IVA es la siguiente:

- Se definen los tipos de IVA en **Sistema** > **Tablas Generales** > **Tipos de IVA**.

- Posteriormente, cuando se introduce un artículo, en el precio de venta se seleccionará el tipo de IVA que se le aplicará. **Sistema** > **Artículos** > **Precio de Venta**.

- Cuando se factura a clientes, de acuerdo con los datos que se han introducido anteriormente, se calculará el IVA automáticamente.

Los tipos de IVA vigentes son:
| | |
|---|---|
| General | 21,00 % |
| Reducido | 10,00 % |
| Superreducido | 4,00 % |

Como norma general, se aplicará el tipo general, salvo que la norma diga que se tiene que aplicar el tipo reducido o superreducido.


### 1.7.2.2. Retenciones IRPF

Las retenciones de IRPF "son cantidades que se detraen al contribuyente por el pagador de determinadas rentas, por estar así establecido en la ley, para ingresarlas en la Administración tributaria como 'anticipo' de la cuota del impuesto que el contribuyente ha de pagar".

Entonces las retenciones de IRPF son cantidades que se tienen que descontar del pago de la factura del proveedor/acreedor, siempre que la normativa diga que a ese tipo de proveedor/acreedor se le tienen que practicar retenciones de IRPF, y esas cantidades deberán ser ingresadas posteriormente en la AEAT.

La cantidad que se tiene que descontar de la factura es el tipo de IRPF que marque la legislación vigente, aplicado a la base imponible sujeta a las retenciones de IRPF.

## Caso práctico retenciones IRPF

Tenemos una factura cuya base imponible es 10.000,00 euros, el tipo de IVA que se aplica es el 21 %, la base a efectos de retenciones de IRPF es 5.000,00 euros y el tipo de IRPF es el 15 %. Calcular el total de la factura.

|  | |
|---|---|
| Base imponible: | 10.000,00 euros (+) |
| 10.000,00 x 21 % IVA | 2.100,00 euros (+) |
| 5.000,00 x 15 % IRPF | **750,00 euros (-)** |
| | |
| | 11.350,00 euros |

Los tipos de retenciones de IRPF para profesionales para el ejercicio 2021 son:

- Actividades profesionales: en 2021 se mantienen en el 15 %.

- Nuevos autónomos en actividades profesionales: 7 % en 2021, aplicable al año del inicio de la actividad y los dos siguientes.

- Algunas actividades en estimación objetiva (módulos): 1 %.

Al proveedor se le pagará 11.350,00 euros y se tendrán que ingresar 750,00 euros en la AEAT que se considerarán como entregas a cuenta de la declaración de IRPF del proveedor.

Las retenciones de IRPF en Sage 50 tienen el siguiente tratamiento: cuando se da de alta a un proveedor o acreedor en Sage 50 en la ventana de Proveedores en la opción de **Condiciones de Pago** en la pestaña de **Facturación**, en el bloque del IVA se aceptará, la casilla de verificación de **Retención** y se especificará el **Tipo de retención** que se le debe aplicar a este proveedor/acreedor. Cuando se gestionen las facturas de compras o de gastos de ese proveedor/acreedor, se aplicarán las retenciones automáticamente en el cálculo de la factura.

## AUTOEVALUACIÓN Y REPASO

**Marcar: Verdadero o Falso.**

1.1. El punto verde es la tasa que se aplica por el vertido de productos contaminantes.

☐ Verdadero    ☐ Falso

1.2. Un cliente es una persona física o jurídica a la que se le compran productos terminados.

☐ Verdadero    ☐ Falso

1.3. Un artículo solamente puede ser un producto fabricado por la propia empresa.

☐ Verdadero    ☐ Falso

1.4. Los *mailings* son los resúmenes de las facturas de ventas que se envían a los proveedores.

☐ Verdadero    ☐ Falso

1.5. Los tipos de IVA son el general 18 %, el reducido 10 % y el superreducido 7 %.

☐ Verdadero    ☐ Falso

1.6. El pedido a proveedores aumenta el número de unidades en el *stock*.

☐ Verdadero    ☐ Falso

1.7. El albarán de proveedores es un documento obligatorio.

☐ Verdadero    ☐ Falso

1.8. Las facturas emitidas a proveedores podemos enviarlas por *e-mail*.

☐ Verdadero    ☐ Falso

1.9. El IRPF se va a descontar del total de las facturas que se emiten a los clientes.

☐ Verdadero    ☐ Falso

1.10. La impresión de informes de Sage 50 solamente se pueden efectuar por impresora.

☐ Verdadero    ☐ Falso

# 2. Aplicaciones informáticas de gestión financiero-contable

# Contenido

## 2.1. Utilización de una aplicación financiero-contable

### INTRODUCCIÓN

Hace años la contabilidad se realizaba manualmente en libros de contabilidad con un diseño fijo y en donde se procedía a realizar los apuntes contables (asientos en el libro diario). Posteriormente, los saldos se pasaban a otro libro (libro mayor) y los totales de esos saldos se pasaban a otros libros (balances y pérdidas y ganancias).

En las empresas, el volumen de negocio ha aumentado y la documentación que se tiene que contabilizar cada vez es mayor, haciendo imposible el manejo de toda esa documentación manualmente.

Por otro lado, la informática va evolucionando y va introduciéndose en el campo de la gestión administrativa. Se observaban las dificultades por las que estaba pasando la contabilidad, que no era capaz de gestionar toda la información que les llegaba a los departamentos de administración y contabilidad.

De ahí que hayan surgido los programas de gestión contable y que posteriormente entren a formar parte de los ERP como un módulo fundamental de ellos.

Dentro de las aplicaciones de gestión financiero-contable se pueden encontrar programas que solamente realizan esa labor y los ERP en los que la aplicación de gestión financiero-contable será un módulo más de esas aplicaciones ERP.

Entre las ventajas que ha obtenido la contabilidad con la aparición de las aplicaciones informáticas de gestión financiero-contable está que permiten manejar gran volumen de información y la integración con otros programas con los que se puede intercambiar información.

### UTILIZACIÓN DE UNA APLICACIÓN FINANCIERO-CONTABLE

El esquema que se sigue para **contabilizar** es el siguiente:

- Primero, se separa y se clasifica toda la documentación que se va a contabilizar.

- Se crea un plan de cuentas.

- Se introducen los apuntes contables.

- Se confeccionan los estados contables.

Estos son, a grandes rasgos, los pasos que se seguirán para realizar una contabilidad.

Como se ha dicho anteriormente, en el mercado existen gran número de aplicaciones financiero-contables. Para el desarrollo de este texto, se va a utilizar la aplicación Sage 50, el módulo de Contabilidad.

La correspondencia entre los pasos anteriores y la aplicación Sage 50, módulo de Contabilidad, es la siguiente:

| Contabilidad (Genérica) | Sage 50 |
|---|---|
| Primero se separa y clasifica toda la documentación de la empresa que se va a contabilizar. | Selección / Alta empresa |
| Se crea un plan de cuentas. | Plan contable |
| Se introducen los apuntes contables. | Asientos |
| Obtenemos los estados contables. | Cuentas anuales<br>Otros informes |

## 2.1.1. Cuadro de cuentas

El **Cuadro de cuentas** es un listado que asigna un código numérico y un título a cada elemento. Este listado está recogido en la cuarta parte del Plan General de Contabilidad y comprende los grupos, subgrupos, cuentas y subcuentas debidamente codificadas y con un título que expresa su contenido.

El **Cuadro de cuentas** tiene una estructura de nueve grupos (del 1 al 9) con una codificación decimal. A cada **Grupo** le corresponde **un dígito**. A su vez, los Grupos se dividen en **Subgrupos**, codificados con **dos dígitos** (el primero corresponde al del Grupo y el segundo es el propio del Subgrupo). Dentro de los subgrupos, están las **Cuentas**, codificadas con **tres dígitos**, y estas a su vez contienen **Subcuentas** de **cuatro dígitos o más.**

| GRUPO | 4 | ACREEDORES Y DEUDORES OPERACIONES COMERCIALES |
|---|---|---|
| SUBGRUPO | 40 | PROVEEDORES |
| CUENTA | 400 | Proveedores |
| SUBCUENTA | 4000 | Proveedores (euros) |

En el capítulo quinto del Plan General de Contabilidad están las definiciones y relaciones contables que contienen un desarrollo pormenorizado del cuadro de cuentas, destacando la naturaleza y movimiento de cada una de ellas, cuándo se carga y cuándo se abona.

En Sage 50, para acceder al Plan contable, habrá que ir al Módulo de Contabilidad:

**Contabilidad > Archivos > Plan contable > Cuentas.**

## LISTA PREVIA CUENTAS

Al entrar en la opción de **Cuentas**, aparecerá una **lista previa** con las **Cuentas** que ya han sido creadas previamente; dentro de esta ventana se pueden **Crear** (Nuevo) Cuentas, **Ver** y **Editar** una Cuenta existente (se abrirá la ventana de Mantenimiento de Cuentas), **Eliminar, Imprimir, Exportar, Refrescar** los datos, **Opciones** y **Salir** de la ventana. También se pueden utilizar, desde las pestañas laterales, filtros avanzados, opciones y personalización de los filtros para facilitar las búsquedas en la lista previa.

## MANTENIMIENTO DE CUENTAS

Si se selecciona una **Cuenta** de la lista y se hace doble clic sobre ella, se abre una ficha de **Mantenimiento de Cuentas**; en esta ventana se puede Crear una **Nueva** Cuenta, **Editarla** y **Eliminarla, Localizar** Cuentas, acceso a la ventana de **Opciones**, acceder a los **Botones de Navegación** que permiten desplazarse entre Cuentas y **Salir** de la ventana. Una vez que se hayan realizado todos los cambios y se compruebe que son correctos, se procederá a aceptar y salir de la ventana de Mantenimiento de Cuentas.

## ALTA DE CUENTAS

Si la **Cuenta** que se está buscando no aparece en la lista previa, entonces se procederá a darla de **Alta**. Para dar de Alta/Crear una nueva **Cuenta**, se hará clic en el botón de **Nuevo**. En la parte superior de la ventana que se abre para dar de alta una nueva Cuenta aparecerá una cinta de opciones con los siguientes botones: **Nuevo, Aceptar, Cancelar, Localizar, Opciones, Botones de Navegación y Salir.**

A continuación, se deberán introducir el **Código** y el **Nombre** de la nueva **Cuenta**. El **Código** estará compuesto por ocho caracteres numéricos, habrá que introducir los ocho dígitos. Al introducir el Código de la cuenta, si esta ya existiese en la base de datos de la aplicación, se rellenarán los campos con los datos de la cuenta existente. Si no está creada, el cursor se situará en el campo Nombre para continuar con la introducción de datos.

Antes de continuar, hay que hacer hincapié en que, dependiendo del tipo de cuenta que se vaya a crear, se cubrirán unos bloques de datos u otros; en un principio se verán todas las pestañas, opciones y bloques y se hará referencia a qué tipo de Subcuentas corresponde cada apartado.

Siguiendo con la ventana de Alta de Cuentas, habrá que desplazarse hacia la parte inferior donde están las siguientes pestañas: General, Condiciones de pago, Observaciones, Niveles y árbol de cuentas, Planes analíticos y *Add-ons*.

General

Dentro de esta pestaña hay cuatro opciones: Datos, Datos del contacto, Clasificación y Variación existencias.

- **Datos**: en esta opción hay dos bloques de opciones que son: Datos fiscales y Datos empleado:

  → **Datos fiscales**: se introducirá el tipo de identificación fiscal: CIF, NIF/IVA, pasaporte, documento oficial, certificado de residencia, otro documento probatorio y no censado y a continuación el n.º del documento.

  → **Datos empleado**: este bloque se cubrirá si se está introduciendo una cuenta nueva relacionada con empleados. Los datos que se deben incluir son: año de nacimiento, situación familiar (soltero, viudo, divorciado o separado, casado y no separado legalmente y distinta a las anteriores), NIF cónyuge y tipo de contrato (de carácter general, duración inferior a un año, especial de carácter dependiente y relación esporádica propia de los trabajadores...).

- **Datos del contacto**: en esta opción se introducirán los datos del contacto de la cuenta; se utilizará para las cuentas de proveedores, acreedores, clientes, deudores, entidades bancarias, es decir, todas aquellas cuentas que tenga datos de contacto o fiscales. Los datos se introducen en dos bloques de datos, que son: Domicilio y Datos bancarios:

  → **Domicilio**: se introducen los datos del contacto, que son dirección, C. P., población, provincia, país, teléfono, fax y *e-mail*.

  → **Datos bancarios**: los datos de la cuenta bancaria.

- **Clasificación**: los datos que se introducen en este bloque serán: tipo de proveedor (nacional, comunitario y extracomunitario), concepto de ingreso (se pueden crear conceptos predefinidos para los asientos que se usarán cuando se contabilice esta cuenta; aquí se asignará el concepto a la cuenta), concepto de libros IVA/IRPF (igual que en el campo anterior, se pueden predefinir conceptos de IVA/IRPF que se utilizarán posteriormente; aquí se asignará el concepto a la cuenta).

- **Variación existencias**: si se usa una cuenta de compras (600...) aquí se puede asignar la cuenta en la que se realizará la regularización de existencias (30...).

Condiciones de pago

Los datos de Condiciones de pago se introducirán a través de tres opciones, que son Facturación, Características y Ordenante:

- **Facturación**: los datos se introducirán en tres bloques: Características, Giro e IVA:

  → **Características**: se introducirán la Forma de pago, excluir o no excluir modelo 349, contrapartida (si se introduce la contrapartida cuando se realicen asientos, el programa usará esta cuenta automáticamente como contrapartida), días de pago (los días del mes expresados en el número en que realizará el pago), cuenta contable de banco, divisa, cambio y fecha límite de cambio.

  → **Giro**: aparecerán los días entre pago y pago que se hayan definido en la forma de pago seleccionada en el bloque anterior; también se podrán añadir nuevos días entre pago y pago, y borrar.

  → **IVA**: se introduce el código del tipo de IVA de esta cuenta; se usa para cuentas de proveedores, acreedores, clientes y deudores, se seleccionará si tiene recargo y recargo de equivalencia, si tiene retenciones y el tipo de retención.

- **Características**: características generales, se seleccionará si se va a realizar Gestión de SEPA y Agrupación automática de previsiones.

- **Ordenante**: datos del ordenante como pueden ser: CIF y Nombre.

### Observaciones

Se abre un cuadro de texto para introducir las observaciones relativas a esta cuenta.

### Niveles y árbol de cuentas

Aparecerá un árbol con el desglose de la Subcuenta, desde el Nivel 1 hasta el Nivel 4. Aparecerán todas las Cuentas y la Subcuenta que se está creando o la sección aparecerá señalada con una flecha verde.

### Planes analíticos

Esta opción no está disponible desde la versión DEMO.

### *Add-ons*

Desde este apartado, se van a introducir los datos referentes a las amortizaciones: cuenta pérdida de inmovilizado, cuenta dotación amortización, cuenta amortización acumulada, tipo de amortización y porcentaje de amortización contables y el porcentaje de amortización fiscal.

Una vez que se hayan introducido todos los datos y se compruebe que son correctos, se procederá a aceptar y salir de la ventana de Alta de Cuentas.

Tanto en la ventana de **Mantenimiento de Cuentas** como en la de **Alta** de una nueva Cuenta se tiene la posibilidad de contar con el icono de la lupa $\mathcal{Q}$ para acceder a la lista previa del campo seleccionado para consultar los datos introducidos previamente, seleccionar uno de ellos e introducirlo con un solo clic. También hay acceso 📄 a la ventana de mantenimiento para modificar algún dato del registro seleccionado o incluso dar de alta uno nuevo; también hay ⚙ botones de propiedades, ☐ casillas de verificación y [⬚⬚⬚⬚⬚ ▾] listas desplegables.

---

**Práctica: Nuevo Vendedor**

Introducir las siguientes subcuentas:

- 47200004 IVA SOPORTADO 4 %, IVA soportado deducible en operaciones interiores al 4 %.
- 47200010 IVA SOPORTADO AL 10 %, IVA soportado deducible en operaciones interiores al 10 %.
- 47200021 IVA SOPORTADO AL 21 %, IVA soportado deducible en operaciones interiores al 21 %.
- 47700021 IVA REPERCUTIDO AL 21 %, IVA repercutido devengado en régimen general al 21 %.
- 40000005 Instalaciones Mixtas, S. L. NIF B33000000. Dirección: Polígono industrial Puente Nora 169, Oviedo 33011, Asturias, España. Teléfono y fax: 984999999 y 984999998, *e-mail:* info@immix.com y número de cuenta ES17 0128 0140 4201 0000 0003. Contrapartida 600000001. Cuenta banco: 57200001. Tipo de IVA 21 %, Pago a 30 días. Gestión SEPA: Sí.
- 43000006 APLIMADERA, S. A., NIF A33000002, Dirección: C/Foncalada 193, Oviedo 33001, Asturias, España. Teléfono y fax: 985999999 y 985999998, *e-mail:* info@aplimade.com y número de cuenta bancaria ES85 0239 3709 2800 0000 0010. Contrapartida 70000001. Tipo de IVA 21 %. Cobro a 30 días.
- 6000001 COMPRA DE VENTANAS.
- 6220001 REPARACIONES Y CONSERVACIÓN.
- 6260001 GASTOS BANCARIOS.
- 7000002 VENTA DE VENTANAS.

**Se pide:** Introducir estos nuevos datos en la Contabilidad de la empresa DISMESA.

**Solución:**

Al introducir las subcuentas se puede observar que hay tres tipos de subcuentas en el momento de introducir los datos:

- Subcuentas de IVA: 4720004, 4720010, 4720021 y 4770021.

- Subcuentas con datos relativos a personas o empresas: 4000003 y 4300005.

- Subcuentas que no son de IVA y que no tienen datos relativos a personas o empresas: 6000001, 62200001, 62600001 y 7000002.

Estas son las ventanas donde introduciremos los distintos tipos de cuentas que hay:

- Alta Subcuenta 40000005:

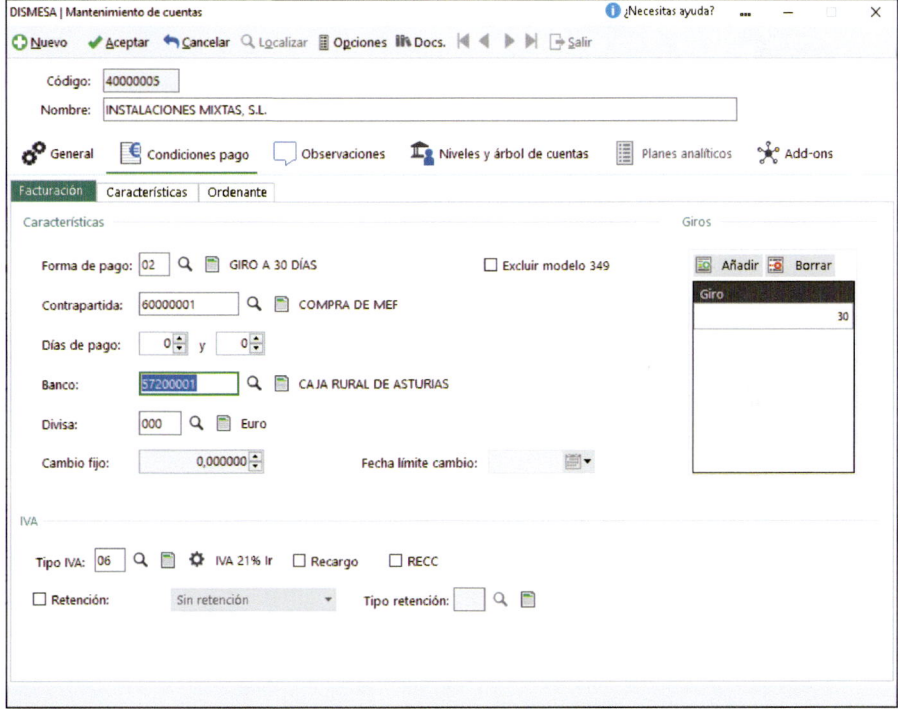

Figura 2.1.

- Alta Subcuenta 47200021:

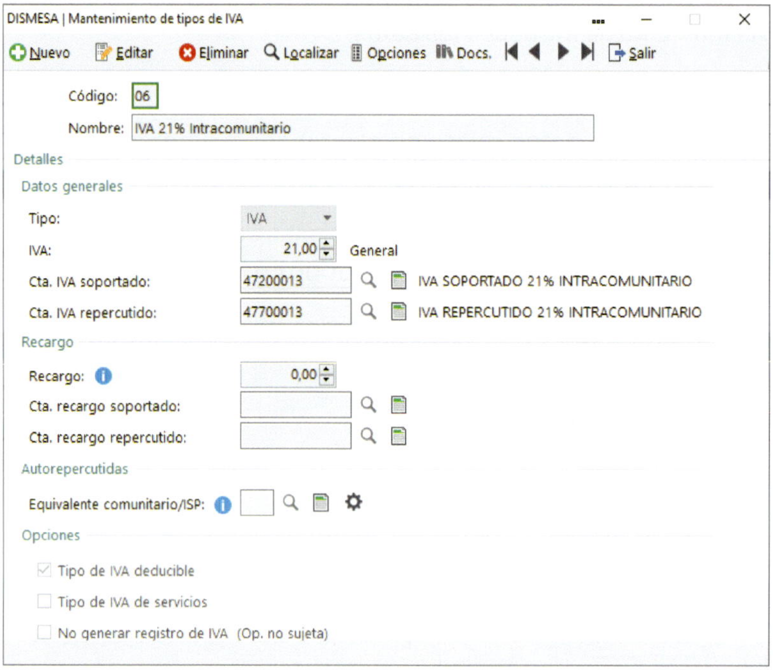

Figura 2.2.

## 2.1.2. Los asientos

Un asiento o apunte contable es una anotación que se hace en el libro diario de la contabilidad con el fin de registrar un hecho económico que produce un cambio cualitativo o cuantitativo en el patrimonio de la empresa.

Un asiento siempre debe tener, como mínimo, los siguientes datos:

- Fecha del asiento.

- Número del asiento.

- Subcuenta o subcuentas del debe y del haber.

- Importes del debe y del haber.

- Concepto del asiento.

Hay aplicaciones que requieren más datos, como pueden ser número de documento, departamento, proyecto, etc.

Para la gestión de asientos en Sage 50 se irá al Módulo de Contabilidad:

**Contabilidad > Asientos > Entrada de Asientos.**

## GESTIÓN DE ASIENTOS

Al entrar en la ventana de **Entrada de Asientos** aparecerá una **lista previa** con los **Asientos** que ya han sido creados previamente; dentro de esta ventana se puede crear uno **Nuevo**, **Editar** un Asiento existente (se abrirá la ventana de Asientos contables), **Eliminar, Imprimir Lista, Exportar Lista, Refrescar** los datos, acceso a la ventana de **Opciones** y **Salir** de la ventana. También se pueden utilizar, desde las pestañas laterales, filtros avanzados, opciones y personalización de los filtros para facilitar las búsquedas en la lista previa.

Si se selecciona un **Asiento** y se hace doble clic sobre él, se abre una **Ficha** de **Asientos contables**; en esta ventana se puede **Crear** un nuevo Asiento, **Eliminarlo, Imprimirlo,** dar de **Alta** asientos mediante asistentes o generadores de Asientos tipo (estos Asientos tipo son: Asientos de **Ventas**, Asientos de **Compras**, Asientos de **Cobros** y Asientos de **Pagos**) Importes, Extracto, Previsiones, Opciones, acceso a los **Botones de Navegación** que permiten desplazarse entre los distintos Asientos y **Salir** de la ventana. Una vez que se hayan realizado todos los cambios y se compruebe que son correctos, se procederá a aceptar y a salir de la ventana de Mantenimiento de Asientos.

La ventana en la que se **introducen los Apuntes contables o Asientos** contables se divide en tres partes:

- La **parte superior** compuesta por la barra de **Botones de Opciones**, donde se puede **Crear** un nuevo asiento, **Eliminarlo, Imprimirlo,** dar de alta asientos mediante asistentes o generadores de Asientos tipo (estos Asientos tipo son: Asientos de **Ventas**, Asientos de **Compras**, Asientos de **Cobros** y Asientos de **Pagos**) Importes, **Extractos, Previsiones, Opciones,** acceso a los **Botones de Navegación** que permiten desplazarse entre los distintos Asientos y **Salir** de la ventana.

- La **parte central** del asiento donde figurarán los datos generales del asiento como pueden ser:

  → La **fecha** del Asiento.

  → El **número del Asiento**: la aplicación introduce automáticamente el **número del Asiento**, el número siguiente al último introducido en el sistema.

  → La **operación**: aparece una lista desplegable con el **tipo de operación** en el que puede incluirse el tipo de operación para el Asiento que se está introduciendo.

  → El **documento**: desde este apartado se pueden asociar archivos al asiento, como puede ser el **documento** físico que se está contabilizando (una factura, un justificante de cobro o un pago); también se puede ver el documento y eliminarlo.

→ El **nombre** de la **subcuenta** que se tiene seleccionada en la lista de subcuentas que está inmediatamente debajo.

→ El **saldo**: el **saldo** de la cuenta que está seleccionada en el campo anterior.

→ **Propuesta automática de impuestos**: si se desea aceptar esa opción, se marcará la casilla de verificación.

→ **Descuadre**: indica el descuadre que tiene el asiento; los asientos tienen que tener un **descuadre igual a 0**. En un asiento la suma de los importes del debe tiene que ser igual a la suma de los importes del haber, es decir, el descuadre tiene que ser 0.

• El área de **Introducción de Asientos** donde se introducen las **Subcuentas**; en la parte inferior se encuentran las siguientes opciones:

→ **Añadir**: añade o da de Alta una **Nueva Línea** para introducir los datos del detalle del asiento.

→ **Borrar**: **borra** una línea existente.

→ Buscar 🔍 en la **lista previa** del campo seleccionado (Cuenta, Conceptos) para consultar los datos; al seleccionar uno de ellos, se puede introducir con un solo clic.

→ Acceso a 📄 la ventana de **Mantenimiento** (Cuentas, Conceptos) para modificar algún dato del registro seleccionado o incluso dar de alta uno nuevo.

→ La **Divisa** y el **Tipo de cambio**. Se establecerá la **Divisa** de los importes que se introduzcan y el **Tipo de cambio** de dicha Divisa.

→ A continuación, se abre una **Tabla** donde se introducen las líneas de desglose del asiento. Los datos que se tienen que introducir son:

— **Cuenta**: se introduce el número de la **Cuenta**.

— **Concepto**: se pueden definir los **Conceptos** de asiento que se introducirán automáticamente al escribir el código del concepto. Si se posiciona el cursor en este campo y se selecciona uno de los iconos de la parte superior de esta tabla 🔍 o 📄 , se pueden Consultar los conceptos introducidos, Modificar uno existente o Crear o dar de Alta uno nuevo. Al seleccionarlo, se acepta y se introducirá automáticamente el texto del concepto.

— **Debe y haber**: hay que introducir los **importes del debe** o del **haber**. Una línea solamente puede tener un importe en el debe o en el haber, no puede tener anotaciones en el debe y en el haber en la misma línea.

— **Punteo**: si este asiento ya está comprobado, se puede marcar la casilla de verificación para marcar el asiento como **Punteado**, así se tiene la seguridad de que ya ha sido verificado y es correcto.

— **Observaciones**: si se hace doble clic en este campo, se abre una ventana para introducir las **Observaciones** de esta línea del asiento.

— **IVA**: en este campo aparecerá el icono del **registro de IVA** del Asiento, que al hacer clic sobre él abre una venta de Desglose de IVA Soportado o Repercutido, según sea el IVA que se está contabilizando. Los datos que figurarán en el **registro del IVA** son:

  ✓ **Fecha factura**: la **fecha** que figura en la **factura** de compra, de la venta o del documento que se está contabilizando y tiene IVA.

  ✓ **Cuenta de contrapartida**: la **contrapartida** de la compra, de la venta, o del documento que se está contabilizando serán cuentas de proveedores, acreedores, clientes o deudores, según sean compra, ventas u otros documentos.

  ✓ **Fecha operación**: puede ser la **fecha** en la que se realiza la contabilización del documento o la fecha en la que se procesará.

  ✓ **Factura**: el **número de factura** que figura en el documento.

  ✓ **Tipo de IVA**: el **tipo de IVA** que se aplicará a la base imponible.

  ✓ **Tipo de operación**: se seleccionará si la operación es nacional, intracomunitaria o extracomunitaria.

  ✓ **N.º factura expedición**: si el documento que se va a contabilizar tiene algún tipo de numeración o registro interno, se introducirá aquí.

  ✓ **CIF y nombre**: si se selecciona una cuenta general, como pueden ser las cuentas de proveedores, acreedores, clientes o deudores varios, y no tiene cuenta abierta, entonces se introducirá aquí el **CIF** y **el nombre**.

  En el registro de IVA siempre deberán aparecer los datos anteriores, es decir, el n.º de factura, la fecha de factura, la base Imponible, el tipo de IVA, la cuota del IVA y los datos del cliente/proveedor (acreedores y deudores).

✓ **Detalle del IVA**: en esta tabla aparecen los datos del IVA que figurarán en el **registro del IVA**.

— **Referencia**: si se desea, se puede introducir una **Referencia** para poder buscar el asiento o relacionarlo con otros asientos similares; también se puede utilizar este número de referencia para marcar (o anotarlo) en las facturas físicas y así asociarlas con el asiento. La aplicación asignará, por defecto, el número del asiento; esto puede ser útil para identificar asientos en el futuro y relacionarlos con los documentos físicos.

• En la parte inferior aparecerá un **resumen del registro del IVA** del asiento. En caso de ser un asiento que no lleva IVA, los datos aparecerán en blanco.

Una vez que se hayan introducido todos los datos y se compruebe que son correctos, se procederá a añadir un nuevo asiento o a salir de esta ventana. Los datos quedarán guardados en ambos casos. Cuando se tienen todos los datos introducidos, antes de salir del asiento, se comprobará que el descuadre sea cero, es decir, que el asiento este cuadrado.

Tanto en la ventana de Asientos contables como en la de Alta de Asientos contables se tiene la posibilidad de contar con campos que tienen acceso 🔍 a la lista previa del campo para consultar los datos introducidos previamente, seleccionar uno de ellos e introducirlo con un solo clic. También hay acceso 📄 a la ventana de mantenimiento para modificar algún dato del registro seleccionado o incluso dar de alta uno nuevo. También hay ⚙ botones de propiedades, ☐ casillas de verificación y ⬚ listas desplegables.

En Sage 50 los asientos se introducen utilizando cuentas. En el Plan General Contable solamente están definidas cuentas de 3 dígitos, con lo cual, para introducir asientos o bien se tienen las subcuentas creadas o se crean cuando se introducen los asientos.

**Nota:** cuando se introducen asientos en los que la Cuenta es de IVA (Comienzan por 472 o 477), se tienen que introducir una serie de datos que serán indispensables y necesarios para el tratamiento fiscal del IVA.

**Práctica: Nuevo Asiento contable**

Introducir los siguientes Asientos:

- El 10 de enero de 2021 se compran componentes ventana Instalaciones Mixtas, por importe de 10.000,00 euros, factura n.º A 1256/2021, quedará pendiente de pago, el IVA de la operación es el 21 %.

- El 15 de enero de 2021 se paga por medio de una transferencia bancaria la compra de ventanas a la empresa Instalaciones Mixtas, S. L. por importe de 12.100,00 euros.

- El 15 de enero de 2021 se venden ventanas a la empresa APLIMADERA, S. A. por importe de 15.000,00 euros, factura n.º A 0010, queda pendiente de cobro, el IVA de la operación es el 21 %.

- El 21 de enero de 2021 se cobran, por transferencia bancaria, las ventanas vendidas a la empresa APLIMADERA, S. A. por importe de 18.150,00 euros.

**Se pide:** Introducir estos nuevos datos en la Contabilidad de la empresa DISMESA.

Solución:

Para confeccionar el **primer asiento** se irá a:

**Contabilidad > Asientos > Entrada de Asientos.**

Se abre la lista previa de Entrada de Asientos; desde la cinta de opciones se seleccionará Nuevo y se abrirá la ventana de Mantenimiento de Asientos y se procederá a introducir los datos del Asiento. Primero se introduce la Fecha, con el tabulador se pasa al Número de Asiento y la aplicación asignará uno automáticamente; a continuación, habrá que ir al bloque inferior y añadir las líneas del asiento:

1. Se introduce la cuenta 600000001, o de forma más rápida 6.1, y así la aplicación rellenará la cuenta al completo, también se introduce el Concepto y el importe del Debe.

2. A continuación, se introduce la cuenta del IVA 472000021, o abreviada 472.21, al aceptar con el Intro se abre la ventana del Registro de IVA; se introducirán los datos: la Fecha del documento, la Cuenta de la contrapartida (así en la línea siguiente no hace falta introducirla, ya la coloca la

aplicación automáticamente) las Fechas de operación y de registro, el Número de la factura y el código del Tipo del IVA; en la parte inferior se verá cómo toma el valor de la base imponible de la cuenta del gasto (línea anterior del asiento) y el Tipo del IVA del código del IVA.

3. Al aceptar el Registro del IVA, automáticamente se cubre la última línea con la cuenta del proveedor (que es la contrapartida del Registro del IVA), repite el concepto anterior y el importe que asignará será el total del documento, base imponible más el IVA.

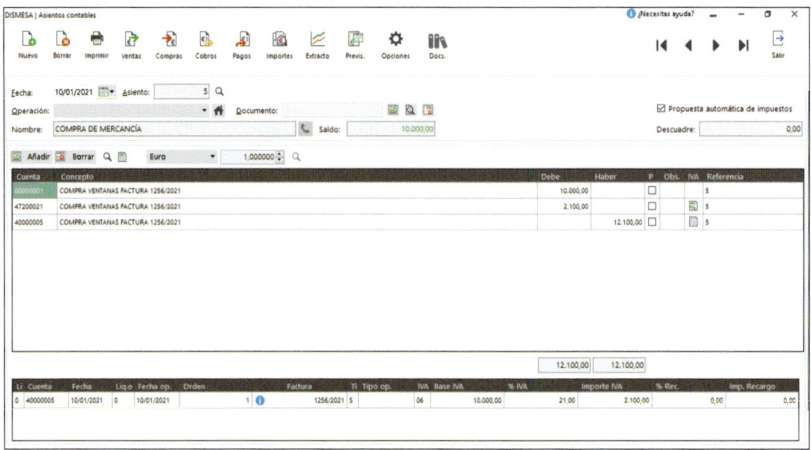

Figura 2.3.

Para confeccionar el segundo asiento se irá a:

**Contabilidad > Asientos > Entrada de Asientos.**

Se abre la lista previa de Entrada de Asientos; desde la cinta de opciones se seleccionará Nuevo, se abrirá la ventana de Mantenimiento de Asientos y se procederá a introducir los datos del Asiento. Primero se introduce la Fecha, con el tabulador se pasa al Número de Asiento y la aplicación asignará uno automáticamente; a continuación, habrá que ir al bloque inferior y añadir las líneas del asiento:

1. Se introduce la cuenta 400000005, o de forma más rápida 4.5, y así la aplicación rellenará la cuenta al completo; también se introduce el Concepto y el importe del Debe.

2. A continuación, se introduce la Cuenta del banco, 572000000001, o abreviada 572.1, se pasa al Concepto y se acepta con el Intro. Se rellenará automáticamente y se pasará al Haber; se valida con el Intro y se copiará el importe del Debe; el asiento quedará cuadrado.

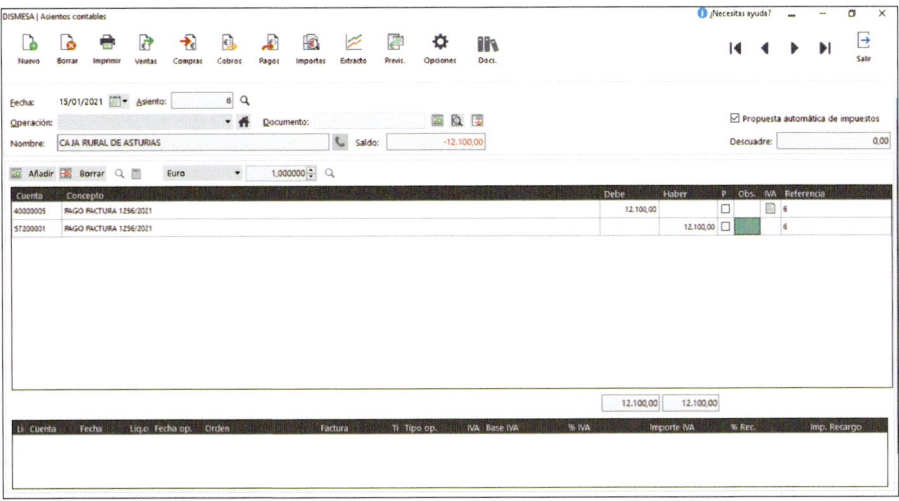

Figura 2.4.

## ASISTENTES ASIENTOS COMPRAS, VENTAS, COBROS Y PAGOS

En la barra de Opciones de la ventana de **Introducción de Asientos,** hay unos botones que abren unas ventanas que facilitan y agilizan la introducción de Asientos de unas operaciones concretas y que por lo general son las más utilizadas en la introducción de Asientos, estos son:

| | |
|---|---|
| Ventas | Compras |
| Cobros | Pagos |

Estas ventanas para la **Introducción de Asientos** son de dos tipos: uno para las Ventas y las Compras y otro para los Cobros y los Pagos.

## VENTAS Y COBROS

- Para acceder a las ventanas de **Ventas y Cobros**, se irá al módulo de contabilidad:

**Contabilidad > Asientos > Generadores > Ventas o Compras.**

o

**Contabilidad > Asientos > Entrada de Asientos > Nuevo > Ventas o Compras.**

Cuando se entra en esta opción, se abre la ventana de Generador de asientos de facturas de ventas o compras, que sirve para la introducción de datos. Esta ventana es la misma para las Ventas y para las Compras. La única diferencia es que en las Ventas se reflejarán las cuentas de Ventas y

Clientes o Deudores, y en la de Compras se reflejarán las cuentas de Compras y Proveedores o Acreedores; el resto tiene el mismo funcionamiento.

Estas ventanas no tienen en la parte superior una barra de Opciones, se entra directamente a la introducción de datos. Son asistentes realizados por la aplicación para ir más rápido en la introducción de estos dos tipos de operaciones. Se compone de tres bloques y su detalle es el siguiente:

→ **Datos factura:**

— **Fecha asiento:** aparecerá automáticamente por defecto la fecha del sistema y aquí se tiene que introducir la fecha que se desea que figure como fecha del asiento. Se puede cambiar por otra fecha.

— **Cliente o proveedor:** se introduce o se busca el código del Cliente o Deudor para las Ventas o el Proveedor o el Acreedor para el caso de las Compras. Por defecto, la aplicación abre una lista previa de Cuentas que comiencen por 400, 410, 430 y 440.

— **Fecha factura:** aparecerá automáticamente por defecto la fecha del sistema y aquí se tiene que introducir la fecha que se desea que figure como fecha de la factura que se está introduciendo. Se puede cambiar por otra fecha.

— **Factura:** se introducirá el número de documento (número de factura). Este campo tiene asociado un control que permite introducir los datos del Cliente, Deudor, Proveedor o Acreedores cuando se hace referencia a cuentas genéricas (Clientes Varios, Clientes de contado…) y en ella se introducirán el NIF y el Nombre para confeccionar el Registro del IVA.

— **Divisa:** la divisa en la que se están introduciendo los importes y su cambio.

— **Total, Factura:** no es obligatorio introducir un importe y se utilizará para comprobar que el importe total del asiento es el mismo que el del documento. La aplicación comprueba que el importe total del Asiento sea el mismo que es introducido en esta casilla. Si los importes no coinciden, aparecerá un mensaje con el siguiente texto: "No coinciden el total de la factura generado por el sistema (importe) con el total de la factura teórico entrado por usuario (importe)".

— **Referencia:** en el caso de que ese documento tenga algún otro tipo de referencia, se introducirá aquí; por ejemplo, nuestra referencia en una compra.

— **Definición Debe**: el concepto que figurará en el Campo Definición Debe.

— **Definición Haber**: el concepto que figurará en el Campo Definición Haber.

→ **Tipos de IVA**: área de introducción de los datos relativos al IVA donde se introduce, a través del botón Añadir, el código del Tipo de IVA, su funcionamiento es el siguiente:

— **Añadir**: añade o da de Alta una Nueva Línea para introducir los datos del IVA.

— **Borrar**: borra una línea existente.

— Buscar 🔍 en la **lista previa** de los tipos de IVA, para consultar los datos y, al seleccionar uno de ellos, se puede introducir con un solo clic.

— Acceso a 📄 la ventana de **Mantenimiento** de los tipos de IVA para modificar algún dato del registro seleccionado o incluso dar de alta uno nuevo.

— La **Divisa** y el **Tipo de cambio**. Se establecerá la Divisa de los importes que se introduzcan y el cambio de dicha Divisa.

— ⚙ botón de propiedades para dar de alta un nuevo Tipo de IVA.

— A continuación, se abre una **Tabla** donde se introducen las líneas de desglose del IVA que son:

✓ **Código**: se introduce el código del Tipo de IVA que se va a introducir en el Asiento.

✓ **Definición**: se introduce el concepto que figurará en la cuenta de IVA.

✓ **Base**: se introduce el importe de la base imponible para el tipo de IVA indicado anteriormente.

✓ **%IVA**: aparecerá el porcentaje del código de IVA seleccionado.

✓ **IVA**: calcula automáticamente la cuota del IVA (base imponible x %IVA)

✓ **%Rec**: aparecerá el porcentaje del recargo de equivalencia, si esta operación lo tuviese.

✓ **Recargo**: se calcula el importe del recargo de equivalencia (base imponible x %Recargo).

Si cuando se han introducido las Cuentas 400, 410, 430 y 440 se les ha asignado un código de IVA, al introducir esas cuentas en la parte superior, los datos del IVA se cubrirán automáticamente y se realizarán los cálculos.

→ **Datos pie de factura**: se introducirán todos los datos relacionados con el Descuento por pronto pago, las Retenciones y el Rec. financiero:

— **Descuento por pronto pago**: se introduce el tipo y se calculará el importe del Descuento por pronto pago.

— **Retenciones**: se marcará la casilla de verificación si el documento tiene retenciones; se seleccionará si el importe de las Retenciones se calcula sobre la base imponible o sobre el total de la factura; por último, se introducirá el porcentaje de retención que se aplicará, a continuación, aparecerá el importe de la Retención ya calculado.

— **Rec. financiero**: se introduce el tipo y se calculará el importe del Rec. financiero.

→ **Contrapartidas**: las contrapartidas serán cuentas de los grupos 6 y 7. Tiene las siguientes opciones:

— **Añadir**: añade o da de alta una nueva línea para introducir la contrapartida.

— **Borrar**: borra una línea existente.

— **Buscar** 🔍 en la lista previa de las Cuentas para consultar los datos; al seleccionar uno de ellos, se puede introducir con un solo clic.

— Acceso a 📄 la ventana de **Mantenimiento Cuentas** para modificar algún dato del registro seleccionado o incluso dar de alta uno nuevo.

— Tabla de **Introducción de datos**: una vez introducida la cuenta contable, el importe se rellenará con el importe de la base imponible del IVA, del apartado Tipos de IVA.

Si cuando se han introducido las Cuentas 400, 410, 430 y 440, se les ha asignado un código de contrapartida, al introducir esas cuentas en la parte superior los datos de la Contrapartida, se cubrirán automáticamente.

**Práctica: Nuevo asiento contable de compras y ventas (asistente)**

Introducir los siguientes asientos:

- El 20 de enero de 2021 se compran componentes de ventanas a Instalaciones Mixtas, por importe de 20.000,00 euros, factura n.º A 1527/2021, quedará pendiente de pago, el IVA de la operación es el 21 %.

- El 25 de enero de 2021 se venden ventanas a la empresa APLIMA-DERA, S. A. por importe de 25.000,00 euros, factura n.º A 0012, queda pendiente de cobro, el IVA de la operación es el 21 %.

**Se pide:** introducir estos nuevos datos de la Contabilidad de la empresa DISMESA.

Solución:

Los datos del **primer apartado** son para realizar el asiento de una compra; ahora se va a realizar el apunte contable, pero utilizando para ello la opción de Generador asientos de facturas de compra; para ello se irá a:

Contabilidad > Asientos > Generador > Compras.

o

Contabilidad > Asientos > Entrada de Asientos > Nuevo > Compras.

Si se va por la primera opción, se entra directamente en el Generador de asientos de compras. Si se opta por la segunda opción, se entrará en la lista previa de Asientos y se seleccionará Nuevo y en la parte superior se selecciona la opción de Compras y se abrirá el Generador de asientos de facturas de compra:

1. Se introduce la Fecha del asiento, por defecto, la aplicación tiene puesta la fecha del sistema; se puede cambiar y poner la fecha que se quiera para el Asiento, en este caso, 20/01/2021.

2. A continuación, se introducirá la Cuenta del Proveedor, 4.5 de forma rápida o 400000005.

3. El cursor pasará al campo Factura, se introduce el Número de la Factura: 1527/2021.

4. Se mantiene como Divisa el Euro.

5. Se va a introducir el importe Total de la Factura para comprobarlo con el importe total que dé el Asiento: 24.200,00.

6. Fecha del Registro: se introduce la Fecha del Registro del IVA; por defecto la aplicación tiene puesta la fecha del sistema. Se puede cambiar y poner la fecha que se quiera para el Asiento, en este caso, 20/01/2021.

7. Se introducen los Conceptos que figurarán en el campo Definición del Asiento; hay dos definiciones, una para el importe del debe y otra para el haber.

8. Se pasa al bloque de IVA. Se añade una nueva línea y en la nueva línea se introduce el Código del IVA, en este caso es el 03 (IVA 21 % (5,2 %)) y el importe de la base imponible, que es: 20.000,00. Automáticamente se rellenarán los campos de tipo de IVA y el IVA.

9. Ahora se irá al bloque Contrapartidas. Si cuando se ha definido la cuenta del Proveedor se le había puesto Contrapartida, automáticamente se rellenará el campo de la cuenta, la definición y el importe, que será el de la base imponible. En caso de no tenerlo definido, se añadirá una nueva línea y se introducirá manualmente.

10. Por último, hay tres opciones en la parte inferior de la ventana que permitirán presentar el asiento en pantalla, contabilizar automáticamente el pago en la fecha que le corresponda de acuerdo con los vencimientos introducidos, y aceptar que se comiencen a contar los días del vencimiento desde la fecha de contabilización de la factura.

Se comprueba que el total sea igual que el introducido en el apartado 5 y se generará el asiento. En caso de que no coincidiese, se mostraría un Aviso.

Para finalizar, se abrirá una ventana de Vencimientos de la factura de Compra, en la que figurarán los datos introducidos en la ventana anterior, sombreados en gris, donde habrá que introducir el banco por el que se pagará la factura (se puede seleccionar el banco, modificarlo o dar de alta uno nuevo) y también repartir el importe en varios pagos. Cuando estén ya todos los datos introducidos y comprobados se aceptará.

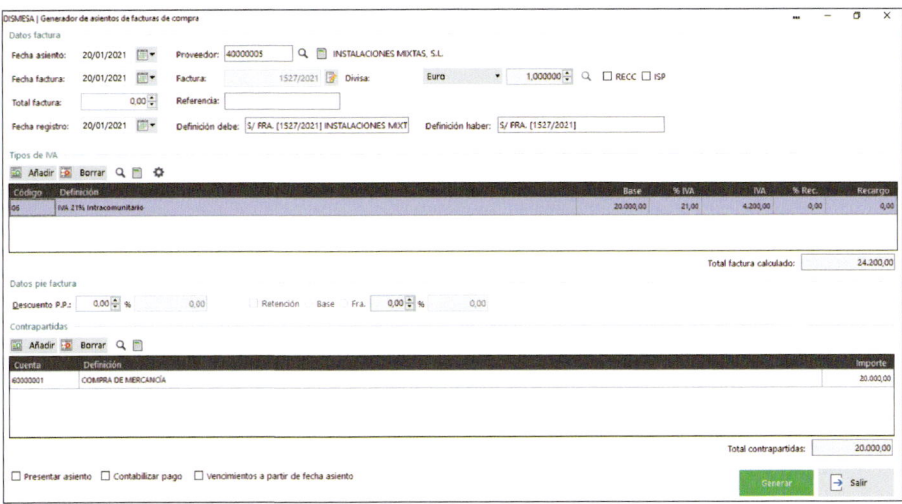

Figura 2.5.

Los datos del **segundo apartado** son para realizar el asiento de una Venta, ahora se va a realizar el apunte contable, pero utilizando para ello la opción de Generador asientos de facturas de venta; para ello se irá a:

**Contabilidad > Asientos > Generador > Ventas.**

o

**Contabilidad > Asientos > Entrada de Asientos > Nuevo > Ventas.**

Si se va por la primera opción, se entra directamente en el Generador de asientos de ventas. Si se opta por la segunda opción, se entrará en la lista previa de Asientos y se seleccionará Nuevo y en la parte superior se selecciona la opción de Ventas y se abrirá el Generador de asientos de facturas de venta:

1. Se introduce la Fecha del Asiento, por defecto, la aplicación tiene puesta la fecha del sistema, pero se puede cambiar y poner la fecha que se quiera para el Asiento, en este caso, 25/01/2021.

2. A continuación, se introducirá la Cuenta del Cliente, 43.5 de forma rápida o 430000005.

3. El cursor pasará al campo Factura, se introduce el número de la Factura: A0012.

4. Se mantiene como Divisa el Euro.

5. Se va a introducir el importe Total de la Factura para comprobarlo con el importe total del Asiento: 30.250,00.

7. Se introducen los conceptos que figurarán en el campo definición del Asiento; hay dos definiciones, una para el importe del debe y otra para el haber.

8. Se pasa al bloque de IVA. Se añade una nueva línea y en la nueva línea se introduce el Código del IVA, en este caso es el 03 (IVA 21 % (5,2 %)) y el importe de la base imponible que es: 25.000,00. Automáticamente se rellenarán los campos de tipo de IVA y el IVA.

9. Ahora se irá al bloque Contrapartidas. Si cuando se había definido la cuenta del cliente se le había puesto contrapartida, automáticamente se rellenará el campo de la cuenta, la definición y el importe, que será el de la base imponible; en caso de no tenerlo definido, se añadirá una nueva línea y se introducirá manualmente.

10. Por último, hay dos opciones en la parte inferior de la ventana que permitirán presentar el asiento en pantalla y contabilizar el cobro.

Se comprueba que el total sea igual que el introducido en el apartado 5 y se generará el asiento. En caso de que no coincidiese, se mostraría un aviso.

Para finalizar se abrirá una ventana de vencimientos de la factura de venta en la que figurarán los datos introducidos en la ventana anterior, sombreados en gris, donde habrá que introducir el banco por el que se pagará la factura (se puede seleccionar el banco, modificarlo o dar de alta uno nuevo) y también repartir el importe en varios pagos. Cuando estén ya todos los datos introducidos y comprobados, se aceptará.

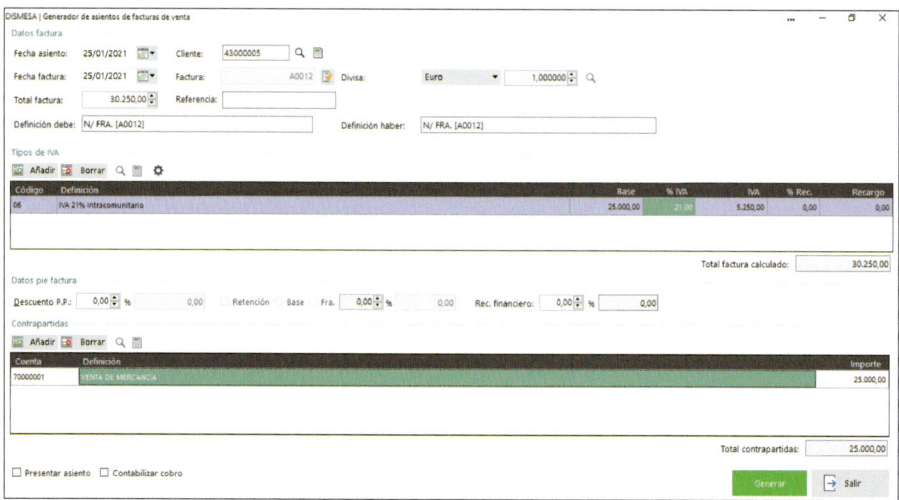

Figura 2.6.

## COBROS Y PAGOS

- Ventanas de **Cobros y Pagos**, se irá al módulo de Contabilidad:

**Contabilidad > Asientos > Generador > Cobros y Pagos.**

o

**Contabilidad > Asientos > Entrada de Asientos > Nuevo > Cobros y Pagos.**

Estas ventanas no tienen en la parte superior una barra de Opciones. Se entra directamente a la introducción de datos; son asistentes realizados para ir más rápido en la introducción de estos dos tipos de operaciones. Este Generador de asientos de cobros o de pagos tiene los siguientes bloques para la introducción de datos:

→ **Generador de asientos de cobro:**

— **Fecha del cobro**: se introducirá la fecha del sistema y que será la que quede registrada en el cobro o el pago.

— **Definición**: el concepto que aparecerá en el cobro o el pago.

— **Previsiones:** se abrirá un cuadro con las Previsiones de cobro o de pago; en el detalle que figura en la tabla inferior aparecen detalladas las deudas pendientes de cobro o de pago (dependiendo de que se esté en la ventana de Cobros o Pagos) con una casilla de verificación para seleccionar la previsión que se quiere incluir en el cobro o el pago que se está realizando.

— **Cuenta bancaria:** en la que se realizarán los cobros y los pagos.

— **Divisa y cambio:** la divisa en la que se realiza el cobro o el pago.

— **Tabla detalle de los cobros o pagos:** se detallarán los cobros y los pagos:

✓ **Añadir:** añade o da de alta una nueva línea para introducir la cuenta contable del proveedor, acreedor, cliente o deudor.

✓ **Borrar:** borra una línea existente.

✓ **Buscar** 🔍 en la lista previa de las cuentas para consultar los datos y al seleccionar uno de ellos se puede introducir con un solo clic.

✓ Acceso a 🗒 la ventana de **Mantenimiento Cuentas** para modificar algún dato del registro seleccionado o incluso dar de alta uno nuevo.

✓ Tabla de **Introducción de datos**: una vez introducida la cuenta contable del proveedor, acreedor, cliente o deudor se abrirá el cuadro de Previsión de cobro o pagos de la cuenta introducida para seleccionar el movimiento que se va a cobrar o pagar. Una vez seleccionado, se introducirá el importe y la definición del asiento; estos dos campos se pueden modificar; por último, aparece la cuenta por donde se realizará la operación, el cobro o el pago.

---

**Práctica: Nuevo asiento contable cobros y pagos (asistente)**

Introducir los siguientes asientos:

- El 25 de enero de 2021 se paga por medio de una transferencia bancaria la compra de ventanas a la empresa Instalaciones Mixtas, S. L. por importe de 24.200,00 euros. Documento de compra 1527/2021.
- El 30 de enero de 2021 se cobran, por transferencia bancaria, las ventanas vendidas a la empresa APLIMADERA, S. A. por importe de 30.250,00 euros. Documento A 0012.

**Se pide:** Introducir estos nuevos datos en la Contabilidad de la empresa DISMESA.

---

**Solución:**

Para introducir estos dos asientos contables, se utilizarán los Generadores de asientos de **pagos y cobros**, para ello se irá a:

Contabilidad > Asientos > Generadores > Cobros y Pagos.

o

Contabilidad > Asientos > Entrada de Asientos > Nuevo > Cobros y Pagos.

Es exactamente igual para los Cobros y para los Pagos. Se deberán seguir los siguientes pasos:

1. Se introduce la Fecha del pago, la aplicación colocará automáticamente la fecha del sistema, que puede ser cambiada. Se colocará el 25/01/2021 para el pago y 30/01/2021 para el cobro.

2. Se colocará el concepto, es decir, la definición del cobro y del pago.

3. Se pueden abrir las previsiones de cobros y de pagos y se abrirá una nueva ventana donde aparecen los cobros y los pagos pendientes. Se aceptarán en la casilla de verificación los que se desean procesar y se acepta.

4. Se selecciona el banco por el que se van a realizar los cobros y los pagos, también se puede buscar entre los bancos existentes, modificarlos o dar de alta uno nuevo.

5. Se mantiene la divisa que el sistema coloca por defecto, es decir, el euro.

6. Aparecerán los cobros y los pagos seleccionados en el punto 3; también se pueden añadir más cobros o pagos a los introducidos anteriormente.

7. Se comprueban los datos introducidos y si están todos correctamente introducidos se pueden previsualizar y generar, para salir de la ventana y guardar los datos introducidos.

Pagos

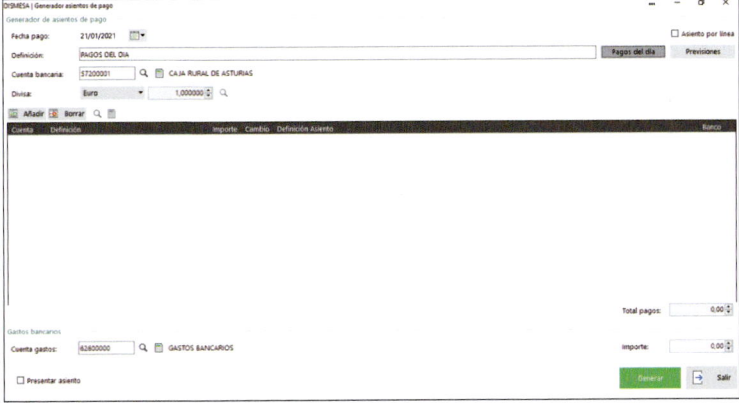

Figura 2.7.

Cobros

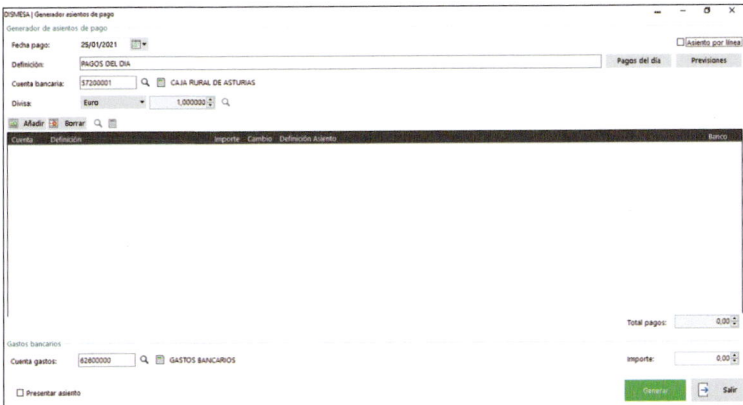

Figura 2.8.

## ASIENTOS PREDEFINIDOS

En muchos casos se observa, después de introducir un gran número de asientos, que la mayor parte de los apuntes que se introducen se repiten y que muchos datos son iguales o similares.

Predefinir asientos es configurar un tipo de asientos patrón que permiten automatizar y realizar de forma rápida y sencilla los asientos en contabilidad para que no se haga tan repetitiva su introducción. Sería el equivalente a una plantilla de Office (Word, Excel, Access).

Por ejemplo, en una factura de un determinado gasto de un proveedor (energía eléctrica, de la empresa distribuidora X), si se analizan los datos que hay que introducir se observa :

- Fecha factura:                             Cambia cada factura que se introduce.

- Número de factura/documento:   Cambia cada factura que se introduce.

- Cuenta de gasto: (62800001)        No cambia cada factura que se introduce.

- Cuenta acreedor (41000001)        No cambia cada factura que se introduce.

- Cuenta del IVA: (47200021)         No cambia cada factura que se introduce.

- Concepto /definición:                    Cambia cada factura que se introduce.

- Base imponible: (XXXX,XX €)        Cambia cada factura que se introduce.

- Código IVA (03)                            No cambia cada factura que se introduce.

Como se puede observar, de ocho datos que se tienen que introducir solamente cuatro cambian, el resto son fijos. Entonces para este tipo de asientos se pueden confeccionar Asientos predefinidos o Plantillas de asientos para ahorrar tiempo y no tener que introducir esos datos que se repiten.

Para definir un Asiento predefinido se introducirán los siguientes tipos de datos:

- Los **Datos fijos**: se escribirán como se hace normalmente: 62800001 y quedarán fijos en el Asiento predefinido /plantilla.

- Las **Variables**: deben ir siempre expresadas entre corchetes; serán los datos que se tendrán que introducir. [BaseImponible]

- Las **Operaciones** irán precedidas del signo igual. Son las operaciones que se realizarán con los datos introducidos. = [BaseImponible]*21 %

- Los **Operadores** serán los símbolos que permitirán realizar las operaciones. Van a ser los mismos que se utilizan en una tabla de Excel: + (signo más, para la suma), - (signo menos, para la resta), * (asterisco, para la multiplicación), / (barra oblicua, para la división), % (signo de porcentaje), etc.

Cuando se introduce el Código de asiento predefinido, se abre una ventana con la plantilla; los datos fijos permanecerán estáticos (no se pueden modificar en esta ventana) y se abrirá una ventana nueva donde se tienen que introducir los datos variables, que se habían definido inicialmente; se introducen y las operaciones se realizarán automáticamente. Al final se comprobarán los datos introducidos; si hubiese que realizar algún cambio, se podría realizar ahora, y si están bien introducidos, se aceptará el asiento y se guardarán los datos del asiento.

En Sage 50 para confeccionar **Asientos predefinidos** hay que ir a:

**Contabilidad > Asientos > Generadores > Asientos predefinidos.**

o

**Contabilidad > Asientos > Entrada de Asientos > Nuevo > Predefinidos.**

Al entrar en la ventana de **Asientos predefinidos**, aparecerá una **lista previa** con los **Asientos predefinidos** que ya han sido creados previamente; dentro de esta ventana se puede crear uno **Nuevo, Ver, Editar** un Asiento predefinido existente (se abrirá la ventana de Asientos predefinidos), **Eliminar, Imprimir Lista, Exportar Lista, Refrescar** los datos, acceso a la ventana de **Opciones** y **Salir** de la ventana. También se pueden utilizar, desde las pestañas laterales, filtros Avanzados, opciones y personalización de los filtros para facilitar las búsquedas en la lista previa.

Si se selecciona un **Asiento predefinido** y se hace doble clic sobre él, se abre una **Ficha de Asientos predefinidos;** en esta ventana se puede **Crear** un nuevo Asiento predefinido, **Editarlo, Eliminarlo, Localizar** un Asiento predefinido, **Opciones,** acceso a los **Botones de Navegación** que permiten desplazarse entre los distintos Asientos predefinidos y **Salir** de la ventana. Una vez que se hayan realizado todos los cambios y se compruebe que son correctos, se procederá a aceptar y a salir de la ventana de Mantenimiento Asientos predefinidos.

La ventana en la que se **Introducen los Asientos Predefinidos** se divide en dos bloques:

- En el **primer bloque** se introducirá el **Código del Asiento predefinido** y el Nombre que se le asignará, también se tiene la opción de **Encadenar** este Asiento predefinido a una plantilla de Asiento ya confeccionada. Si se quiere encadenar a otra plantilla, lo que hay que hacer es introducir el código de la planilla; a través de la lupa Q se puede acceder al listado de todos

Asientos predefinidos creados previamente y al posicionarse sobre el que se desea seleccionar, al pulsar Aceptar quedará seleccionado, o a través del botón de acceso directo a mantenimientos 📄 y se podrá navegar directamente en Mantenimiento de Asientos predefinidos. Y por último se asignará un nombre que sirve para identificar el Asiento predefinido.

- En el **segundo bloque** están los **Detalles** en donde se definirá la estructura de Asiento predefinido:

  → Primero se irá a **Añadir** para crear cada una de las líneas del detalle de Asiento.

  Una vez que se ha añadido una nueva línea, los campos de cada línea son: Asiento, Orden, Cuenta, Definición, Debe, Haber, IVA, Retención, Base imponible, Contrapartida, Factura, Referencia y Cuadre:

  → **Asiento**: se puede incluir más de un asiento dentro de una misma plantilla. Este campo sirve para identificar a qué asiento pertenece la línea que se está introduciendo. Al añadir la primera línea, por defecto toma el valor "1"; se puede modificar haciendo doble clic sobre él.

  → **Orden**: indica el orden que ocupa dentro del asiento la línea que se está introduciendo. La primera línea de cada asiento muestra por defecto el valor "1"; se podrá modificar haciendo doble clic sobre él mismo. Al añadir nuevas líneas a un asiento, se les asignará como "orden" el número inmediatamente posterior al que tenga la línea anterior del asiento.

  → **Cuenta**: aquí se introducirá la cuenta contable que corresponda. Se puede utilizar la lupa 🔍 para localizar la cuenta en la lista previa de Cuentas contables. Se muestra una ventana previa desde la que se puede seleccionar el nivel de cuenta que corresponda (nivel 1, nivel 2, nivel 3, nivel 4 o cuentas). El listado de cuentas se mostrará al nivel que se selecciona. Si se selecciona la cuenta que se quiere introducir y se pulsa Aceptar, la cuenta se introducirá automáticamente.

  → **Debe**: cuantía a cargar o debitar. Se puede indicar en forma de número o importe o mediante una fórmula, pudiendo definir posteriormente el valor de las variables.

  → **Haber**: importe a abonar o acreditar. Se puede indicar en forma de número o importe o mediante una fórmula, pudiendo definir posteriormente el valor de las variables.

  → **IVA**: aquí se introduce el código del tipo de IVA que le corresponde a este Asiento. Se puede hacer uso de la lupa 🔍 para localizarlo en el listado de Tipos de IVA, así como acceder a Mantenimiento de tipos de IVA pulsando sobre este botón 📄.

→ **Retención**: aquí se introduce el tipo de retención que se va a aplicar al Asiento. Se puede buscar a través de la lupa 🔍 y localizarlo dentro de la lista previa de Tipos de Retención, así como acceder al Mantenimiento de tipos de retención con el botón 📄.

→ **Base imponible**: este campo se tiene que cubrir para cuentas a las que se les aplica IVA. Se puede indicar como una variable para cálculos con ella.

→ **Contrapartida**: se asignará la cuenta del Cliente o Deudor, en caso de IVA repercutido y la cuenta de Proveedor o Acreedor para el IVA soportado.

→ **Factura**: se indicará el número de factura que corresponde al documento que se está contabilizando. Este dato es obligatorio rellenarlo para generar el asiento si existe una cuenta de IVA. Se pueden usar variables para cubrirlo.

→ **Referencia**: se permite la gestión del campo Referencia por línea. Se puede hacer uso de variables para cumplimentar este campo y, al indicar la referencia en una de las líneas, este valor se copiará por defecto en las siguientes líneas. Se puede modificar si fuese necesario. Al generar el asiento, esta información quedará guardada.

→ **Cuadre**: para cada uno de los asientos que formen parte de la estructura del asiento predefinido, se puede configurar una de sus líneas para que actúe como "línea de cuadre".

**Nota:** los **campos con fondo verde claro** son campos obligatorios para la correcta confección del asiento predefinido.

---

### Práctica: Nuevo asiento predefinido (definir e introducir)

Debe realizar las siguientes operaciones con asientos predefinidos:

- Predefinir un asiento de Ventas.
- El 30 de enero de 2021 se venden ventanas a la empresa APLIMADERA, S. A. por importe de 5.000,00 euros, factura n.º A 0016, queda pendiente de cobro, el IVA de la operación es el 21 %.

**Se pide:** Introducir estos nuevos datos de la Contabilidad de la empresa DISMESA.

Solución:

**Primero se definirá el asiento predefinido** y se guardará para poder usarlo más adelante. Para ello se irá a:

Contabilidad > Asientos > Generadores > Asientos predefinidos.

o

Contabilidad > Asientos > Entrada de Asientos > Nuevo > Predefinidos.

Se llega a la lista previa de Asientos predefinidos, como es nuevo, se seleccionará la opción de **Nuevo**.

Una vez dentro de la ventana de Mantenimiento de Asientos predefinidos, se le asignará un **Código** al Asiento predefinido que será el 0000000001 y a continuación se le pondrá el **Nombre** de Ventas al 21 % a Crédito. Los pasos que se seguirán son:

1. Se irá a **Añadir** las líneas del Asiento predefinido.

2. Las subcuentas van a ser fijas con lo que se introducirán tal cual; se escribirán en el campo **Cuenta**.

3. En la **Definición** se pretende que aparezca un texto fijo que será "Fra…..venta de mercancía" y una parte que variará, que será el número de la factura de venta; entonces, en Definición habrá que escribir la parte fija y la variable entre corchetes, de esta forma: **Fra [NUMFACT] Venta de mercancía**.

4. En la línea de la **Cuenta de Venta** (70000001) se aceptará la casilla de verificación de cuadre para que la aplicación realice el cuadre automáticamente, es decir, que coloque aquí el importe de la base imponible.

5. En la línea de la **Cuenta del IVA** se colocará una operación, que será la variable base imponible por el tipo de IVA que es el 21 %, entonces se escribirá en el haber: =[BIMP]*0,21.

6. En la línea de la **Cuenta de Clientes** hay que decirle a la aplicación que coloque en el importe del debe la base imponible más el IVA; esto hay que escribirlo de la siguiente forma: =[BIMP] + [BIMP]*0,21

7. Por último, se comprueba que esté bien predefinido el asiento y se acepta para guardarlo.

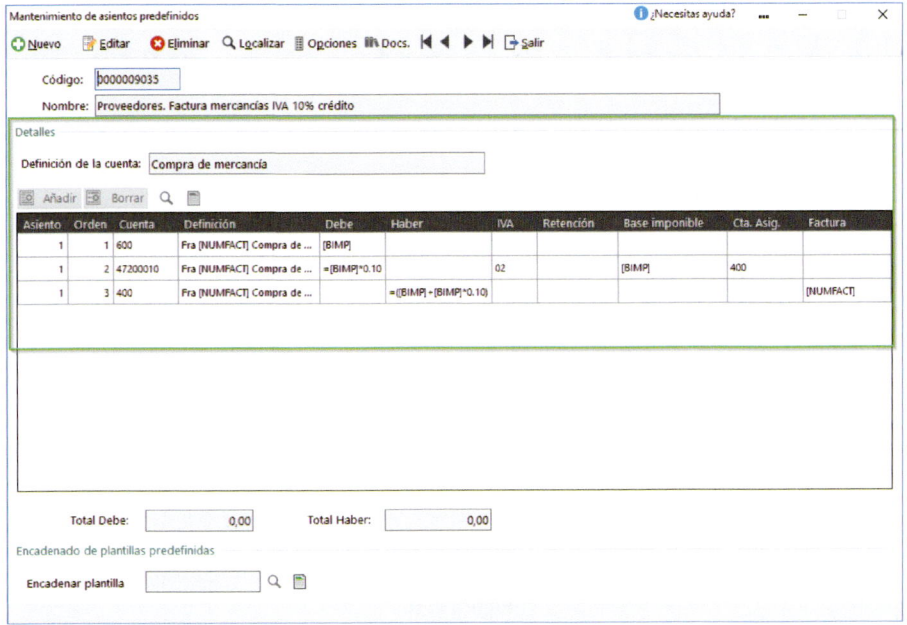

Figura 2.9.

En **segundo lugar,** se introducirán los datos a través del Asiento predefinido anteriormente, para ello se seguían los siguientes pasos:

1. Se irá a:

    **Contabilidad > Asientos > Generadores > Asientos predefinidos.**

    o

    **Contabilidad > Asientos > Entrada de Asientos > Nuevo > Predefinidos.**

2. Si se entra en la lista previa se puede seleccionar el Asiento predefinido y aceptar; también se puede abrir, directamente, la ventana de Operadores > Generación y se procederá a introducir el número del Asiento predefinido que se va a utilizar.

3. Se introduce la fecha del asiento, que será el 30/01/2021.

4. El Asiento predefinido que es el 0000000001.

5. Se irá al botón de Variables y se abre la ventana donde se tendrán que introducir los valores de las variables, en este caso es el número de la factura que es A0018 y el importe de la base imponible que son 5.000.00 euros.

6. Se puede seleccionar Presentar asiento para ver el asiento que se va a generar y Generar el asiento.

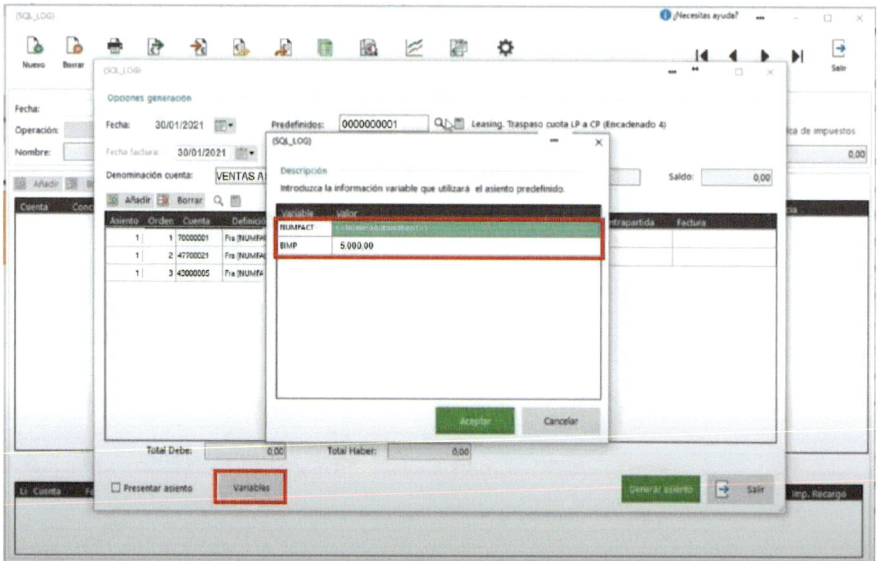

Figura 2.10.

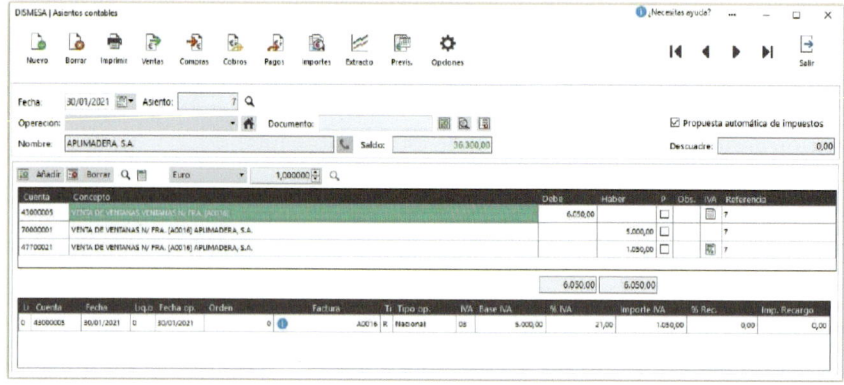

Figura 2.11.

Si a continuación se va a Asientos, se puede ver el nuevo asiento generado. A través de los Asientos predefinidos, se puede entrar en el asiento y modificarlo igual que cualquier otro asiento.

### 2.1.3. Utilidades

En la aplicación Sage 50 dentro del Módulo de Contabilidad hay múltiples **Utilidades** para realizar y/o facilitar la realización de determinadas operaciones con **Asientos**. Estas utilidades están dentro del Módulo de Contabilidad en las opciones **Asientos** y en **Herramientas**:

**Contabilidad > Asientos.**

- **Asientos**: dentro de asientos están las opciones de Conceptos de asientos, Revisión de asientos, Revisión de datos contables, Apertura, Cierre, Generadores y Eliminar asientos:

  → **Concepto de asientos**: desde esta opción se crearán **Conceptos de asientos** que se guardarán para utilizarlos más adelante cuando se den de alta nuevos asientos, es decir, se gestionan los conceptos que se usarán en la creación de asientos. Se guardan asignándoseles un código y, cuando se esté dando de alta un asiento, solamente con escribir este código en el concepto del asiento se cubrirá, automáticamente, con el concepto guardado previamente.

  Al entrar se abre una lista previa donde se podrán ver los **Conceptos de asientos** que están creados o dar de alta uno nuevo; habrá que introducir el Código del concepto y el Nombre (detalle del concepto).

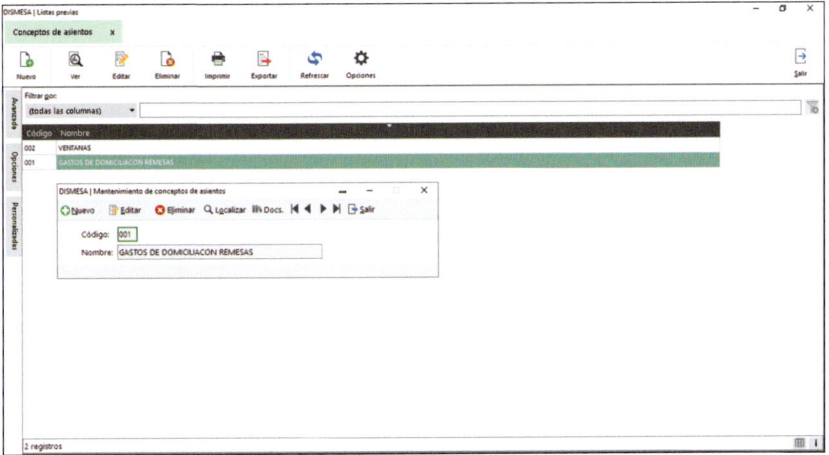

Figura 2.12.

  Al dar de alta un asiento manualmente, para cumplimentar el concepto se puede:

  — Introducir el concepto de forma manual.

  — Indicar el Código del Concepto y pulsar Intro, la tecla Tab o las flechas de desplazamiento para pasar al siguiente campo; cuando esto se ha hecho, la aplicación sustituirá automáticamente el Código que se ha introducido por la descripción que se ha introducido para ese Código de concepto.

  → **Revisión de asientos**: en esta opción se pueden revisar los asientos, comprobando que no tengan errores. Pueden ser: asientos descuadrados, asientos sin cuenta, diferencia asiento y registros de IVA o retenciones, etc. Esta revisión se hace a través de los filtros de fechas (entre fechas: desde fecha y hasta fecha) y/o tipos de revisión. Los **tipos de revisión** son los errores que puede tener el asiento; se accede a ellos a través del icono ⊞ , estos son:

— **Asiento descuadrado:** muestra los asientos en los que las sumas de debe y haber son distintas.

— **Apuntes sin cuenta contable:** muestra asientos en los que faltan una o varias cuentas contables.

— **Cuenta contable inexistente:** muestra las cuentas introducidas en el asiento y que no existen en el Plan contable.

— **Importe inferior en niveles analíticos:** muestra los asientos en los que las sumas de los importes de los niveles analíticos de una cuenta contable son inferiores al importe de dicha cuenta.

— **Importe superior en niveles analíticos:** muestra los asientos en los que las sumas de los importes de los niveles analíticos de una cuenta contable son superiores al importe de dicha cuenta.

— **Asientos sin niveles analíticos:** muestran los asientos que tienen desglose analítico para los que no hay dicho desglose.

— **Apunte de IVA no registrado:** muestran los asientos en los que hay alguna cuenta de IVA (472 o 477) y no tiene su correspondiente registro de IVA.

— **Cuenta de IVA diferente de asiento:** muestra los asientos con los que la cuenta contable que figura en el asiento es distinta de la cuenta que figura en el registro del IVA.

— **Importe de IVA diferente:** muestra los asientos en los que el importe de la cuenta contable del asiento del IVA es distinto al importe que figura como cuota de IVA en el registro de IVA.

— **Retención no anotada:** muestra los asientos que tiene una cuenta de retenciones y que no figura ningún apunte en el registro de retenciones.

— **Importe de retención diferente:** muestra los asientos con importes distintos en la cuenta de retenciones del asiento y del registro de retenciones.

— **Asientos con fecha fuera de periodo de ejercicio actual:** muestra los asientos que tienen una fecha fuera del ejercicio económico activo.

— **Importe de recargo diferente:** muestra los asientos en los que el importe del recargo de equivalencia del asiento es distinto al importe del recargo de equivalencia del registro de IVA.

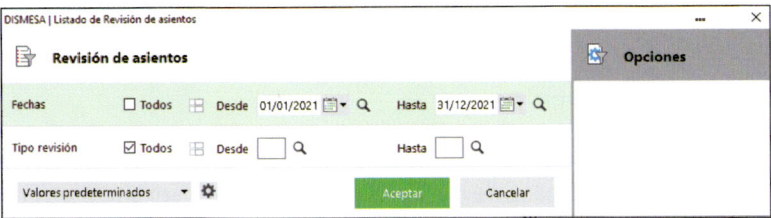

Figura 2.13.

→ **Revisión de datos contables:** permite realizar comprobaciones como en el punto anterior, pero en los filtros de búsqueda se añade la selección por asiento (desde asiento hasta asiento). Los tipos de comprobación para esta revisión son:

— Cuadre general.

— Asientos descuadrados.

— Apuntes sin cuenta contable.

— Cuentas contables inexistentes.

— Niveles de cuentas contables.

— Cuentas de situación de grupos 1, 2, 3, 4 y 5.

— Cuentas de situación de grupos 6, 7, 8 y 9.

— Cuentas de situación inexistentes.

Figura 2.14.

→ **Apertura:** cuando se abre un nuevo ejercicio económico este está sin datos; para comenzar a trabajar se tendrá que generar el asiento de apertura. El asiento de apertura traerá los saldos del asiento de cierre del ejercicio anterior. La aplicación Sage 50 permite realizar dos tipos de asientos de **apertura**:

— **Asiento de apertura provisional:** se generará un asiento de apertura provisional en caso de que en el ejercicio anterior no exista asiento de cierre del ejercicio. Dicho asiento siempre será el número 1 del ejercicio.

— **Asiento de apertura definitivo:** se generará un asiento de apertura definitivo en el caso de que en el ejercicio anterior exista asiento de cierre del ejercicio. Dicho asiento siempre será el número 1 del ejercicio.

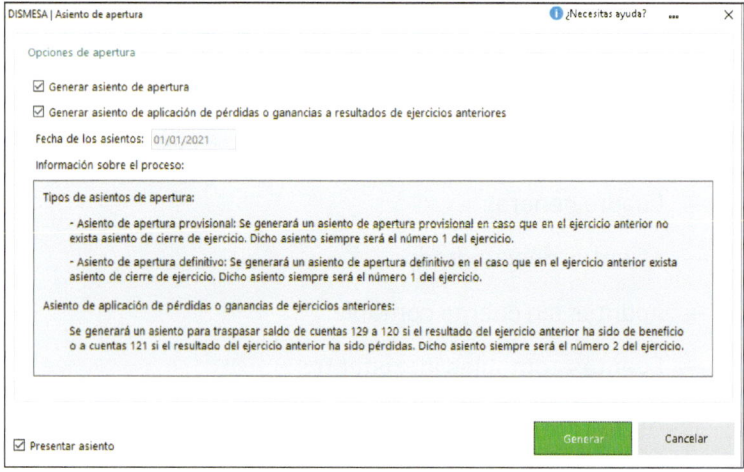

Figura 2.15.

→ **Cierre:** esta opción permite realizar el cierre de un ejercicio. Para la realización del cierre, la aplicación va a tener en cuenta la regularización de las existencias, el cierre de los grupos 8 y 9 y la regularización y cierre:

— **Regularización de las existencias:** desde esta opción se realizará la regularización de las existencias. Para ello, se deberá marcar la casilla de verificación para indicarle a la aplicación que se quiere realizar la regularización de existencias, a continuación, se le introduce la fecha del asiento de la regularización de existencias y, por último, se muestran las cuentas de regularización de existencias (300...) y sus saldos; se hará clic sobre el botón de generar y la aplicación realizará la regularización de existencias.

— **Cierre de los grupos 8 y 9:** en este apartado se hará el cierre de los grupos 8 y 9. El funcionamiento es idéntico al punto anterior, se aceptará realizar el cierre y se introducirá la fecha del asiento y se observarán las cuentas y sus saldos; se hará clic sobre el botón generar y se generará el **asiento de cierre**.

— **Regularización y cierre:** aquí se realizan, automáticamente, los asientos de **regularización** (grupos 6 y 7) y de **cierre** (grupos 1, 2, 3, 4 y 5). Primero se indicará si se quieren hacer los asientos de regularizaciones y cierre y/o el asiento de apertura del ejercicio siguiente, a continuación, se introduce la fecha del asiento, y, por último, hay dos pestañas: asiento de regularización y asiento de cierre:

  ✓ **Asiento de regularización:** aparecerán relacionadas las cuentas de los grupos 6 y 7, el concepto y los importes del debe y el haber.

  ✓ **Asiento de cierre:** aparecerán relacionadas las cuentas de los grupos 1, 2, 3, 4 y 5, el concepto y los importes del debe y el haber.

→ **Generadores:** permite generar, a través de los asistentes de generación de asientos, los asientos de ventas, compras, cobros y pagos. Estas opciones son las mismas a las que se accede desde la ventana de asientos.

→ **Eliminar asientos:** desde esta opción se pueden borrar asientos que ya están dados de alta en libro diario, se pueden realizar búsquedas por fechas, cuentas y/o números de asientos.

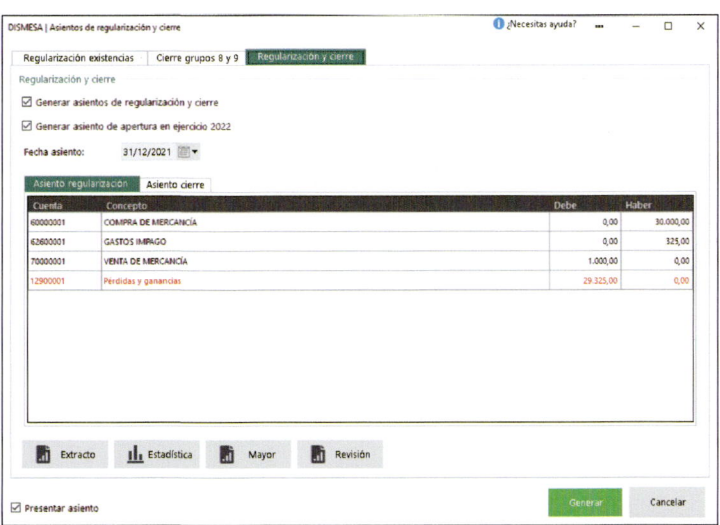

Figura 2.16.

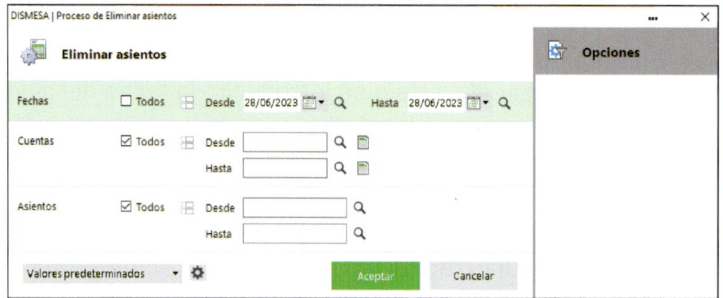

Figura 2.17.

A continuación de realizar la selección, se muestran los asientos que cumplen esas condiciones y a la izquierda hay unas casillas de verificación para seleccionar los asientos que se quieren borrar, se seleccionan y se hace clic en eliminar, y son borrados. Si no se quieren borrar, se hace clic sobre cancelar.

### Contabilidad > Herramientas > Procesos.

- **Herramientas:** dentro de Herramientas en la opción de **Procesos** están otras cuatro opciones relativas a los asientos: Remuneración de asientos, Remuneración de IVA soportado, Cambio de cuentas contables y Actualización de tipos de operación en asientos.

    → **Remuneración de asientos:** la aplicación va numerando los asientos según se van introduciendo, pero es normal que los asientos no estén ordenados por fecha cuando se introducen. Esta opción permite renumerar los asientos y los ordenará por fecha.

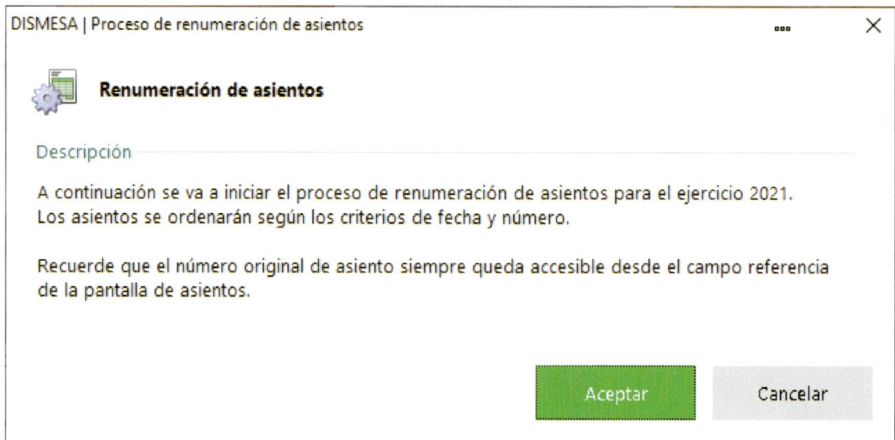

Figura 2.18.

→ **Remuneración de IVA soportado:** desde esta opción se pueden renumerar los apuntes del IVA. La aplicación solicitará que se confirmen dos datos:

— Renumerar a partir de la última orden del ejercicio anterior.

— Renumerar IVA comunitario.

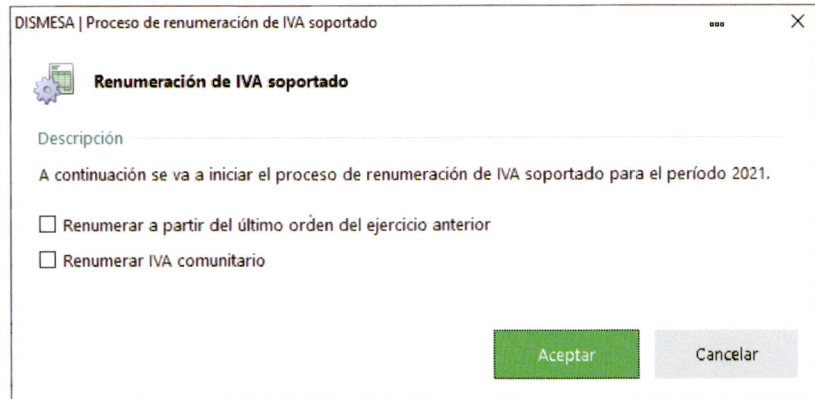

Figura 2.19.

→ **Cambio de cuentas contables:** permite cambiar el número de una subcuenta por otro número y cambia todos los apuntes que estaban en esa subcuenta anterior a la nueva. Pedirá la subcuenta que se va a cambiar, la subcuenta nueva y habrá que aceptar si se desea eliminar la cuenta actual y si se aplica solo en el ejercicio actual.

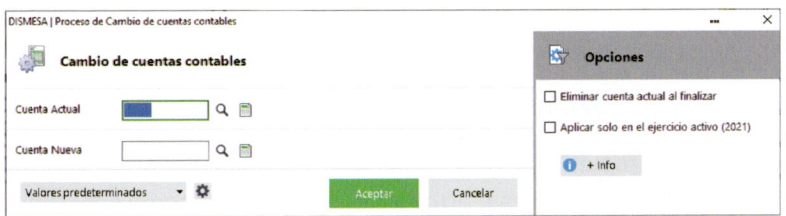

Figura 2.20.

→ **Actualización de los tipos de operaciones de los asientos:** permite actualizar los conceptos de los asientos que se introducen en la ventana de alta de asientos. Se introducirán las fechas entre las que se quieren actualizar los datos, desde qué asiento y hasta qué asiento se va a actualizar y se seleccionará el tipo de operación que se va a proceder a actualizar. Por último, están las opciones por las que se ordenará el informe que se abrirá a continuación, estas opciones son: asientos, fechas o tipos de operaciones.

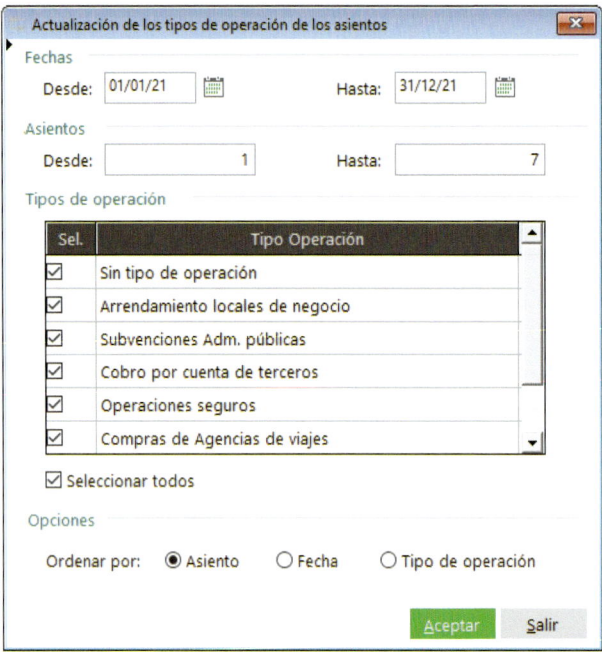

Figura 2.21.

## 2.2. Estados contables y listados

### 2.2.1. Estados contables. Preparación y presentación

Los estados contables son informes que se utilizan para dar a conocer la situación económica y financiera y los cambios que experimenta la empresa a una fecha o periodo determinado.

Esta información resulta útil para los agentes internos como administradores, equipos directivos, auditores y otros agentes externos como clientes, acreedores o entidades financieras.

La mayoría de estos informes constituyen el producto final de la contabilidad y son elaborados de acuerdo a principios de contabilidad generalmente aceptados.

En definitiva, los **estados contables** son los informes (listados contables) que se obtienen de la contabilidad de la empresa, estos informes o estados contables son:

- Balance de situación.

- Cuenta de pérdidas y ganancias.

- La memoria.

- Estado de cambios del patrimonio neto (ECPN).

- Estado de flujos de efectivo (EFE).

Las cuentas anuales deberán ser redactadas de conformidad con lo previsto en el Código de Comercio, en el Texto Refundido de la Ley de Sociedades de Capital, en el Plan General de Contabilidad y en el Plan General de Contabilidad de Pequeñas y Medianas Empresas, sobre la base del Marco Conceptual de la Contabilidad y con la finalidad de mostrar la imagen fiel del patrimonio, de la situación financiera y de los resultados de la empresa.

Para trabajar con las cuentas anuales hay que hacerlo en dos pasos:

1. Se **diseñarán** y se **guardarán** con un Código y un Nombre. Esto se realizará desde el Módulo de Contabilidad, para ello se irá a:

   **Contabilidad > Archivos > Plan Contable > Diseño.**

2. Una vez que están diseñadas y guardadas, se irá a confeccionar el **listado** mediante la aplicación de Filtros y Opciones. Dentro de las Opciones es donde se seleccionará el modelo que se ha diseñado en el paso anterior. Para confeccionar los listados de las cuentas anuales se irá al módulo de contabilidad a:

   **Contabilidad > Cuentas Anuales.**

Las cuentas anuales en Sage 50:

- **Balance de situación:** como ya se ha comentado en el apartado de listados contables, el **balance de situación** es un documento que informa de la situación patrimonial de la empresa de un periodo determinado, los elementos que lo integran son: **activo, pasivo y patrimonio neto.**

  Para **diseñar** el **balance de situación** habrá que ir a:

  **Contabilidad > Archivos > Plan Contable > Diseño > Balance de situación.**

  Para **confeccionar** el listado del **Balance de situación** habrá que ir a:

  **Contabilidad > Cuentas Anuales > Balance de situación.**

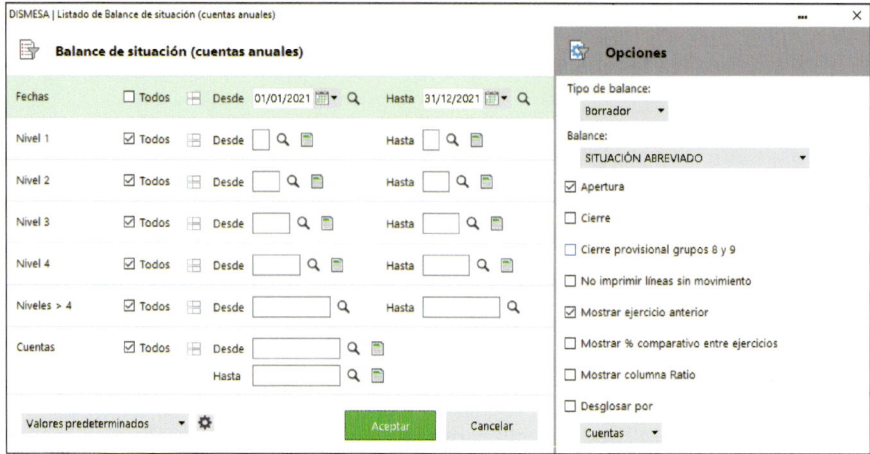

Figura 2.22.

- **Balance de pérdidas y ganancias:** como también se ha comentado en el apartado de listados contables, este documento recoge de forma separada y ordenada los ingresos y gastos del periodo y por diferencia de estos muestra el resultado del periodo. Se pueden mostrar los datos del ejercicio económico seleccionado y los del ejercicio inmediatamente anterior.

Para **diseñar pérdidas y ganancias** habrá que ir a:

**Contabilidad > Archivos > Plan Contable > Diseño > Pérdidas y Ganancias.**

Para **confeccionar** el **listado** de **pérdidas y ganancias** habrá que ir a:

**Contabilidad > Cuentas anuales > Balance de pérdidas y ganancias.**

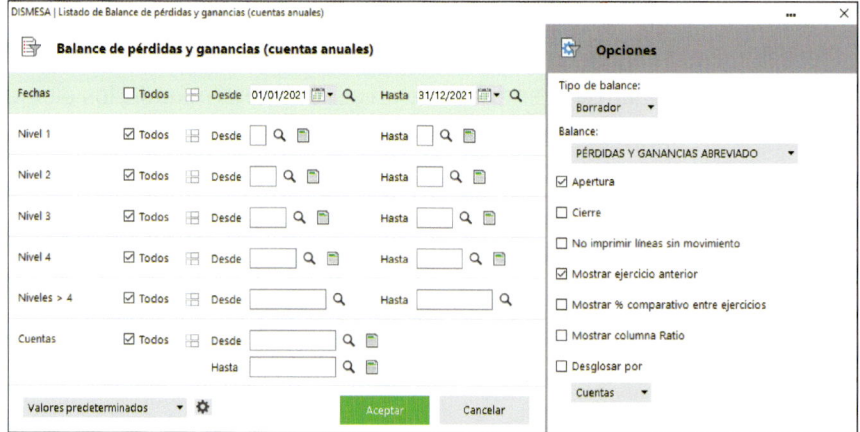

Figura 2.23.

- **La memoria.** La memoria es un estado contable que completa, amplía y comenta la información contenida en los otros documentos que integran las **cuentas anuales.** Las notas y comentarios a los estados financieros deben prepararse conjuntamente con el resto de estados financieros, ya que todos juntos constituyen las cuentas anuales. La **memoria** es un estado contable obligatorio al igual que todos los documentos que constituyen las cuentas anuales.

  Para **diseñar la memoria** habrá que ir a:

  Contabilidad > Archivos > Plan Contable > Diseño > Memoria.

  Para **confeccionar** el **listado** de **la memoria** habrá que ir a:

  Contabilidad > Cuentas anuales > Memoria.

- **El estado de cambios del patrimonio neto (ECPN).** El estado de cambios del patrimonio neto (ECPN) es un documento que refleja las variaciones del patrimonio neto de la empresa derivadas de los ingresos y gastos recogidos en la cuenta de pérdidas y ganancias y aquellas partidas que se imputan al patrimonio de la empresa directamente. Es un estado de cuentas obligatorio.

  Para **diseñar el estado de cambios del patrimonio neto** habrá que ir a:

  Contabilidad > Archivos > Plan Contable > Diseño >
  Estado de cambios del patrimonio neto.

  Para **confeccionar** el **listado** del **estado de cambios del patrimonio neto** habrá que ir a:

  Contabilidad > Cuentas anuales > Estado de cambios del patrimonio neto.

- **Estado de flujos de efectivo (EFE).** Se trata de un estado contable que informa sobre la utilización de los activos monetarios, caja y bancos, representativos del efectivo y otros activos líquidos equivalentes clasificando los movimientos por actividades e indicando la variación neta de dicha magnitud en el ejercicio.

  Para **diseñar el estado de flujos de efectivo (EFE)** habrá que ir a:

  Contabilidad > Archivos > Plan Contable > Diseño >
  Estado de flujos de efectivo.

  Para **confeccionar** el **listado** del **estado de flujos de efectivo (EFE)** habrá que ir a:

  Contabilidad > Cuentas anuales > Estado de flujos de efectivo (EFE).

## 2.2.2. Listados contables

Hasta ahora se ha visto cómo se introducen los datos en contabilidad y las utilidades de los asientos que ofrece Sage 50 para facilitar el trabajo a través la aplicación. En este apartado se encuentran las opciones de **Ver** y **Extraer** toda esa información que se ha introducido previamente. La aplicación presenta una serie de informes predefinidos en los que se buscan los datos que se quieren seleccionar mediante la utilización de filtros y de las opciones que permiten ordenar y establecer condiciones a los datos filtrados. Una vez filtrada, ordenada y establecidas las condiciones, la información que se obtiene se puede Ver en pantalla, Imprimirla, Exportarla y Guardarla.

Para acceder a estos **listados** se irá a:

**Contabilidad > Listados.**

Los **informes** o **listados** que permite realizar la aplicación Sage 50 son: asientos, excedido de crédito, crédito y caución, cuentas contables, extractos de cuentas, previsiones de cobro, previsiones de pago, gestión de solicitudes de crédito, balances, diario, mayor e histórico de envío de *e-mails:*

Antes de comenzar en detalle con los listados de Contabilidad de Sage 50 se realizará una introducción para ver cómo se realizan estos listados, ya que es similar a todos ellos y solo cambian los **filtros** y las **opciones**.

### INTRODUCCIÓN A LOS LISTADOS DE CONTABILIDAD DE SAGE 50

Al seleccionar un listado, se abre una ventana para configurarlo cuyo nombre o título será "Listado de... "y a continuación el título de listado (Listado de Asientos, Listado de Excedidos de Créditos...). Esta ventana estará dividida en dos partes; la izquierda, que es donde figuran los **filtros** que se van a establecer, y la derecha, donde se seleccionan las **opciones** y las condiciones que se van a aplicar a los datos previamente filtrados.

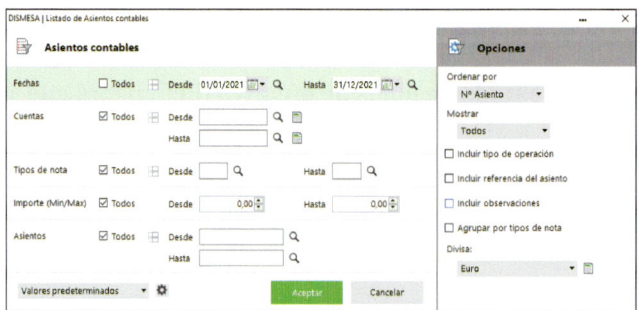

Figura 2.24.

## FILTROS

El apartado izquierdo de los **filtros** irá cambiando según el listado que se elija y las posibilidades que hay para la selección de los datos filtrados son las siguientes:

- ☑ Todos Permite seleccionar todos los registros de ese filtro.

- ⊞ Abre una lista con todos los datos del campo filtrado y tiene una casilla de verificación en la parte izquierda para marcar y desmarcar los registros que se quieren filtrar o no filtrar.

- 01/01/2021 📅▾ 🔍 [ ] 🔍 📄 [ 0,00 ⬍ ] En estos campos para establecer los filtros se pueden:

  → Seleccionar los valores buscando las fechas en el calendario.

  → Buscar en la lista previa del campo.

  → Seleccionar los valores a través de unas flechas que irán aumentando o disminuyendo los valores numéricos del campo.

Se establecerán valores desde (donde empieza la búsqueda) y hasta (donde acaba la búsqueda). Los valores se pueden introducir manualmente (escribiéndolos)o utilizando los asistentes anteriores.

## OPCIONES

En la parte derecha se encuentran las **opciones,** en donde hay una opción para **ordenar** los datos filtrados, si se desean mostrar todos los campos filtrados o los exportados, no exportados y los de Sage Capture, y si se quiere incluir el tipo de operación, incluir referencia del asiento, incluir observaciones o agrupar por tipos de nota. Todas estas opciones se seleccionarán a través de casillas de verificación y, por último, se seleccionará la divisa.

## LISTADOS

Cuando ya estén los filtros y las opciones definidas, se acepta y se abre una nueva ventana de "**Listados de**…" que permite diseñar los listados que se van a obtener. Esta ventana tiene tres pestañas: Buscar, Columnas y Analizar:

- **Buscar:**

  En la parte superior hay tres bloques:

  → **En el primer bloque** (el de la izquierda), se realizarán las búsquedas, se indica la columna en la que se quiere realizar la búsqueda y el concepto que se está buscando. Hay una lista desplegable donde se puede seleccionar la columna en la que se va a realizar la búsqueda y a continuación un campo donde se introducirá el texto a buscar.

→ **En el segundo bloque** se establecerá por dónde se va a realizar la búsqueda, se puede ir por el inicio o por el final, por búsqueda hacia atrás y, por último, se puede resaltar la línea que cumpla las condiciones del bloque anterior.

→ **En el tercer** y último bloque, aparecerán filtrados los datos que cumplen las condiciones de la búsqueda.

En la parte inferior se encuentra una tabla con los datos filtrados y en donde se realizarán las búsquedas del apartado anterior. Cuando se realiza una búsqueda, en el caso de encontrar varios valores iguales, se seleccionará el primero en verde y el resto en amarillo.

- **Columnas:** en esta pestaña tenemos dos zonas: superior e inferior. En la parte inferior se muestra una tabla, como en el punto anterior, donde se ven los datos filtrados, y en la parte superior, hay dos bloques de opciones derecho e izquierdo:

  → **Izquierdo:** en este bloque están todos los campos que se han filtrado con unas casillas de verificación. En un principio están todas seleccionadas lo que indica que estarán todos los campos visibles; si se desmarca alguna casilla de verificación, ese campo desaparecerá de la tabla, solamente no será visible en el listado.

  → **Derecho:** este bloque se utiliza para trabajar con los campos (las columnas de la tabla). Se pueden añadir nuevos campos (nuevas columnas), se pueden seleccionar las columnas haciendo clic en la parte superior de la columna (título) y posteriormente se seleccionan las flechas del bloque (mover izquierda, mover derecha), una vez que están marcadas también se puede inmovilizar y ordenar esa columna, también se puede reestablecer el orden anterior, dejar la presentación y el orden por defecto.

- **Analizar:** en este bloque se pueden generar una serie de expresiones que cuando se cumplan resaltará el campo o los campos que se hayan seleccionado con un formato de texto (expresión letra) que también se puede definir. Se puede definir el texto tanto para los campos seleccionados y que cumplen la condición como el formato de texto para los que no cumplen. También se puede realizar lo mismo para el formato del fondo.

Una vez que ya se han preparado las tablas con los datos que se desean obtener, estos se pueden imprimir, en impresora o ver en pantalla o exportar a diferentes formatos de archivo. Hay que tener en cuenta que lo que se está haciendo es imprimir o exportar los datos (listados) que aparecen en la tabla. La opción **Guardar** lo que hace es guardar todos los cambios que se han realizado en las pestañas de buscar, columnas y analizar: se seleccionará la dirección donde se quiere guardar y el nombre y figurarán en un recuadro con su nombre. Cuando se quieran recuperar esos cambios realizados se irá a Guardar y se seleccionará el nombre que contenga los cambios que se desean incorporar al listado.

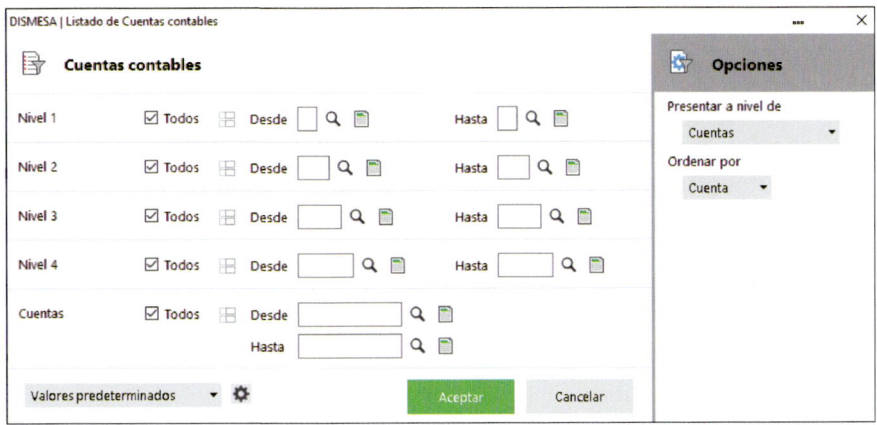

Figura 2.25.

### Listados contables de Sage 50

Una vez que se han visto los pasos generales que hay que realizar para confeccionar un **listado,** se pasará ahora a ver las características particulares de cada listado:

- **Asientos:** para este listado se cuenta con los siguientes **filtros:** fechas, cuentas, tipos de notas, importes (máx. y mín.) y asientos. Y para las **opciones:** ordenar por, mostrar, incluir tipo de operación, incluir referencia de asiento, incluir observaciones, agrupar por tipos de nota, divisa y configuraciones guardadas.

- **Excedido de crédito:** para este listado se cuenta con los siguientes **filtros:** clientes, códigos postales, rutas, vendedores, agencias y actividades. Y para las **opciones:** clientes con límite de crédito 0, solo excedidos en crédito, desglosar clientes del cliente factura, agrupar por vendieron y divisa.

- **Crédito y caución:** para este listado se cuenta con los siguientes **filtros:** fechas, clientes y tipo de crédito. En este listado no hay **opciones**.

- **Cuentas contables:** para este listado se cuenta con los siguientes **filtros:** que son los niveles de las cuentas contables, nivel 1, nivel 2, nivel 3, nivel 4 y cuentas. Y las **opciones** serán: presentar a nivel de y coordinar por cuenta.

- **Extractos de cuentas:** para este listado se cuenta con los siguientes **filtros:** fechas, cuentas, asientos de importe. Y las **opciones** serán: incluir asientos, punteado, acumulado anterior, incluir movimientos con importe a cero, no incluir cuentas con saldo 0, incluir referencia del asiento, agrupar por ejercicio y divisa.

- **Previsiones de cobro:** en este punto hay varios tipos de listados, todos ellos relacionados con el cobro al cliente, estos listados son: cobros diarios, autocartera, previsiones cobradas, autocartera de pagarés, pagarés, comparativo contable, riesgo bancario y diferencia de cambio.

- **Previsiones de pago:** en este punto hay varios tipos de listados, todos ellos relacionados con el pago a proveedores, estos listados son: vencimientos, pagarés, comparativo contable, plazos en previsiones de pago y diferencias de cambio.

- **Gestión de solicitudes de crédito:** para este listado se cuenta con los siguientes **filtros:** fechas, facturas y clientes. Y las **opciones** son: estimaciones solicitadas.

- **Balances:** en el apartado de balances hay tres tipos de balances que son:

  → El **balance de sumas y saldos**, también conocido como **balance de comprobación**, muestra los saldos deudores y acreedores de las subcuentas de una empresa en un momento determinado. Este balance es uno de los más utilizados en una empresa, ya que se pueden ver fácilmente los saldos de las subcuentas. **Este libro es obligatorio**, por lo menos trimestralmente.

    Para este listado se cuenta con los siguientes **filtros:** las fechas, los niveles de las cuentas contables, nivel 1, nivel 2, nivel 3, nivel 4 y niveles > 4 y cuentas. Y las **opciones** serán: presentar a nivel de (nivel 1, 2, 3, 4, 5, 6, 7 y cuentas), no presentar saldos 0, incluir acumulado (movimientos, movimientos más apertura, movimientos más cierre, todo), incluir asiento de apertura, incluir asiento de cierre y agrupado por ejercicio.

→ **Pérdidas y ganancias**: este documento recoge de forma separada y ordenada los ingresos y gastos del periodo y por diferencia de estos muestra el **resultado** del periodo. Se pueden mostrar los datos del ejercicio económico seleccionado y los del ejercicio inmediatamente anterior. **Es un libro de carácter obligatorio.**

Para este listado se cuenta con los siguientes **filtros**: las fechas, los niveles de las cuentas contables, nivel 1, nivel 2, nivel 3, nivel 4 y niveles > 4 y cuentas. Y las **opciones** serán: presentar a nivel de (nivel 1, 2, 3, 4, 5, 6, 7 y cuentas), incluir acumulado (movimientos, movimientos más apertura, movimientos más cierre, todo), incluir asiento de apertura, incluir asiento de cierre, existencias, albaranes de compra pendientes, albaranes de venta pendientes y mostrar meses.

→ **Balance de situación**: el **balance de situación** es un documento que informa de la situación patrimonial de la empresa de un periodo determinado; los elementos que lo integran son: activo, pasivo y patrimonio neto. **Es un libro de carácter obligatorio.**

Para este listado se cuenta con los siguientes **filtros**: las fechas, los niveles de las cuentas contables, nivel 1, nivel 2, nivel 3, nivel 4 y niveles>4 y cuentas. Y las **opciones** serán: presentar a nivel de (nivel 1, 2, 3, 4, 5, 6, 7 y cuentas), mostrar (activo, pasivo y activo + pasivo), incluir asiento de apertura, incluir asiento de cierre, existencias, albaranes de compras pendientes, albaranes de ventas pendientes y cierre provisional de grupos 8 y 9.

- **Diario**: todos los hechos económicos que se producen a lo largo del ejercicio de una empresa, como consecuencia de la actividad a la que se dedica, deben registrarse en el libro diario por orden cronológico.

Esta opción permite realizar los listados del libro diario de la contabilidad, es decir, el listado de los asientos realizados en contabilidad.

**Este libro es obligatorio** y hay que listarlo y/o guardarlo al finalizar el ejercicio y conservarlo con el resto de libros obligatorios.

Para este listado se cuenta con los siguientes **filtros**: las fechas, los niveles de las cuentas contables, nivel 1, nivel 2, nivel 3, nivel 4 y niveles > 4, cuentas y asientos. Y las **opciones** serán: tipos de diario (borrador, oficial y oficial mensual), datos con IVA, acumulado anterior, excluir asiento de apertura, excluir asiento de cierre, excluir importes a 0, incluir observaciones, línea de separación de asientos, agrupado por ejercicio, imprimir en vertical, incluir referencia de asiento, ordenado por (número de asiento, fecha y renumerar) y divisa.

- **Mayor:** el libro mayor **no es un libro obligatorio**, pero sí de gran utilidad. Recoge la información contable agrupada por subcuentas, donde se pueden consultar las operaciones realizadas, los movimientos y los saldos de las subcuentas.

  Para este listado se cuenta con los siguientes **filtros**: las fechas, los niveles de las cuentas contables, nivel 1, nivel 2, nivel 3, nivel 4 y niveles > 4, cuentas y asientos. Y las **opciones** serán: acumulado anterior, salto de página, incluir observaciones, excluir saldo a 0, excluir asiento de apertura, excluir asiento de cierre, datos contrapartida, agrupado por ejercicio, imprimir en vertical, incluir referencia de asiento y divisa.

- **Histórico de envío de emails:** se confeccionarán listados históricos de clientes, proveedores o usuarios.

  Para este listado se cuenta con los siguientes **filtros**: las fechas, los clientes, los proveedores y los usuarios. Y no hay **opciones**.

En todos estos listados, una vez filtrados los datos y seleccionadas las opciones, se abrirá el "Listado de..." donde se puede buscar dentro de la tabla de datos, trabajar con las columnas (añadir, quitar, mover...), analizar los datos (asignándoles colores al texto y al fondo según cumplan o no las condiciones establecidas) y por último imprimir, exportar y guardar el formato o plantilla de listado.

A continuación, se confeccionará un listado de asientos:

Se irá a:

### Contabilidad > Listados > Asientos.

Se abrirá el listado de asiento contables, se aplicarán los filtros y se establecerán las opciones y se acepta.

Se abre otra ventana donde se realizará el diseño definitivo del listado de Asientos contables, se selecciona Imprimir y se podrá enviar a la impresora para imprimirlo, Vista previa, para verlo en pantalla, guardarlo en un archivo o Guardar como plantilla.

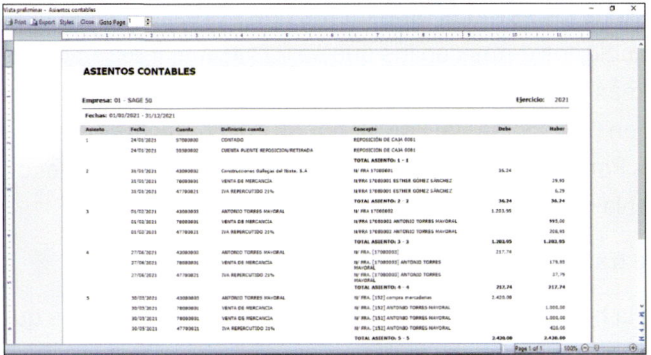

Figura 2.26.

## 2.3. Aplicaciones financieras de la hoja de cálculo

En los apartados anteriores se han obtenido las cuentas anuales que serán de gran utilidad para realizar un análisis pormenorizado de la situación de la empresa.

En los estados contables, a la hora de imprimirlos, siempre se tiene la opción de formato .csv que permitirá abrirlos con este tipo de aplicaciones.

Una hoja de cálculo es un programa o aplicación informática que permite trabajar con gran número de datos numéricos y alfanuméricos dispuestos en tablas o conjuntos de tablas. Estos datos se organizan en un sistema de filas y columnas que confluyen en celdas.

La hoja de cálculo con la que se trabajará será Excel, que es uno de los componentes de Office y una de las hojas de cálculo más usadas.

### 2.3.1. Hojas de cálculo resumen

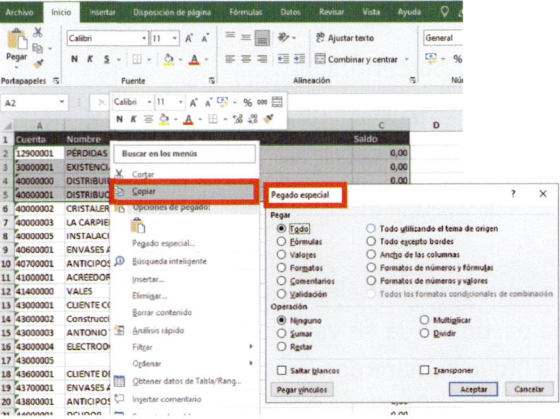

Figura 2.27.

En el **análisis de los estados financieros** que se realizará con aplicaciones de hojas de cálculo, los datos con los que se va a trabajar están dispersos en una tabla o por más de una tabla, por lo que es de gran utilidad poder resumir todos esos datos en una sola tabla. Eso se puede hacer gracias a las **hojas de cálculo resumen**. Por lo tanto, las hojas de cálculo resumen van a recoger datos de la misma tabla o de otras tablas.

La forma de trabajar con hojas de cálculo resumen es:

- Se abre la hoja o las hojas de cálculo donde están los datos que se desean resumir.

- Se selecciona el área con la que se va a trabajar, que puede ser de una celda o de varias.

- Con el botón secundario del ratón se selecciona la opción copiar.

- Ahora hay que dirigirse a la tabla resumen y se marca el lugar donde se quieren colocar los nuevos datos, se selecciona la opción de pegado especial y dentro de esta se marca el botón de **pegar vínculo**.

De esta forma se están pegando los datos seleccionados que quedarán vinculados y se actualizarán automáticamente si se modifican los datos originales.

## 2.3.2. Hoja de cálculo de análisis porcentual

Para realizar el análisis de los estados financieros se va a utilizar el **análisis porcentual**.

El **análisis porcentual** tiene dos enfoques:

- **Estático**: cuando el análisis que se hace es de un solo ejercicio.

- **Dinámico**: cuando se tienen en cuenta datos de dos o más ejercicios.

Hay dos tipos de **análisis porcentuales**:

- **Análisis vertical**: Consiste en determinar el peso proporcional (en porcentaje) que tiene cada cuenta o elemento patrimonial dentro del estado financiero analizado. Estos tipos de análisis son considerados como análisis estáticos.

    El objetivo de este tipo de análisis es determinar qué tanto por ciento representa una partida (que se va a llamar Partida A) respecto a otra o la suma de varias (que llamaremos Partida B), entonces la forma para calcularlo será multiplicar la Partida A * 100 y dividir entre la Partida B.

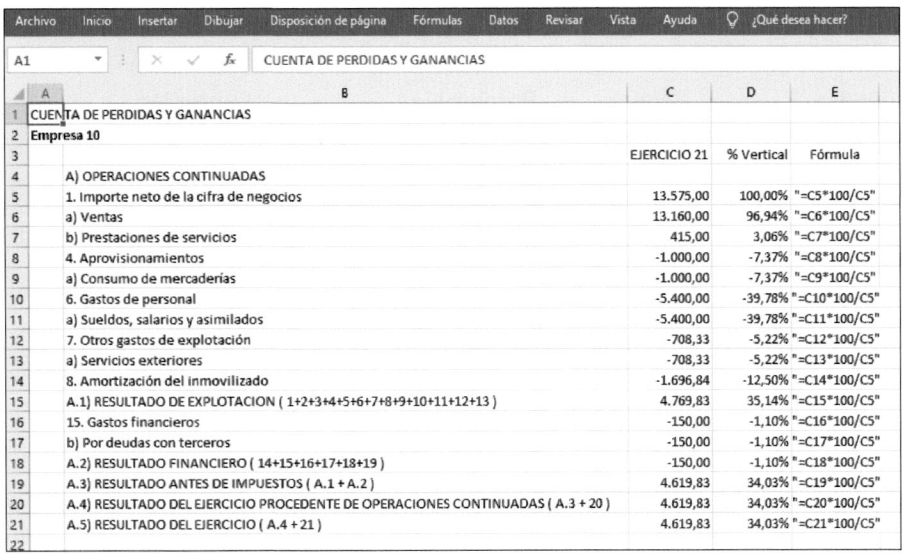

| Archivo | Inicio | Insertar | Dibujar | Disposición de página | Fórmulas | Datos | Revisar | Vista | Ayuda | ¿Qué desea hacer? |

A1 ▾ : × ✓ fx CUENTA DE PERDIDAS Y GANANCIAS

| | A / B | C | D | E |
|---|---|---|---|---|
| 1 | CUENTA DE PERDIDAS Y GANANCIAS | | | |
| 2 | Empresa 10 | | | |
| 3 | | EJERCICIO 21 | % Vertical | Fórmula |
| 4 | A) OPERACIONES CONTINUADAS | | | |
| 5 | 1. Importe neto de la cifra de negocios | 13.575,00 | 100,00% | "=C5*100/C5" |
| 6 | a) Ventas | 13.160,00 | 96,94% | "=C6*100/C5" |
| 7 | b) Prestaciones de servicios | 415,00 | 3,06% | "=C7*100/C5" |
| 8 | 4. Aprovisionamientos | -1.000,00 | -7,37% | "=C8*100/C5" |
| 9 | a) Consumo de mercaderías | -1.000,00 | -7,37% | "=C9*100/C5" |
| 10 | 6. Gastos de personal | -5.400,00 | -39,78% | "=C10*100/C5" |
| 11 | a) Sueldos, salarios y asimilados | -5.400,00 | -39,78% | "=C11*100/C5" |
| 12 | 7. Otros gastos de explotación | -708,33 | -5,22% | "=C12*100/C5" |
| 13 | a) Servicios exteriores | -708,33 | -5,22% | "=C13*100/C5" |
| 14 | 8. Amortización del inmovilizado | -1.696,84 | -12,50% | "=C14*100/C5" |
| 15 | A.1) RESULTADO DE EXPLOTACION ( 1+2+3+4+5+6+7+8+9+10+11+12+13 ) | 4.769,83 | 35,14% | "=C15*100/C5" |
| 16 | 15. Gastos financieros | -150,00 | -1,10% | "=C16*100/C5" |
| 17 | b) Por deudas con terceros | -150,00 | -1,10% | "=C17*100/C5" |
| 18 | A.2) RESULTADO FINANCIERO ( 14+15+16+17+18+19 ) | -150,00 | -1,10% | "=C18*100/C5" |
| 19 | A.3) RESULTADO ANTES DE IMPUESTOS ( A.1 + A.2 ) | 4.619,83 | 34,03% | "=C19*100/C5" |
| 20 | A.4) RESULTADO DEL EJERCICIO PROCEDENTE DE OPERACIONES CONTINUADAS ( A.3 + 20 ) | 4.619,83 | 34,03% | "=C20*100/C5" |
| 21 | A.5) RESULTADO DEL EJERCICIO ( A.4 + 21 ) | 4.619,83 | 34,03% | "=C21*100/C5" |
| 22 | | | | |

Figura 2.28.

## Práctica: Análisis vertical

Calcular el análisis vertical de estas partidas del activo respecto al total del activo:

| | | Análisis vertical | |
|---|---|---|---|
| Cuenta | Valor | Porcentaje | Expresión |
| Caja | 10.000,00 | | |
| Bancos | 25.000,00 | | |
| Inversiones | 35.000,00 | | |
| Clientes | 15.000,00 | | |
| Deudores | 5.000,00 | | |
| Activos fijos | 65.000,00 | | |
| Total activo | 155.000,00 | 100,00 | |

Solución:

**Análisis vertical**

| Cuenta | Valor | Porcentaje | Expresión |
|---|---|---|---|
| Caja | 10.000,00 | 6,45 % | 10.000,00 * 100 / 155.000,00 |
| Bancos | 25.000,00 | 16,13 % | 25.000,00 * 100 / 155.000,00 |
| Inversiones | 35.000,00 | 22,58 % | 35.000,00 * 100 / 155.000,00 |
| Clientes | 15.000,00 | 9,68 % | 15.000,00 * 100 / 155.000,00 |
| Deudores | 5.000,00 | 3,23 % | 5.000,00 * 100 / 155.000,00 |
| Activos fijos | 65.000,00 | 41,94 % | 65.000,00 * 100 / 155.000,00 |
| **Total activo** | **155.000,00** | **100,00** | |

- **Análisis horizontal**: trata de determinar la variación en porcentaje que ha sufrido cada partida de un periodo a otro. Determina cuál ha sido el porcentaje del aumento o la disminución de una partida de un ejercicio a otro. Es un tipo de análisis dinámico.

Para determinar el porcentaje de esta variación se tiene que aplicar una fórmula que es el cociente de la diferencia de las partidas (Partida N – Partida N-1) por 100 entre la partida más antigua (Partida N-1).

$$\frac{(\text{Partida N} - \text{Partida N-1}) * 100}{\text{Partida N-1}}$$

Porcentaje de variación de un año respecto al valor del año anterior.

### Práctica: Análisis horizontal

Realizar un análisis vertical del balance de los ejercicios 2013 y 2012:

| Cuenta | Año 2013 | Año 2012 | Análisis horizontal |
|---|---|---|---|
| Caja | 12.000,00 | 10.000,00 | |
| Bancos | 23.500,00 | 25.000,00 | |
| Inversiones | 38.500,00 | 35.000,00 | |
| Clientes | 19.000,00 | 15.000,00 | |
| Deudores | 6.500,00 | 5.000,00 | |
| Activos fijos | 62.500,00 | 65.000,00 | |
| **Total activo** | **162.000,00** | **155.000,00** | |

Solución:

| Cuenta | Año 2013 | Año 2012 | Análisis horizontal |
|---|---|---|---|
| Caja | 12.000,00 | 10.000,00 | 20,00 % |
| Bancos | 23.500,00 | 25.000,00 | -6,00 % |
| Inversiones | 38.500,00 | 35.000,00 | 10,00 % |
| Clientes | 19.000,00 | 15.000,00 | 26,67 % |
| Deudores | 6.500,00 | 5.000,00 | 30,00 % |
| Activos fijos | 62.500,00 | 65.000,00 | -3,85 % |
| Total activo | 162.000,00 | 155.000,00 | |

La formulación de las celdas en una hoja de cálculo Excel sería:

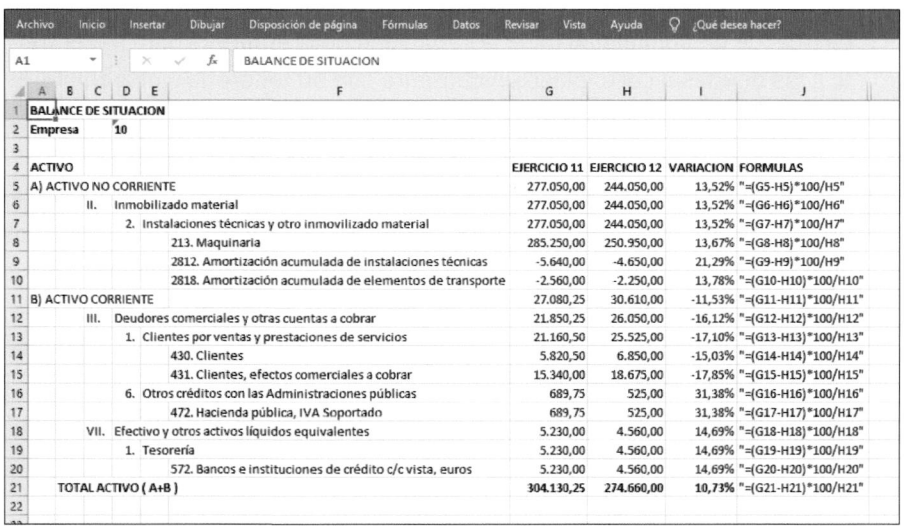

Figura 2.29.

## 2.3.3. Hoja de cálculo de análisis con ratios

Una de las técnicas más utilizadas en el análisis económico-financiero de las empresas es la utilización de **ratios o razones financieras**.

Una **Ratio** es el cociente, razón, relación o proporción que se establece entre dos cantidades o magnitudes relacionadas entre sí.

Las **Ratios** permiten relacionar elementos que por sí solos no son capaces de reflejar la información que se puede obtener una vez que se vinculan con otros elementos que guarden relación entre sí directa o indirectamente.

Ahora se verán algunas de las ratios que se pueden utilizar en el análisis de los estados contables, ya que ratios puede haber tantas como se sean capaces de imaginar:

- La ratio de **solvencia** mide la capacidad de la empresa para hacer frente al pago de sus deudas. Es decir, si se tuviesen que pagar todas las deudas en un momento dado, determina si se tendrían activos para hacer frente a esos pagos. Se calcula dividiendo el activo circulante entre el pasivo circulante (A. circulante /P. circulante). El resultado ideal es 1,5. Se es menor indica que no se posee la solvencia necesaria para hacer frente a los pagos a corto plazo, y si es superior, se puede correr el riesgo de poseer demasiados activos corrientes inactivos.
- La ratio de **disponibilidad** mide la capacidad de la empresa para hacer frente a las deudas a corto plazo únicamente con su tesorería o disponible. Es difícil estimar un valor ideal para la ratio, ya que el disponible acostumbra a fluctuar a lo largo del año. Se puede indicar que si el valor de la ratio es bajo, se pueden tener problemas para atender los pagos y, por el contrario, si la ratio de disponibilidad aumenta mucho, pueden existir recursos disponibles ociosos y, por tanto, perder rentabilidad de los mismos. Como valor medio óptimo, se podría indicar para esta ratio el de 0,3 aproximadamente. Se calcula dividiendo el disponible (caja, bancos) entre el pasivo corriente (disponible /pasivo corriente).

B33

| | A–E | F | G | H | I–M | N | O |
|---|---|---|---|---|---|---|---|
| 1 | Empresa 10 | | | | Empresa 10 | | |
| 2 | | | | | | | |
| 3 | ACTIVO | | EJERCICIO 13 | | PATRIMONIO NETO Y PASIVO | | EJERCICIO 11 |
| 4 | A) ACTIVO NO CORRIENTE | | 120.000,00 | | A) PATRIMONIO NETO Y PASIVO | | 43.500,00 |
| 5 | II. Inmovilizado material | | 120.000,00 | | A-1) Fondos propios | | 43.500,00 |
| 6 | 2. Instalaciones técnicas y otro inmovilizado material | | 120.000,00 | | VII. Resultado del ejercicio | | 43.500,00 |
| 7 | 213. Maquinaria | | 125.500,00 | | 129. Resultado del ejercicio | | 43.500,00 |
| 8 | 2812. Amortización acumulada de instalaciones técnicas | | -5.000,00 | | B) PASIVO NO CORRIENTE | | 75.000,00 |
| 9 | 2818. Amortización acumulada de elementos de transporte | | -500,00 | | II. Deudas a largo plazo | | 75.000,00 |
| 10 | b) ACTIVO NO CORRIENTE | | 76.500,00 | | 5. Otros pasivos financieros | | 75.000,00 |
| 11 | III. Deudores comerciales y otras cuentas a cobrar | | 41.500,00 | | 175. Efectos a pagar a largo plazo | | 75.000,00 |
| 12 | 1. Clientes por ventas y prestaciones de servicios | | 40.000,00 | | C) PASIVO CORRIENTE | | 78.000,00 |
| 13 | 430. Clientes | | 25.000,00 | | III. Deudas a corto plazo | | 45.000,00 |
| 14 | 431. Clientes, efectos comerciales a cobrar | | 15.000,00 | | 5. Otros pasivos financieros | | 45.000,00 |
| 15 | 6. Otros créditos con las Administraciones públicas | | 1.500,00 | | 525. Efectos a pagar a corto plazo | | 45.000,00 |
| 16 | 472. Hacienda pública, IVA Soportado | | 1.500,00 | | V. Acreedores comerciales y otras cuentas a pagar | | 33.000,00 |
| 17 | VII. Efectivo y otros activos líquidos equivalentes | | 35.000,00 | | 1. Proveedores | | 16.000,00 |
| 18 | 1. Tesorería | | 35.000,00 | | 400. Proveedores | | 10.000,00 |
| 19 | 572. Bancos e instituciones de crédito c/c vista, euros | | 35.000,00 | | 3. Acreedores varios | | 6.000,00 |
| 20 | TOTAL ACTIVO (A+B) | | 196.500,00 | | 410. Acreedores por prestación de servicios | | 6.000,00 |
| 21 | | | | | 6. Otras deudas con las Administraciones Públicas | | 11.000,00 |
| 22 | | | | | 4750. Hacienda Pública, acreedora por IVA | | 2.000,00 |
| 23 | | | | | 476. Organismos de la Seguridad Social, acreedores | | 3.000,00 |
| 24 | | | | | 477. Hacienda Pública, IVA repercutido | | 6.000,00 |
| 25 | | | | | TOTAL PATRIMONIO NETO Y PASIVO | | 196.500,00 |
| 26 | | | | | | | |
| 27 | Ratio de Solvencia: | 0,9807692 | "=G10/O12" | | | | |
| 28 | Ratio de Disponibilidad: | 0,4487179 | "=G19/O12" | | | | |
| 29 | | | | | | | |

Figura 2.30.

Para realizar un análisis con ratios de un estado contable con una aplicación de hoja de cálculo se deberán seguir los siguientes pasos:

1. Confeccionar el estado contable y guardarlos en formato hoja de cálculo.

2. Abrir estado contable en formato hoja de cálculo.

3. Formular la hoja de cálculo con las fórmulas de las ratios.

## Práctica: Cálculo de ratios

Realizar el cálculo de la ratio de solvencia y de disponibilidad en el siguiente balance:

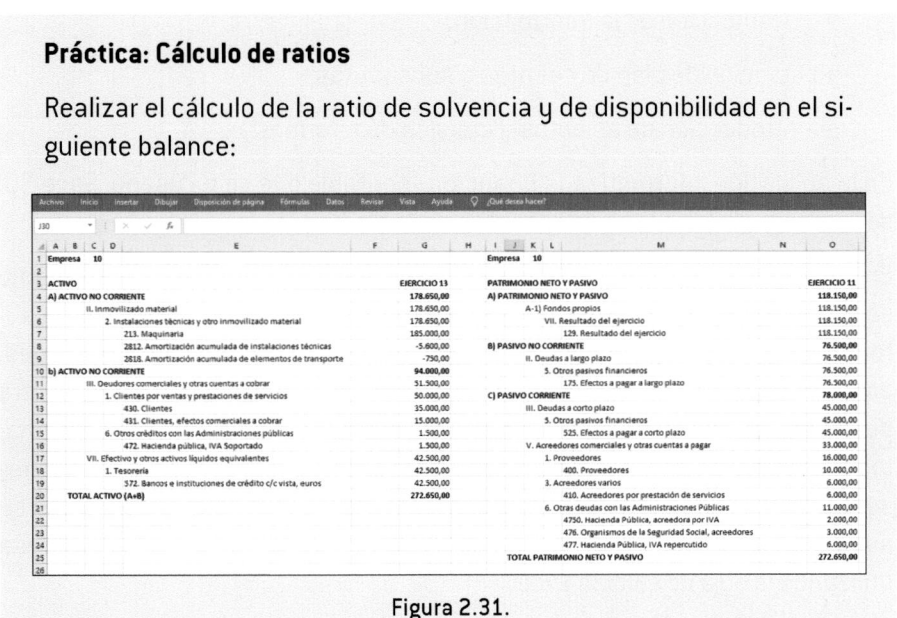

Figura 2.31.

## Solución:

El resultado de las ratios es:

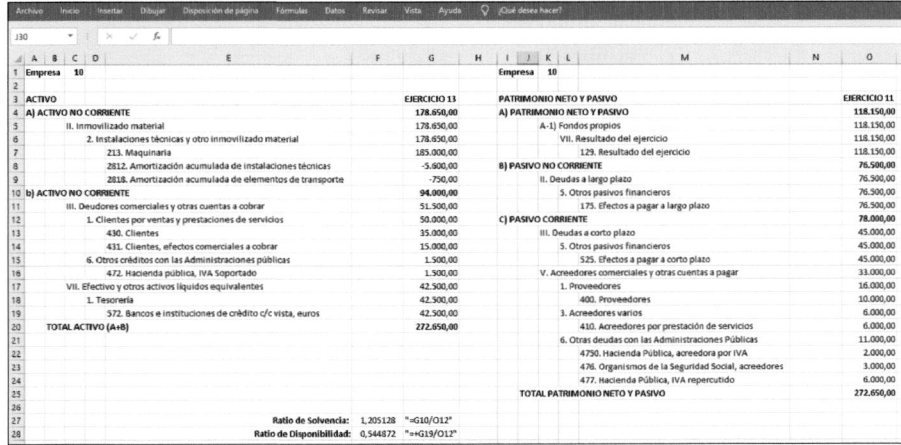

Figura 2.32.

## RESUMEN

En la contabilidad realizada manualmente como en la contabilidad informatizada, hay que seguir unos pasos que son comunes a las dos; la base es la misma, la contabilidad.

- Las fases serán:

    → Clasificación de la información.

    → Creación de plan de cuentas y subcuentas.

    → Introducción de asientos y emisión de informes.

En la aplicación informatizada financiero-contable que se ha usado, Sage 50, se han seguido los pasos de la contabilidad tradicionales.

En las aplicaciones informáticas se han introducido múltiples mejoras como son las opciones que permiten crear asientos predefinidos que permiten automatizar la introducción de asientos repetitivos, o con muchas similitudes, asientos específicos como asientos de compras, ventas, cobros y pagos; otra puede ser la emisión de los informes, estados contables, en múltiples formatos que permiten obtener los libros de contabilidad obligatorios, para su presentación en el Registro Mercantil o en formato hoja de cálculo con lo que se pueden realizar análisis de la situación económico-financiera de la empresa utilizando la hoja de cálculo Excel.

## AUTOEVALUACIÓN Y REPASO

**Marcar: Verdadero o Falso.**

2.1.   El número de dígitos de una subcuenta en Sage 50 tiene que ser inferior a 4.

☐ Verdadero          ☐ Falso

2.2.   Un asiento solamente se puede introducir desde la opción Asientos predefinidos.

☐ Verdadero          ☐ Falso

2. 3.   Para finalizar un asiento contable y guardarlo el descuadre puede ser hasta mayor de 10.

☐ Verdadero          ☐ Falso

2. 4.   En las utilidades de Sage 50 solamente se pueden importar datos de otros programas y nunca se pueden exportar a otros programas.

☐ Verdadero          ☐ Falso

**2. 5.** El libro mayor es un libro contable obligatorio.

        ☐ Verdadero         ☐ Falso

**2. 6.** El libro de balances de sumas y saldos es un libro contable obligatorio.

        ☐ Verdadero         ☐ Falso

**2. 7.** Las hojas de cálculo resumen que se utilizan para el análisis de los estados contables se configuran y programan en Sage 50 y se imprimen en formato PDF.

        ☐ Verdadero         ☐ Falso

**2. 8.** El análisis vertical consiste en determinar el peso proporcional (en porcentaje) que tiene cada cuenta o elemento patrimonial dentro del estado financiero analizado.

        ☐ Verdadero         ☐ Falso

**2. 9.** Una ratio es la suma que se establece entre dos cantidades o magnitudes relacionadas.

        ☐ Verdadero         ☐ Falso

# 3. Aplicaciones informáticas de gestión tributaria

# Contenido

Las aplicaciones informáticas que la AEAT pone a disposición de los contribuyentes son: IRPF, IS, IVA, Impuestos Especiales, medioambientales y Fiscalidad de no residentes.

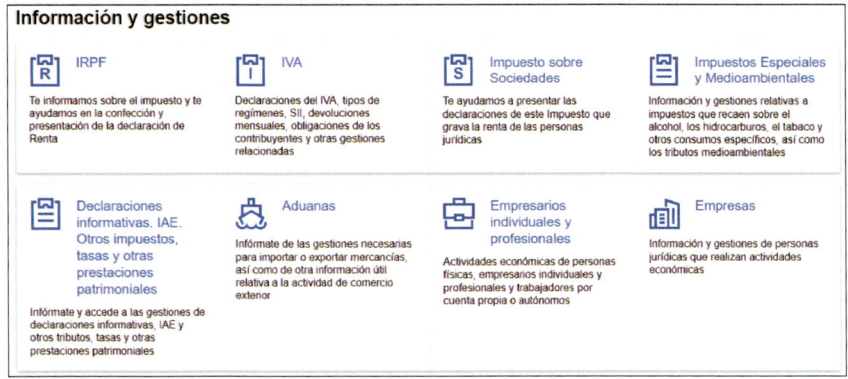

Figura 3.1.

## 3.1. IRPF. Impuesto sobre la renta de las personas físicas, Programa Padre

El **impuesto sobre la renta de las personas físicas (IRPF)**.

El IRPF es un tributo de carácter personal y directo que grava la renta de las personas físicas de acuerdo con su naturaleza y sus circunstancias personales y familiares.

**Se aplica** en todo el territorio español, con las especialidades previstas para Canarias, Ceuta y Melilla y sin perjuicio de los regímenes tributarios forales de concierto y convenio económico en vigor, respectivamente, en los territorios históricos del País Vasco y en la Comunidad Foral de Navarra.

Con carácter general, estarán obligados a presentar y suscribir declaración por este impuesto los contribuyentes del mismo.

Son **contribuyentes** por el IRPF las personas físicas que tengan su residencia habitual en territorio **español**, las personas físicas que tengan su residencia habitual en el extranjero por alguna de las circunstancias previstas en la Ley del IRPF y las personas físicas de nacionalidad española que acrediten su nueva residencia fiscal en un país o territorio calificado reglamentariamente como paraíso fiscal.

Constituye el **hecho imponible** del **IRPF** la obtención de **rentas**. Las rentas que constituyen el hecho imponible del impuesto y que por tanto están sujetas a gravamen son los rendimientos. Los tipos de **rendimientos** que hay a efectos del IRPF son:

a) **Los rendimientos del trabajo.**

Se consideran **rendimientos del trabajo**: los sueldos y salarios, las prestaciones por desempleo, las remuneraciones de gastos de representación, etc. Como regla general, los **rendimientos íntegros** se computarán en su totalidad, salvo que les sea de aplicación alguno de los porcentajes de reducción previstos en la ley. Tienen la consideración de **gastos deducibles** exclusivamente: las cotizaciones a la Seguridad Social o a mutualidades generales obligatorias de funcionarios, las cotizaciones a los colegios de huérfanos, cuotas satisfechas a sindicatos, cuotas satisfechas a colegios profesionales, si la colegiación es obligatoria, gastos de defensa jurídica en litigios con el empleador, etc.

El esquema para el **cálculo del rendimiento neto reducido** es:

(+) Importe íntegro devengado (retribuciones dinerarias)

(+) Valoración fiscal más ingreso a cuenta no repercutido (retribuciones en especie)

(+) Contribuciones empresariales a sistemas de previsión social (importes imputados)

(+) Aportaciones al patrimonio protegido de personas con discapacidad

(−) Reducciones aplicables sobre los siguientes rendimientos

(=) **Rendimiento íntegro del trabajo**

(−) Gastos deducibles

(=) **Rendimiento neto del trabajo**

(−) Reducción por obtención de rendimientos del trabajo (solo para contribuyentes con rendimientos netos del trabajo inferiores a 16.825 euros y rentas distintas a las del trabajo que no superen 6.500 euros)

(=) **Rendimiento neto reducido del trabajo**

b) **Los rendimientos del capital inmobiliario.**

Se consideran rendimientos de **capital inmobiliario**: los provenientes de rendimientos de inmuebles rústicos y urbanos y la constitución o cesión de derechos o facultades de uso o disfrute sobre inmuebles rústicos y urbanos.

Si al **rendimiento íntegro** se le restan los gastos deducibles, obtenemos rendimiento neto. Se pueden considerar **gastos deducibles**, entre otros, los intereses de financiar la adquisición o mejora del bien, los tributos y recargos no estatales, las tasas, la administración, la vigilancia, gastos de portería o similares, el importe de las primas de contratos de seguro, las cantidades destinadas a servicios o suministros, etc.

El **rendimiento neto reducido** se obtiene de restar al rendimiento neto las reducciones que en los supuestos de arrendamiento de bienes inmuebles destinados a vivienda pueden ser del 60 % o del 100 %, siempre que se cumplan las condiciones de la norma.

El esquema para el **cálculo del rendimiento neto reducido**.

(+) Rendimiento íntegro

(−) Gastos necesarios para la obtención de los ingresos deducibles

(−) Cantidades destinadas a la amortización

= **Rendimiento neto**

(+) Rendimiento neto

(−) Reducciones

= **Rendimiento neto reducido del capital inmobiliario**


c) **Los rendimientos del capital mobiliario.**

Tienen la consideración de **rendimientos íntegros del capital mobiliario:** los dividendos, las primas de asistencia a juntas, las participaciones en los beneficios de cualquier tipo de entidad, los intereses, los rendimientos procedentes de operaciones de capitalización, etc. Otro tipo de rendimientos de capital mobiliario son los derivados de la propiedad intelectual e industrial, prestación de asistencia técnica, el arrendamiento de bienes muebles, negocios y minas, etc.

Si al **rendimiento íntegro** se le restan los **gastos deducibles** como son los gastos de administración y depósito de valores negociables, los gastos necesarios para su obtención, etc., se obtiene el **rendimiento neto.**

Para obtener el **rendimiento neto reducido** se restarán las **reducciones del rendimiento neto**. El esquema del cálculo del **rendimiento neto reducido del capital mobiliario** es:

(+) Rendimiento íntegro

(−) Gastos deducibles

= **Rendimiento neto**

(+) Rendimiento neto

(−) Reducciones

= Rendimiento neto reducido del capital mobiliario

d) **Los rendimientos de las actividades económicas.**

Se considerarán rendimientos íntegros de **actividades económicas** aquellos que, procediendo del trabajo personal y del capital conjuntamente, o de uno solo de estos factores, supongan por parte del sujeto pasivo, la ordenación por cuenta propia de medios de producción y de recursos humanos o de uno de ambos, con la finalidad de intervenir en la producción o distribución de bienes o servicios.

En particular, se consideran **actividades económicas** las actividades extractivas, de comercio, de prestación de servicios, artesanía, actividades agrícolas, ganaderas y forestales, actividad de fabricación, actividad pesquera, actividad de construcción, actividades mineras y profesiones liberales, artísticas y deportivas.

Hay dos regímenes para la determinación del **rendimiento neto de la actividad económica**:

- **Estimación directa**. Es el régimen general. Consiste en determinar la renta real y cierta obtenida por el sujeto pasivo por la diferencia entre los ingresos y gastos computables.

- **Estimación objetiva**: solo se aplica el método a las actividades empresariales desarrolladas por personas físicas y que cumplan la Orden HAC/1155/2020, de 25 de noviembre de 2020 para el año 2021.

En el cálculo del **rendimiento neto** de las actividades económicas en **estimación objetiva** se realiza en función de los **signos, índices o módulos** generales o referidos a determinados sectores de actividad que determine el ministerio competente en cada momento.

e) **Las imputaciones y atribuciones de rentas establecidas por ley.**

Tienen la consideración de **rentas inmobiliarias imputadas** aquellas rentas que el contribuyente debe incluir en su base imponible por ser propietario o titular de un derecho real de disfrute sobre bienes inmuebles o la titularidad de un derecho real de aprovechamiento por turno sobre bienes inmuebles urbanos.

**Atribución de rentas:** las rentas obtenidas por determinadas entidades que no tienen la consideración de contribuyentes del impuesto sobre sociedades deben tributar en la imposición personal de sus miembros, estas sociedades son: las rentas provenientes de sociedades civiles, comunidades de bienes, herencias yacentes, etc., se han de atribuir a cada uno de sus socios, partícipes o comuneros, respectivamente.

f) **Las ganancias y pérdidas patrimoniales.**

Son **ganancias y pérdidas patrimoniales** las variaciones del patrimonio del contribuyente que se pongan de manifiesto con ocasión de cualquier alteración en su composición.

El **rendimiento** se calcula por diferencia entre el valor de transmisión y el valor de adquisición.

## CÁLCULO DEL IRPF

Una vez que se han obtenido los **rendimientos netos reducidos,** se realizará la **integración y compensación de rentas.** Para ello, se agruparán en dos grupos:

- **Renta general** agrupa los rendimientos del trabajo, de capital mobiliario, derivados de la propiedad intelectual e industrial, prestación de asistencia técnica, el arrendamiento de bienes muebles, negocios y minas, los rendimientos de capital inmobiliario, los rendimientos de actividades económicas, el saldo positivo de las pérdidas y ganancias patrimoniales que no provengan de trasmisiones de bienes.

- **Renta del ahorro** agrupa los rendimientos de capital mobiliario, los dividendos, las primas de asistencia a juntas, las participaciones en los beneficios de cualquier tipo de entidad, los intereses, los rendimientos procedentes de operaciones de capitalización.

Estas cantidades obtenidas constituyen lo que se denomina:

- **Base imponible general**
- **Base imponible del ahorro**

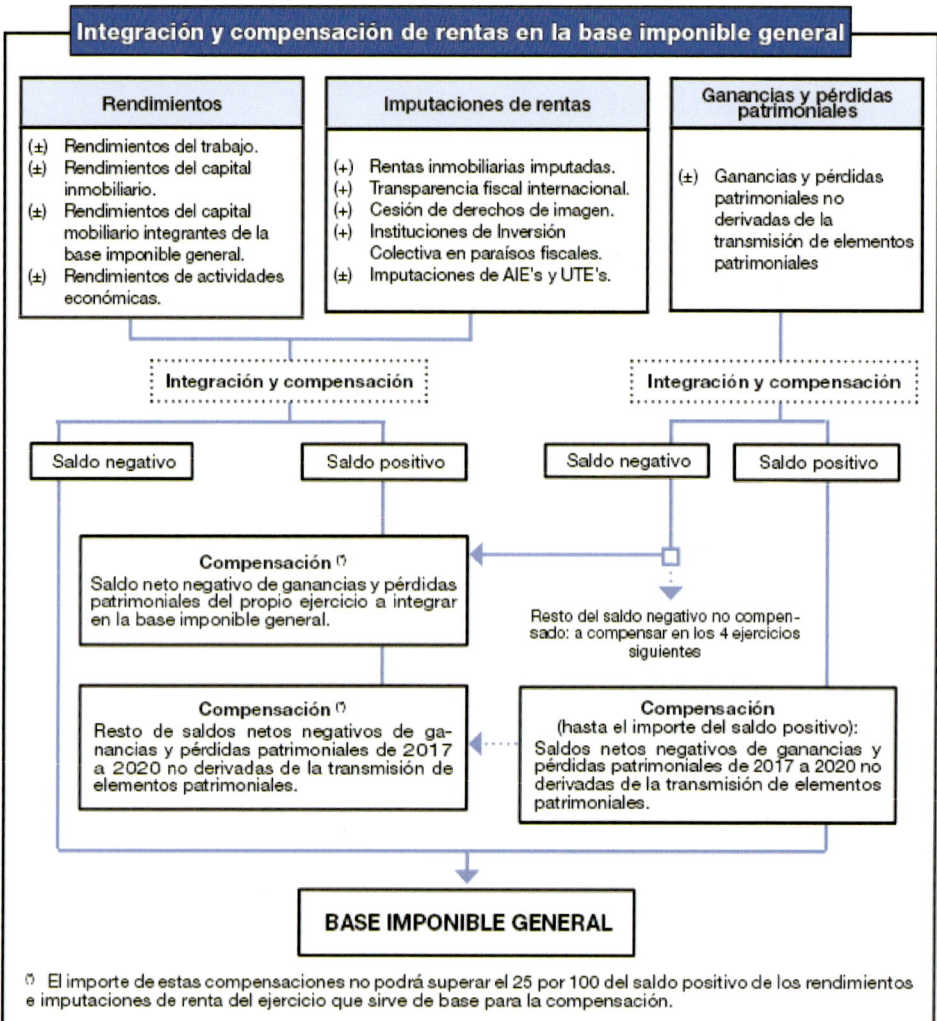

Figura 3.2.

Si a las bases imponibles anteriores, se les aplican sus reducciones correspondientes y los remanentes no aplicados en el cálculo de la base liquidable general, se obtienen las **bases liquidables**, que son:

- Base liquidable general

- Base liquidable del ahorro

Si a la base liquidable general se le realiza la compensación de bases liquidables generales negativas de los ejercicios 2016 a 2019, se obtiene: **la base imponible general sometida a gravamen.**

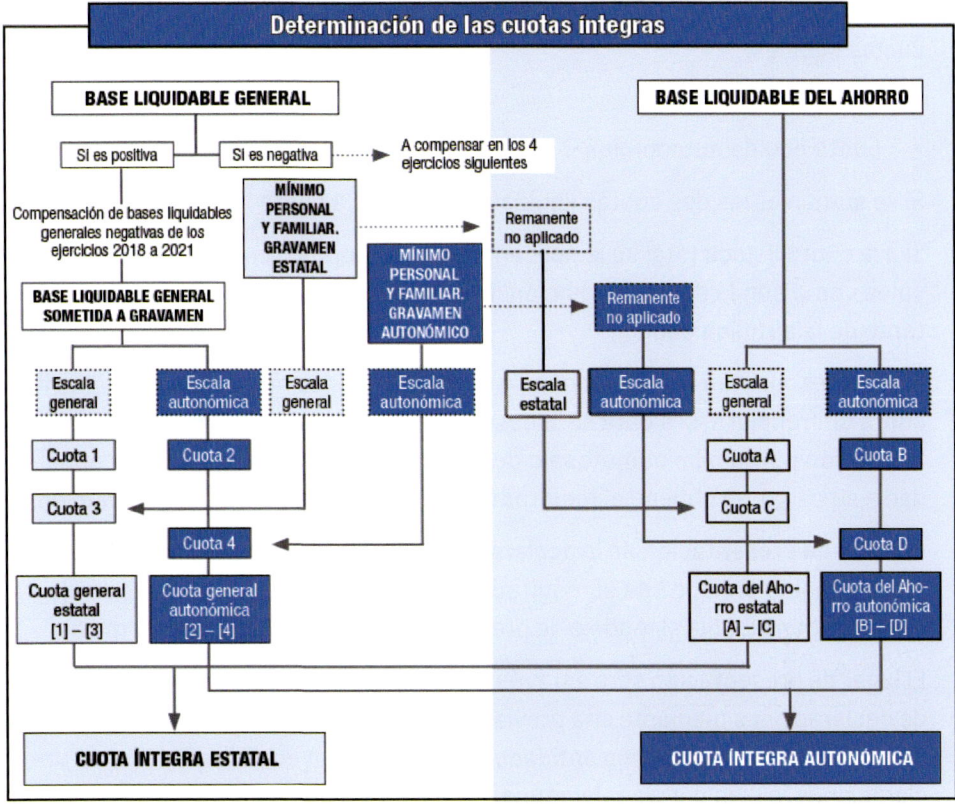

Figura 3.3.

Si a estas últimas bases se les aplican los tipos de gravamen (escalas), se obtienen las **cuotas íntegras del impuesto**. Los **tipos de gravamen** que se tienen que aplicar son dos:

- Tipo de gravamen estatal

- Tipo de gravamen autonómico

Las cuotas íntegras después de aplicar estos tipos de gravamen son:

- **Cuota íntegra estatal (cuota general estatal + cuota del ahorro estatal)**

- **Cuota íntegra autonómica (cuota general autonómica + cuota del ahorro autonómica)**

Si a las cuotas íntegras se les aplican las deducciones como pueden ser: deducciones por inversión en vivienda habitual (régimen transitorio), deducción por inversión en empresas de nueva creación o reciente creación, deducciones generales de regulación estatal, incentivos y estímulos a la inversión empresarial, donativos, rentas obtenidas en Ceuta y Melilla, protección y difusión del

Patrimonio Histórico Español, deducciones autonómicas, etc., se obtienen las **cuotas líquidas:**

- Cuota líquida estatal
- Cuota líquida autonómica

Si se suman estas dos cuotas líquidas se obtiene la **cuota líquida total**.

Si a la cuota líquida total se le aplican las deducciones y compensaciones fiscales como son la doble imposición internacional, se obtiene la **cuota resultante de la autoliquidación**.

Si se le descuentan las retenciones y los demás pagos a cuenta, se obtiene la **cuota diferencial** y, si a esta se le descuenta la deducción por maternidad y la deducción por familia numerosa o deducciones por personas con discapacidad a su cargo, se obtiene **el resultado de la declaración ingreso o devolución**.

**El plazo de presentación** de la declaración es desde el 7 de abril al 30 de junio (24 h), cualquiera que sea el resultado. Este plazo lo determina en cada ejercicio la orden que fija el modelo de presentación de la declaración del mismo.

**El lugar de presentación** será a través de la campaña presencial de confección de declaraciones mediante cita previa en las oficinas de la Agencia Tributaria o en otras Administraciones o entidades que colaboran en la confección de declaraciones, o bien por vía telemática a través de la página de AEAT.

**El ingreso:** los contribuyentes cuando presentan su declaración deberán determinar la deuda tributaria correspondiente e ingresarla. Si el resultado de la declaración es a ingresar, puede efectuar el ingreso de una sola vez o fraccionar su importe sin interés ni recargo en dos plazos: el 60 % en el momento de presentar la declaración y el 40 % restante, hasta los primeros días del mes de noviembre del año en que se ha presentado el impuesto.

### La aplicación informática de la AEAT del IRPF

El **Programa Padre** es una aplicación informática que la Agencia Tributaria (AEAT) pone a disposición de los contribuyentes para la confección y presentación del impuesto (IRPF).

Es una aplicación que está englobada en lo que la AEAT denomina programas de ayuda, que permiten al contribuyente realizar y presentar la declaración del IRPF. El acceso a la aplicación se realiza a través de un registro Cl@ve, un certificado digital o DNI electrónico.

La aplicación funciona en Windows 95, 98, 2000, Me, XP y VISTA, Windows 7, 8 y 10.

Esta aplicación permite:

- Incorporar datos personales de declaraciones anteriores e importar los datos fiscales desde la web de la Agencia Tributaria.

- Importar y exportar las declaraciones.

- Imprimir la declaración, en formato oficial o borrador.

- **Enviar directamente la declaración a través de internet.**

Figura 3.4.

## 3.2. IVA (impuesto sobre el valor añadido). Programas de gestión de la Administración tributaria

El **IVA** es un tributo de naturaleza indirecta que recae sobre el consumo y grava las entregas de bienes y prestaciones de servicios efectuadas por empresarios y profesionales, las adquisiciones intracomunitarias y las importaciones de bienes.

En el **cálculo** de IVA se tienen que distinguir los siguientes componentes:

- **La base imponible:** es el importe de la operación que está sujeto al impuesto que al multiplicarlo por el **tipo de IVA** nos da la **cuota del IVA**.

Los conceptos que se incluyen en la base imponible son:

→ Gastos accesorios como son comisiones, portes y transportes, seguros, etc.

→ Subvenciones vinculadas al precio.

- → Tributos y gravámenes, excepto el IVA.

- → Envases y embalajes, incluso los susceptibles de devolución.

- → El importe de las deudas asumidas por el destinatario de las operaciones.

- → Percepciones retenidas por resolución de las operaciones.

- **Tipo de IVA**: es el porcentaje que se aplica a la **base imponible**. Los tipos de IVA son:

  **Tipo general**: 21 %

  **Tipo reducido**: 10 %

  **Tipo superreducido**: 4 %

- **Cuota IVA**: es el importe resultante de multiplicar la **base imponible** por el **tipo de IVA**.

  Las **obligaciones** que supone la aplicación del IVA son:

  - → El contribuyente tiene la obligación de emitir y entregar la factura a sus clientes y conservar copia de ella.

  - → Se debe exigir factura a los proveedores y conservarla para poder deducir el IVA.

  - → Todas las operaciones realizadas deberán contabilizarse o registrarse dentro de los plazos establecidos para la liquidación y pago del impuesto. La contabilidad y los registros deberán permitir determinar con precisión:

    - — El importe total del IVA que el sujeto pasivo haya **repercutido** a sus clientes.

    - — El importe total del impuesto **soportado** por el sujeto pasivo.

- Deben llevarse los siguientes libros de registro: de facturas expedidas, de facturas recibidas, de bienes de inversión, libro registro de determinadas operaciones intracomunitarias.

- Presentar declaraciones periódicas (autoliquidaciones, declaraciones informativas, etc.), que pueden ser mensuales, trimestrales o anuales.

  La **gestión del impuesto** para los empresarios o profesionales es la siguiente:

  - → Por las **ventas** o prestación de servicios, se repercuten las cuotas de IVA que correspondan, quedando obligados a realizar el ingreso de esas cuotas en la AEAT.

→ Por las **adquisiciones**, se soportan cuotas que tiene derecho a deducir en sus declaraciones/liquidaciones periódicas.

En cada liquidación se declara el IVA repercutido a los clientes restando, de este, el soportado en las compras y adquisiciones, pudiendo ser el resultado tanto positivo como negativo:

- Si el **resultado** es **positivo** debe ingresarse en la AEAT.

- Si el **resultado** es **negativo**:

  → Si se declara trimestralmente, el resultado se compensa en las declaraciones-liquidaciones siguientes. Si al final del ejercicio, en la última declaración presentada, el resultado es negativo, se puede optar por solicitar la devolución o bien compensar el saldo negativo en las liquidaciones del ejercicio siguiente.

  → Si se declara mensualmente (se ha solicitado la inclusión en el registro de devolución mensual), la devolución se efectuará mes a mes.

Las **aplicaciones informáticas** son de gran utilidad para poder hacer frente a las obligaciones del impuesto como son emitir facturas, como se ha visto anteriormente con Sage 50, realizar la contabilidad y presentar las declaraciones periódicas a través de Sage 50 (Contabilidad) o de las aplicaciones informáticas de la AEAT.

Desde la aplicación de Sage 50 se pueden confeccionar las declaraciones periódicas y resúmenes anuales que se tienen que presentar en la AEAT, los modelos que se confeccionan con la aplicación son 303 / 420 / 340 / 347 / 415 / 349 / 390 / 310 / 311.

Las opciones IVA en Sage 50 se encuentran en Financiera > Opciones de IVA.

**Financiera > Opciones de IVA.**

Los modelos más frecuentes del IVA que se van a utilizar son el modelo 303 Autoliquidación de IVA (puede ser mensual o trimestral), el modelo 390, 347 y 349, que son resúmenes anuales:

Modelo 303

La aplicación Sage 50 realiza los cálculos automáticamente de la autoliquidación teniendo en cuenta los datos que se han introducido en los registros de IVA a través de los asientos, solo es necesario especificarle una serie de parámetros como pueden ser las fechas entre las que se realizarán los cálculos, las cantidades a compensar de periodos anteriores, la dirección para la creación del fichero si se opta por la presentación telemática, etc.

El formato en el que se obtiene la declaración puede ser: en borrador para realizar comprobaciones, el PDF del modelo oficial y en un fichero para ser tratado telemáticamente.

## Modelo 347

Es una declaración anual informativa de operaciones con terceras personas. Los empresarios y profesionales están obligados a presentar este modelo siempre que hayan realizado operaciones con terceros por importe superior a 3.005,06 euros durante el año natural, separando las entregas de las adquisiciones de bienes y servicios. Es de carácter obligatorio y se presenta en el mes de febrero del ejercicio siguiente al que se refieren las operaciones.

Para realizar el modelo, la aplicación solicita el periodo, fecha inicial y fecha final, el importe sobre el que realizará la clasificación de las operaciones (actualmente 3.005,06) y el formato del modelo: borrador, modelo oficial o fichero para ser tratado telemáticamente.

## Modelo 349

Es una declaración informativa donde se recogen todas las operaciones intracomunitarias, es decir, aquellas compras y ventas de bienes o servicios realizadas a una empresa o profesional emplazado en otro estado miembro de la Unión Europea. Todos los sujetos pasivos del impuesto sobre el valor añadido (IVA) que hayan realizado operaciones intracomunitarias adquieren la obligación de notificárselas a la AEAT mediante la presentación del modelo 349. Puede ser de carácter mensual o trimestral cuando ni en el trimestre de referencia ni en los cuatro trimestres naturales anteriores el importe de entregas de bienes y servicios intracomunitarios sea superior a 50.000 € (sin IVA).

## Modelo 390

Este modelo es la declaración-resumen anual del IVA que deberá presentarse en los treinta primeros días naturales del mes de enero siguiente al año al que se refiere la declaración.

La aplicación permitirá cumplir con las obligaciones del IVA y realizar los modelos de la AEAT, para ello ofrece las siguientes opciones: Fiscal y Modelos.

Contabilidad > Fiscal

y

Contabilidad > Modelos.

Figura 3.5.

La Agencia Tributaria pone, desde su página web (www.aeat.es), a disposición del contribuyente para la gestión del IVA dos tipos de aplicaciones:

- **Autoliquidaciones** que permiten cumplimentar el modelo 303: una vez verificado se puede imprimir, guardar en un archivo para su tratamiento telemático o enviarlo directamente por la página de la AEAT. Permite la opción de guardar el formulario para usarlo posteriormente. Una vez que sale, no se pierden los datos, quedan guardados.

- **Aplicaciones** que permiten confeccionar los modelos 347 y 390: con las mismas características que se han detallado para el Programa Padre. Permite verificar la declaración introducida, imprimirla, generar fichero o presentarla telemáticamente desde la aplicación.

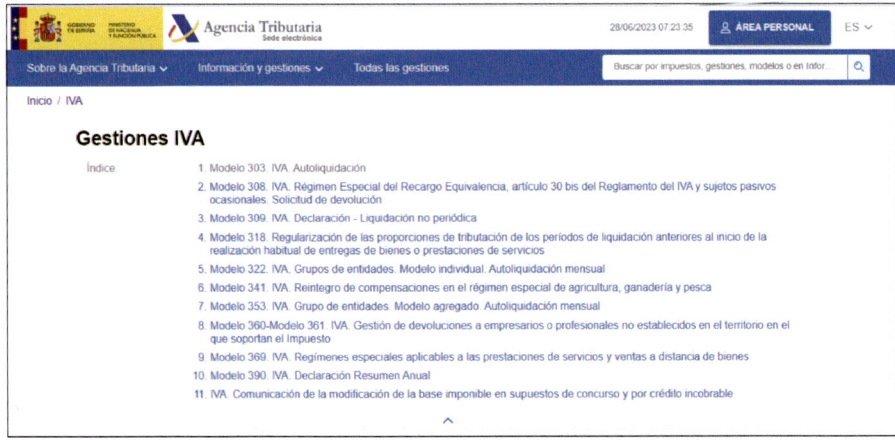

Figura 3.6.

### 3.3. Impuesto sobre beneficios. Programa de Gestión de la Administración Tributaria

El impuesto sobre sociedades es un tributo de carácter directo y naturaleza personal que grava la renta de las sociedades y demás entidades jurídicas.

- **Carácter directo**, porque grava la renta como manifestación directa de la capacidad económica del sujeto pasivo.

- **Naturaleza personal**, porque tiene en cuenta determinadas circunstancias particulares de cada contribuyente a la hora de concretar la cuantía de la prestación tributaria que está obligado a satisfacer.

La **sujeción** al impuesto la determina la **residencia en territorio español**. Se considerarán residentes en territorio español las entidades en las que concurra alguno de los siguientes requisitos:

- Que se hubiesen **constituido conforme a las leyes españolas**.

- Que tengan su **domicilio social en territorio español**.

- Que tengan la **sede de dirección efectiva en territorio español**.

Se entenderá que una entidad tiene su sede de dirección efectiva en territorio español cuando en él radique la dirección y control del conjunto de sus actividades.

Estarán **sujetas al impuesto sobre sociedades**:

- Toda clase de entidades, cualquiera que sea su forma o denominación, siempre que tengan personalidad jurídica propia, excepto las sociedades civiles. Se incluyen las siguientes:

  → Las **sociedades mercantiles**: anónimas, de responsabilidad limitada, colectivas, laborales, etc.

  → Las **sociedades estatales**, autonómicas, provinciales y locales.

  → Las **sociedades cooperativas** y las **sociedades agrarias** de **transformación**.

  → Las **sociedades unipersonales**.

  → Las **agrupaciones** de **interés económico**.

  → Las **agrupaciones europeas** de **interés económico**.

  → Las **asociaciones, fundaciones** e **instituciones** de todo tipo, tanto públicas como privadas.

→ Los **entes públicos** (Administraciones del Estado, **Administración de las comunidades autónomas, corporaciones locales, organismos autónomos**, etc.).

- Además, las siguientes entidades, carentes de personalidad jurídica propia:

    → Los **fondos de inversión mobiliaria** y los **fondos de inversión en activos del mercado monetario** y los **fondos de inversión inmobiliaria**.

    → Las **uniones temporales de empresas**.

    → Los **fondos de capital-riesgo**.

    → Los **fondos de pensiones**.

    → Los **fondos de regulación del mercado hipotecario**.

    → Los **fondos de titulización hipotecaria**.

    → Los **fondos de titulización de activos**.

    → Los **fondos de garantía de inversiones**.

    → Las **comunidades titulares de montes vecinales en mano común**.

    → Los **fondos de activos bancarios**.

**Están obligados** a presentar la declaración del impuesto sobre sociedades todos los sujetos pasivos del mismo, con independencia de que hayan desarrollado o no actividades durante el periodo impositivo y de que se hayan obtenido o no rentas sujetas al impuesto.

**Autoliquidación**: obligación de declarar, **plazos**.

**Regla general** el periodo impositivo es el ejercicio económico de cada entidad, en ningún caso, el periodo impositivo puede exceder de doce meses.

**La presentación** de la declaración deberá efectuarse dentro de los 25 días naturales siguientes a los seis meses posteriores a la conclusión del periodo impositivo.

El **cálculo del impuesto** se hará conforme al esquema siguiente:

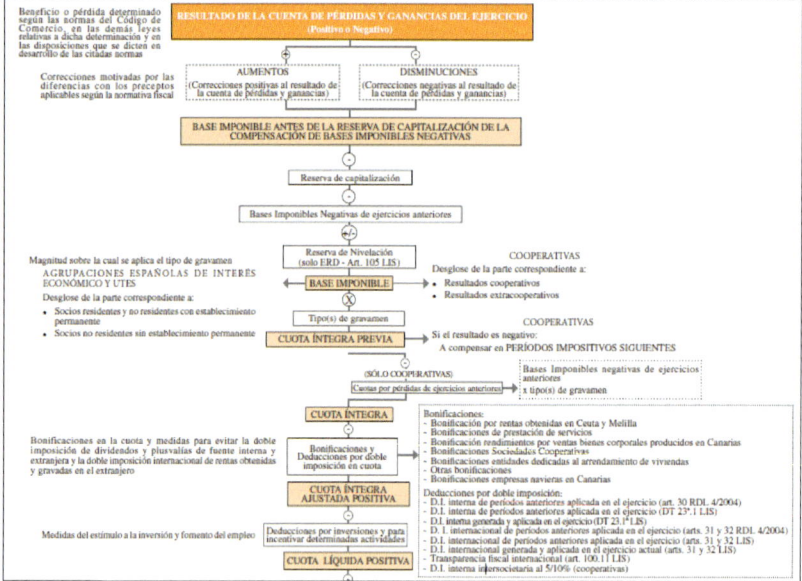

Figura 3.7.

La Agencia Tributaria pone, desde su página web (www.aeat.es), a disposición del contribuyente un programa para la confección del modelo 200, para que los contribuyentes realicen y presenten su declaración de IS.

El programa permite confeccionar el modelo 200, con las mismas características que se han detallado para el Programa Padre. Permite verificar la declaración introducida, imprimirla, generar ficheros y presentarla telemáticamente desde la aplicación. La declaración se hace desde la página de la AEAT donde se quedará grabada y se podrá acceder a ella en cualquier momento y proceder a su modificación y guardar los datos hasta su presentación definitiva.

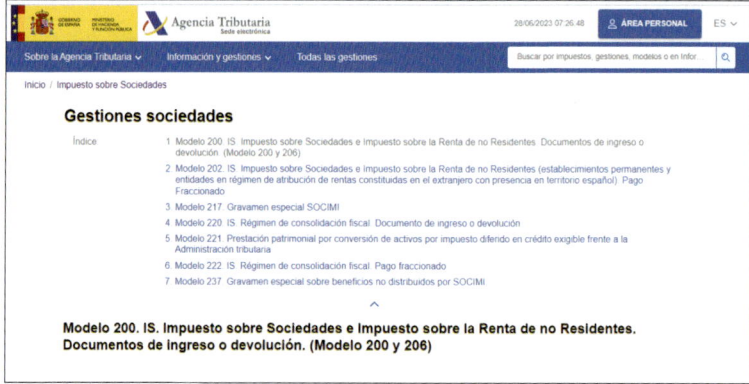

Figura 3.8.

## RESUMEN

En este capítulo se pretende dar una visión general de los tres grandes impuestos del sistema tributario español vigente en la actualidad como son el IRPF, el IVA y el IS (impuesto sobre sociedades).

También se detallan las aplicaciones que la AEAT pone a disposición del contribuyente para la confección y presentación de estos tres impuestos.

Estas aplicaciones tienen una gran ventaja con respecto a otras utilidades que presenta la página web, que es, que los datos se pueden guardar, modificarlos, importar y exportar a otras declaraciones o ejercicios y realizar su presentación.

También se hace mención a la utilidad que presenta el programa Sage 50 para la confección de los modelos del IVA.

## AUTOEVALUACIÓN Y REPASO

Marcar: Verdadero o Falso.

**3.1.** El IRPF es un impuesto de carácter personal e indirecto que grava la obtención...

☐ Verdadero          ☐ Falso

**3.2.** Se considera rendimiento de capital mobiliario al rendimiento de inmuebles rústicos...

☐ Verdadero          ☐ Falso

**3.3.** En el programa PADRE se pueden importar y exportar las declaraciones.

☐ Verdadero          ☐ Falso

**3.4.** El IVA es un tributo de naturaleza indirecta que recae sobre el consumo y grava...

☐ Verdadero          ☐ Falso

**3.5.** El programa de la AEAT del IVA permite confeccionar el modelo 200.

☐ Verdadero          ☐ Falso

**3.6.** La cuota del IVA se obtiene de multiplicar la base imponible por el tipo del IVA.

☐ Verdadero          ☐ Falso

**3.7.** El modelo 390 permite la autoliquidación del IVA y es de carácter trimestral.

☐ Verdadero          ☐ Falso

**3.8.** El IS es un tributo de carácter directo y naturaleza personal que grava la renta...

☐ Verdadero          ☐ Falso

**3.8.** El modelo 200 de IS se presenta el 25 de octubre del año siguiente del ejercicio.

☐ Verdadero          ☐ Falso

**3.10.** La aplicación para la confección del IS no permite imprimir el modelo.

☐ Verdadero          ☐ Falso